AI·ID

Berufliche Identität im KI-Zeitalter

AIID

Ihr Job bleibt. Aber er wird **radikal anders.**

Wenn künstliche Intelligenz zur Kollegin wird, drängt sich die Frage auf: *Was macht meine Arbeit noch unverwechselbar?*

Hakan Özgür durchleuchtet in dieser klugen Analyse, wie KI nicht nur Aufgaben übernimmt, sondern unser **berufliches Selbstbild** herausfordert. Anhand konkreter Szenarien – vom Grafikdesigner, der mit KI kreative Synergien findet, bis zur Managerin, die algorithmische Entscheidungshilfen nutzt – zeigt er:

- Wie wir **menschliche Kernkompetenzen** wie Urteilskraft, Empathie und visionäres Denken neu positionieren,
- Weshalb **lebenslanges Lernen** zur Schlüsselstrategie wird – und Neugier unser stärkster Antrieb bleibt.

Ein konstruktiver Wegweiser: Nutzen Sie KI, um Ihre berufliche Rolle zu erweitern, nicht zu ersetzen. Für alle, die im Wandel der Arbeitswelt **ihren einzigartigen Wert** behaupten wollen.

Bibliografische Information der Deutschen Nationalbibliothek:

Die Deutsche Nationalbibliothek verzeichnet diese Publikation in der
Deutschen Nationalbibliografie;
detaillierte bibliografische Daten sind im Internet über http://dnb.dnb.de
abrufbar.

Impressum © 2025

Hakan Özgür
3030 Sok. No 11 34430 Urla / Izmir
E-Mail: hakanoezguer@gmail.com

ISBN: 978-3-8192-4964-8
Verlag: BoD · Books on Demand GmbH, Überseering 33,
22297 Hamburg, bod@bod.de

Druck: Libri Plureos GmbH, Friedensallee 273, 22763 Hamburg

Stand: Mai 2025

Vorwort

Als das Buch *Was macht KI mit uns?* erschien,
zeichnete sich bereits ab, dass die Veränderungen durch
Künstliche Intelligenz tief in die gesellschaftliche und
individuelle Lebenswirklichkeit eingreifen würden.
Arbeit, Identität, Machtverhältnisse, soziale
Beziehungen – all das gerät in Bewegung, wenn
Maschinen nicht mehr nur Werkzeuge sind, sondern
mitgestalten, mitentscheiden, mitarbeiten.

Seither hat sich die technologische Entwicklung
beschleunigt. Generative KI-Modelle haben neue
Anwendungen hervorgebracht, Arbeitsprozesse
verändert, Rollenbilder infrage gestellt. Und mit jedem
Fortschritt stellt sich dringlicher die Frage:

Was macht KI mit unserer beruflichen Identität?

Dieses Buch widmet sich genau dieser Frage. Es
versteht sich nicht als klassische Fortsetzung, sondern
als Fokussierung. Denn wer verstehen will, was KI mit
der Gesellschaft macht, muss auch verstehen, was sie
mit dem Bild des Menschen als Arbeitendem macht.

Arbeit ist mehr als Broterwerb – sie ist Teil der Biografie, des Selbstwertgefühls und des gesellschaftlichen Standings. Wer über das definiert ist, was er oder sie tut, spürt die Auswirkungen besonders deutlich, wenn Maschinen genau diese Tätigkeiten übernehmen, ergänzen oder sogar übertreffen.

Das Buch richtet sich an alle, die spüren, dass ihre berufliche Welt nicht mehr dieselbe ist wie vor wenigen Jahren. An jene, die nicht nur reagieren, sondern mitgestalten wollen. An Menschen, die sich fragen: *Was ist mein Platz in einer Arbeitswelt, in der Maschinen Akteure geworden sind?*

Einleitung

Kaum ein Thema berührt derzeit so viele Menschen wie die Frage nach der eigenen Rolle in einer sich wandelnden Arbeitswelt. Gespräche in Unternehmen, in Familien, in sozialen Netzwerken sind durchzogen von Neugier, Ehrgeiz – und nicht selten auch von Unsicherheit. Was passiert mit vertrauten Berufsbildern? Welche Kompetenzen bleiben relevant? Was wird überflüssig?

Die Arbeitswelt steht an einem Kipppunkt. Tätigkeiten, die lange als genuin menschlich galten, werden zunehmend von Algorithmen übernommen: Texte schreiben, Bilder gestalten, Entscheidungen vorbereiten, Gespräche führen. Das technologische Tempo lässt wenig Raum zur Orientierung. Während einige mit Neugier experimentieren und sich neue Freiräume erschließen, erleben andere Kontrollverlust und Rollenverunsicherung. Fähigkeiten, die bisher identitätsstiftend waren, erscheinen plötzlich austauschbar.

Doch genau darin liegt auch eine Chance. In einer Welt, in der sich Berufsbilder auflösen, entsteht die Möglichkeit, neue zu gestalten. Wenn Maschinen Fachwissen abbilden und reproduzieren können, gewinnen andere Eigenschaften an Bedeutung: Reflexionsfähigkeit, ethisches Urteilsvermögen, Empathie, Kreativität. Wer nicht mehr allein über Wissen definiert wird, rückt als Mensch mit Haltung, mit sozialer Kompetenz und mit Werteorientierung stärker ins Zentrum.

Dieses Buch stellt deshalb die Frage nach der **beruflichen Identität** ins Zentrum. Nicht nur: Welche Jobs werden verschwinden? Sondern vor allem: **Wie wandelt sich das Bild vom Menschen in der Arbeitswelt?** Welche Formen von Arbeit erhalten

Bedeutung – und welche verlieren sie? Welche Kompetenzen werden gestärkt? Welche übersehen?

Gleichzeitig werden die **Machtverhältnisse im Arbeitsleben** neu verhandelt. KI verändert nicht nur Aufgaben, sondern auch Entscheidungsmacht. Wer kontrolliert die Systeme? Wer profitiert von Effizienzgewinnen? Wer trägt das Risiko für Fehleinschätzungen? Auch diese Fragen fließen in die Kapitel mit ein.

Die folgenden Abschnitte sind bewusst **als Denkräume** gestaltet – keine fertigen Antworten, sondern Einladungen zur Reflexion. Sie geben Einblick in gegenwärtige Entwicklungen, beleuchten Szenarien der Zukunft und fordern dazu auf, berufliche Selbstbilder zu überdenken und neu auszurichten. Sie ermutigen dazu, den Wandel nicht passiv zu erdulden, sondern als Aufforderung zu verstehen: zur aktiven Gestaltung einer Arbeitswelt, die technologisch fortschrittlich ist – und zugleich menschlich bleibt.

Denn die Frage, was in Zukunft gearbeitet wird, ist zunehmend verwoben mit der Frage, **wer man in Zukunft sein möchte**. Und diese Frage betrifft nicht nur Berufe – sie betrifft das Selbstbild, die Haltung und das gesellschaftliche Miteinander.

Fragen zu stellen. Die Kapitel dieses Buches sind als Denkräume konzipiert: Sie laden dazu ein, innezuhalten, das eigene berufliche Selbstbild zu reflektieren und zu aktualisieren. Sie geben Einblick in aktuelle Entwicklungen und Ausblick auf mögliche Szenarien. Und sie machen Mut, sich nicht vom Wandel überrollen zu lassen, sondern ihn als Einladung zu verstehen: zur Veränderung, zur Neupositionierung, zur aktiven Gestaltung einer beruflichen Zukunft, die menschlich bleibt.

Denn eins ist sicher: Die Frage, was wir in Zukunft *arbeiten*, wird zunehmend verwoben mit der Frage, **wer wir in Zukunft sein wollen.**

Kapitel 1: Die KI-Disruption – Aufbruch in eine neue Arbeitswelt

Montagmorgen, 7:30 Uhr. Die Grafikdesignerin Anna öffnet ihren Laptop und startet ein KI-Programm, das in Sekunden erste Logo-Entwürfe nach ihren Vorgaben erzeugt. Während Anna die Vorschläge der **künstlichen Intelligenz (KI)** prüft, bereitet der Lehrer Ben seinen Unterricht vor: Er nutzt eine KI-Anwendung, um für seine Klasse individualisierte Übungsaufgaben zu generieren. Gleichzeitig wirft Pflegekraft Carla einen Blick auf die Nachtprotokolle – eine KI hat die Vitaldaten ihrer Patienten überwacht und Anomalien protokolliert, sodass sie gezielt nach kritischen Fällen sehen kann. Zur selben Zeit lässt Anwalt Daniel von einer **juristischen KI** einen Vertragsentwurf prüfen; die Software markiert strittige Klauseln und recherchiert passende Präzedenzfälle, während Daniel sich auf die Verhandlungsstrategie konzentriert. Vier Berufe, vier verschiedene Arbeitsbereiche – und doch ein gemeinsames Phänomen: KI-Technologien durchdringen immer mehr **Arbeitsabläufe** und verändern, wie wir arbeiten. Was hier an einem beliebigen Morgen im Jahr 2025 geschieht, steht exemplarisch für eine stille Revolution am Arbeitsplatz, die gerade an Fahrt aufnimmt.

Wir stehen am **Beginn einer radikalen Transformation** der Arbeitswelt. Ähnlich wie Dampfmaschine, Fließband und Computer in früheren Zeiten ganze Branchen umwälzten, disruptiert KI heute quer durch **Berufsgruppen** und **Hierarchien**. Dabei geht es nicht um Science-Fiction-Roboter, die uns die Jobs wegnehmen, sondern um Software – vom Chatbot bis zur Bildgenerierung –, die kognitive und kreative Aufgaben übernimmt, die lange als ureigenes Terrain des Menschen galten. Warum gilt dieser Umbruch als so tiefgreifend? Welche Berufe und Branchen sind besonders betroffen? Wie unterscheidet sich diese **KI-Welle** von früheren Automatisierungswellen, und wie verändert sich unsere Wahrnehmung von **Arbeit** und beruflicher Identität? Dieses Kapitel bietet einen fundierten Einstieg in die KI-Disruption der Arbeitswelt – mit Daten, historischen Parallelen, Fallbeispielen und einem Blick auf Chancen, Herausforderungen und die emotionalen Facetten dieses Wandels.

Eine beispiellose Transformation der Arbeitswelt

Die aktuelle KI-Revolution wird häufig als **beispiellos** beschrieben – und das aus gutem Grund. Erstmals automatisiert Technologie nicht nur physische Routinetätigkeiten oder einfache Rechenaufgaben, sondern dringt in intellektuelle, kreative und interaktive Domänen vor. Moderne KI-Systeme können Texte schreiben, Bilder malen, Entscheidungen vorschlagen und Dialoge führen. ChatGPT und andere **generative KI**-Modelle haben binnen weniger Monate Millionen Menschen erreicht und die Möglichkeiten greifbar gemacht: Plötzlich formuliert ein Algorithmus E-Mails, entwirft Marketingtexte oder schreibt sogar Code. Diese breite Einsetzbarkeit unterscheidet KI von früheren Technologien und lässt erahnen, warum ihre Auswirkungen so weitreichend sind.

Aktuelle Studien untermauern die **Dimension dieses Umbruchs**. Eine Analyse der Investmentbank *Goldman Sachs*schätzt, dass KI-Tools weltweit die Arbeitsleistung von bis zu **300 Millionen Vollzeitstellen** potenziell automatisieren könnten . Das entspricht etwa einem Viertel aller Jobs – eine gewaltige Zahl. In den USA sind laut der Studie etwa **zwei Drittel aller Berufe** in gewissem Maße von KI-Automatisierung betroffen; in den betroffenen Berufen wiederum ließe sich ein Viertel bis die Hälfte der Aufgaben durch KI erledigen. Mit anderen Worten: Kaum ein Beruf bleibt völlig unberührt. Allerdings bedeutet „Automatisierung" hier meist, dass **Teilaufgaben** übernommen werden – nicht zwangsläufig, dass ganze Berufe verschwinden. Die Goldman-Ökonomen betonen, dass die meisten Jobs nur teilweise von KI erfasst werden und daher **eher ergänzt als ersetzt** werden Ein Sachbearbeiter etwa könnte dank KI schneller recherchieren, ein Arzt präzisere Diagnosen stellen – beide bleiben aber zentral für den Prozess.

Warum also „Disruption", wenn doch nicht alle Menschen arbeitslos werden? Das Tempo und die Breite der Veränderungen sind entscheidend. Früher dauerten technologische Revolutionen Jahrzehnte oder Generationen. Die industrielle Revolution etwa erstreckte sich über das 19. Jahrhundert; die Computerisierung zog sich von den 1960ern bis ins frühe 21. Jahrhundert hinein. KI hingegen verbreitet sich in wenigen Jahren global. Innerhalb von fünf Jahren könnte laut Schätzungen des Weltwirtschaftsforums fast ein Viertel aller Arbeitsplätze in ihrer Aufgabenstruktur stark verändert sein Unternehmen implementieren KI-Lösungen teils in rasantem Tempo, um wettbewerbsfähig zu bleiben, was einen **Druck zur Anpassung** auf Beschäftigte ausübt. KI erledigt viele Aufgaben außerdem in atemberaubender Geschwindigkeit und skaliert mühelos – ein einziger Algorithmus kann die Arbeit von Tausenden parallel erledigen. Diese Kombination aus Geschwindigkeit, Skalierbarkeit und kognitiver Kompetenz macht die KI-Disruption so außergewöhnlich.

Zudem findet dieser Wandel **global** statt. Nicht nur hochindustrialisierte Länder sind betroffen; weltweit stehen Arbeitsmärkte vor ähnlichen Fragen. Allerdings variieren die Auswirkungen regional: Eine **Studie der Internationalen Arbeitsorganisation (ILO)** warnt vor unterschiedlichen Effekten je nach Entwicklungsstand. In Hochlohnländern könnten rund **5,5 % der Jobs** direkt durch KI-Automatisierung betroffen sein, in Ländern mit geringem Einkommen hingegen nur etwa 0,4 %, da dort weniger Tätigkeiten überhaupt digitalisierbar sind. Dennoch könnten gerade ärmere Länder mit den richtigen Strategien auch profitieren – etwa durch Produktivitätsgewinne und neue digitale Arbeitsplätze. Unbestritten ist: KI wird zur globalen treibenden Kraft, die überall die Karten in der Arbeitswelt neu mischt.

Wer ist besonders betroffen?
Berufe und Branchen im Wandel

Auch wenn KI prinzipiell in fast jedem Berufsfeld Einzug hält, sind manche **Tätigkeiten** deutlich stärker betroffen als andere. Wo immer Arbeit stark **routinegeprägt** ist – sei es körperlich oder geistig – kann KI leicht ansetzen. Ein oft genanntes Beispiel ist die **Büro- und Verwaltungsarbeit**. Dort ließen sich schätzungsweise **ein Viertel der Aufgaben**durch generative KI automatisieren. Routineaufgaben wie Formularbearbeitung, Dateneingabe, einfache Buchhaltung oder Terminverwaltung kann KI-Systemen übertragen werden. Das betrifft insbesondere viele Sachbearbeiter- und Assistenztätigkeiten. Interessanterweise ist dieser Bereich auch **stark**

weiblich geprägt – Frauen sind in administrativen Berufen überrepräsentiert, was bedeutet, dass sie vom KI-Einsatz in Bürojobs überdurchschnittlich betroffen sein könnten. Hier zeigt sich, dass technischer Wandel auch **gesellschaftliche Muster** berührt: Wer übernimmt in Zukunft die vielen Büroarbeiten, die heute oft von Frauen erledigt werden? Und bietet KI vielleicht gleichzeitig Chancen, aus eintönigen Schreibarbeiten höherwertige Aufgaben zu machen?

Neben den Bürojobs gelten vor allem **kundennahen Serviceberufe** als KI-gefährdet. Schon heute beantworten Chatbots Kundenanfragen im Sekundentakt. In Callcentern, im Einzelhandel oder im einfachen Kundensupport können KI-Assistenten standardisierte Fragen klären, Bestellungen aufnehmen oder Beschwerden routiniert abwickeln. Studien prognostizieren daher einen Rückgang bei klassischen **Kundenservice- und Vertriebstätigkeiten** in den kommenden Jahren. Ebenso steht die **Produktion** weiterhin im Automatisierungsfokus: Industrie-Roboter und KI-gesteuerte Maschinen übernehmen immer mehr Fertigungsschritte, was die Zahl einfacher Montagejobs weiter reduzieren dürfte . Allerdings ist diese Entwicklung nicht neu – Fabrikarbeit wird seit Jahrzehnten automatisiert. Neu ist vielmehr, dass nun auch **Dienstleistungs- und Wissensberufe** verstärkt betroffen sind.

Betrachten wir **Wissensarbeit**: Früher galten hochqualifizierte Jobs wie Juristen, Ärzte, Journalisten oder Softwareentwickler als relativ sicher vor Automation. Nun dringt KI genau in diese Felder vor. **Juristen** nutzen KI, um Verträge oder Urteile zu analysieren, sodass ein Großteil der zeitaufwendigen Recherche sekundenschnell erledigt wird. **Ärzte** verlassen sich bei Diagnosen zunehmend auf KI-gestützte Systeme, die Röntgenbilder auswerten oder Therapievorschläge basierend auf Millionen von Studien geben. **Journalisten und Texter** sehen, wie KI Texte schreiben kann – von Sportberichten bis Produktbeschreibungen – wenn auch (noch) nicht in tiefgründiger investigativer Qualität. Sogar **Programmierer** erhalten mittlerweile Unterstützung von KI-Codex-Systemen, die Routinen programmieren oder Fehler im Code finden. Die **KI-Disruption** macht also vor den sogenannten **akademischen Berufen** nicht Halt.

Trotzdem reagieren unterschiedliche Branchen sehr unterschiedlich. Einige **Sektoren** profitieren und wachsen sogar durch KI. So erwartet *McKinsey*, dass im Gesundheitswesen, in technischen Berufen (STEM) und im Bildungsbereich langfristig mehr neue Stellen entstehen als wegfallen. Gerade wo menschliche **Empathie, Kreativität oder komplexe Problemlösung** gefragt sind, bleibt der Mensch vorerst unentbehrlich. Eine **Lehrerin** etwa kann KI einsetzen, um den Lernstand ihrer Schüler schneller auszuwerten und Übungen zu individualisieren – ersetzt wird sie dadurch nicht, im Gegenteil: Ihre pädagogische Rolle könnte an Bedeutung gewinnen, wenn die KI ihr Routineaufgaben abnimmt. Ebenso wird eine **Pflegekraft** durch KI-Unterstützung entlastet (z.B. bei Dokumentation oder Diagnostik), hat dadurch aber mehr Zeit für die menschliche Zuwendung, die kein Roboter leisten kann. In solchen Berufen wirkt KI eher als **Verstärker** der menschlichen Arbeit, nicht als Ersatz.

Fallbeispiel: Eine Designerin im KI-Zeitalter
Sophie ist Grafikdesignerin in einer Werbeagentur. Noch vor wenigen Jahren hätte sie bei einem neuen Projekt zunächst stundenlang Skizzen von Hand gezeichnet oder in Adobe Illustrator Layouts ausprobiert. Heute startet sie als erstes ein KI-Tool. Sie gibt Stichworte ein – *„modernes Logo, Blau- und Grüntöne, Tech-Branche, dynamisch"* – und binnen Sekunden präsentiert die KI ihr zehn unterschiedliche Logo-Entwürfe. Sophie wählt zwei Favoriten aus, die sie vielversprechend findet. Natürlich sind diese

Vorschläge nicht perfekt: Bei einem Entwurf sind die Proportionen nicht stimmig, beim anderen gefällt ihr die Typografie nicht. **Doch statt bei null anzufangen, hat Sophie nun etwas, an dem sie weiterfeilen kann.** Sie kombiniert Elemente der KI-Entwürfe, ändert Details, passt Farben an. Die grobe kreative Vorarbeit hat die Maschine erledigt, die **künstlerische Feinabstimmung** und letztliche Entscheidung liegen bei Sophie. Manchmal fühlt sie sich beinahe wie die Dirigentin eines **KI-Orchesters** – sie gibt den Takt und die Richtung vor, und die KI liefert ihr eine Auswahl an Variationen. Einerseits ist Sophie begeistert, wieviel schneller sie so zu Ergebnissen kommt. Andererseits fragt sie sich, ob in Zukunft Auftraggeber überhaupt noch einen menschlichen Designer engagieren oder gleich selbst ein paar Prompts in ein öffentlich verfügbares KI-Tool eingeben. Sie spürt die **Ambivalenz**: KI ist Werkzeug und Konkurrenz zugleich. Für Sophie persönlich hat sich ihr **Berufsbild** bereits gewandelt – weg von der mühsamen Detailarbeit, hin zur **kuratierenden, koordinierenden** Rolle: Sie bewertet, verfeinert und gibt den kreativen **Input**, den die KI allein nicht hat (noch nicht?). Dieses Beispiel zeigt im Kleinen, wie eine Wissensarbeiterin die KI-Disruption erlebt: als Erleichterung und Verunsicherung zugleich.

Nicht alle erleben die Veränderungen so positiv wie Sophie in unserem Fallbeispiel. Insbesondere Beschäftigte in Berufen mit hohem Routineanteil spüren oft **Jobängste**. Einfache Bürotätigkeiten, Fließbandarbeit, Telemarketing – hier lautet die Befürchtung, dass der Mensch mittelfristig überflüssig werden könnte. Zugleich entstehen auch **neue Berufsbilder**: Prompt-Ingenieur*innen*, *KI-Trainer*innen, Datenethiker*innen – vor wenigen Jahren gab es diese Jobs noch gar nicht. Die Frage „Welche Berufe sind besonders betroffen?" lässt sich daher zweifach beantworten: **Betroffen im negativen Sinne** sind vor allem Jobs mit repetitiven Aufgaben, wenig zwischenmenschlicher Interaktion und klar strukturierter Datenbasis (hier ist die Substitutionsgefahr hoch). **Betroffen im positiven Sinne** sind Berufe, die durch KI an Produktivität gewinnen oder ganz neu entstehen. Die **Arbeitswelt** steht also nicht einfach vor einem Kahlschlag, sondern vor einer umfassenden **Umbauphase**, in der Tätigkeitsprofile neu zugeschnitten werden.

Im Spiegel der Geschichte: Frühere Automatisierungswellen

Die Verunsicherung angesichts von KI erinnert an frühere Epochen, in denen Technologie die Arbeitswelt umwälzte. Ein Blick in die Geschichte zeigt erstaunliche Parallelen – und wichtige Unterschiede. Schon immer haben technische Erfindungen einerseits **Arbeitsplätze vernichtet**, andererseits **neue geschaffen**. Der englische Ökonom John Maynard Keynes prägte 1930 den Begriff *„technological unemployment"*, die technologische Arbeitslosigkeit, und prophezeite, dass uns Maschinen eines Tages so effizient versorgen würden, dass eine 15-Stunden-Woche ausreiche. Ganz so kam es bekanntlich nicht – doch die Angst vor Jobverlust durch Maschinen ist seither ein ständiger Begleiter des Fortschritts.

Bereits Anfang des 19. Jahrhunderts zerstörten die mechanischen Webstühle der **Industriellen Revolution** unzählige Arbeitsplätze von Handwebern. In England rebellierten die **Ludditen** – Arbeiter, die aus Protest Maschinen zerstörten, weil sie ihre Existenz bedroht sahen. Tatsächlich verlagerten sich im 19. Jahrhundert Jobs massenhaft: vom Agrarsektor und Handwerk hin zur Industriearbeit in Fabriken. In den USA etwa sank der Anteil der in der **Landwirtschaft Beschäftigten** von über 34 % um 1900 auf nur noch rund **1,4 % um 2000**. Eine dramatische Verschiebung – aber kein Massenelend: Gleichzeitig entstanden Millionen neue

Jobs in Fabriken, dann in Büros und im Dienstleistungssektor. Jeder technische Effizienzgewinn hat historisch gesehen langfristig **Wohlstandszuwächse** ermöglicht, was wiederum neue Nachfrage und somit neue Jobs geschaffen hat. So folgte auf den Siegeszug der Dampfmaschine und Elektrizität ein explosionsartiges Wachstum in neuen Branchen – vom Eisenbahnwesen über die Chemieindustrie bis hin zum Telegraphen- und später Telefonwesen.

Ein ähnliches Muster zeigte sich im 20. Jahrhundert mit der **Automatisierung und Computerisierung**. Als in den 1970ern erste Industrieroboter eingeführt wurden, schrumpfte zwar die Beschäftigung in manchen Produktionsbereichen, doch parallel entstanden Jobs in der Roboterindustrie selbst, in Wartung, Programmierung und ganz neuen Feldern wie der IT. Die Einführung des Personal Computers und des Internets hat ab den 1980ern viele Zwischenebenen obsolet gemacht – man denke an **Sekretariate** oder **Schalterjobs**, wo heute vieles selbstbedient oder digital läuft. Dennoch stieg die **Gesamtbeschäftigung** weiter an und verlagerte sich auf höherqualifizierte Tätigkeiten. Ein oft zitiertes Beispiel: die Einführung von Geldautomaten (*ATMs*). Viele dachten, Bankangestellte würden dadurch überflüssig.

Tatsächlich sank die Zahl der **Teller** pro Bankfiliale, doch weil Filialen billiger wurden, eröffneten die Banken mehr davon – und stellten wieder mehr Personal ein. Zwischen 2000 und 2018 stieg die Zahl der Bankangestellten in den USA sogar um gut 10 %. Die Rolle der Bankkaufleute wandelte sich jedoch weg vom reinen **Geld-Auszahler** hin zum **Berater**, der Kunden bei komplexeren Finanzfragen unterstützt. Dieses Beispiel lehrt uns: **Automatisierung führt nicht zwangsläufig zum Abbau von Jobs, sondern oft zu einer Umgestaltung der Jobs.**

Die **Daten der letzten Jahrzehnte** untermauern, dass Technologie unter dem Strich mehr Beschäftigung schafft, als sie vernichtet – allerdings oft mit zeitlicher Verzögerung und **schmerzhaften Übergangsphasen**. Laut Goldman Sachs geht der Großteil des langfristigen Beschäftigungswachstums der letzten 80 Jahre (über **85 %**) auf das Konto von technologisch bedingter Schaffung neuer Berufsfelder. Tatsächlich arbeiten rund **60 % der heutigen Arbeitnehmer** in Jobs, die es im Jahr 1940 noch gar nicht gab– wer hätte damals an Berufe wie Webentwickler*in, Data Scientist oder Social-Media-Manager gedacht? Diese *„kreative Zerstörung"* (ein Begriff nach dem Ökonom Joseph Schumpeter) scheint also historisch immer wieder abzulaufen: Neue Technik zerstört alte Branchen, aber ermöglicht Neues.

Dennoch warnen manche Experten, **diesmal könne alles anders sein**. KI ist insofern besonders, als sie theoretisch nicht nur **Muskelarbeit** (wie Maschinen) oder **Routinekopfarbeit** (wie Computerprogramme) übernehmen kann, sondern potenziell **kreative und analytische Denkarbeit** in großem Stil. Wenn Algorithmen lernen zu lernen (Stichwort *Machine Learning*), könnte der klassische Wettlauf zwischen Mensch und Maschine – bei dem der Mensch sich stets neue Berufsfelder sucht – schwieriger werden. Es ist kein Zufall, dass immer wieder der Satz fällt: *„Dieses Mal ist es anders."* Bisher bewahrheitete er sich nie vollständig – Arbeit verschwand nicht, sie **verwandelte** sich. Doch wie weit diese Verwandlung gehen kann, wenn KI irgendwann menschliche Intelligenz in vielen Bereichen ebenbürtig oder überlegen wird, ist offen. Historisch betrachtet hatten Menschen den Vorteil, dass Maschinen ohne uns nicht kreativ waren; KI stellt genau das in Frage.

Auch kulturell zeigt ein Blick zurück, dass jede Welle der Automatisierung **Werte und Arbeitskultur** veränderte. Die industrielle Revolution brachte die Disziplin der Fabrikarbeit, aber auch Ausbeutung, bis Arbeiterrechte erkämpft wurden. Die Computerära ermöglichte flexiblere Arbeitsformen, Globalisierung von Arbeit (Outsourcing) und eine Wissensökonomie, in der Bildung und **lebenslanges Lernen** an Bedeutung gewannen. Die KI-Ära könnte wiederum neue Akzente setzen: Vielleicht wird **kreatives und soziales Arbeiten** höher geschätzt, während das bisher hoch angesehene *Expertenwissen* in manchen Bereichen entwertet wird, weil eine KI es abrufen kann. Das Verhältnis der Menschen zu ihrer Arbeit ist also im Wandel – aber das ist es eigentlich seit jeher, nur die Geschwindigkeit und Intensität variieren.

Wandel der beruflichen Identität und Arbeitskultur

Arbeit ist für viele Menschen mehr als nur Broterwerb – sie stiftet Identität, Struktur und Sinn. **Berufliche Identität** bedeutet, sich über den eigenen Beruf zu definieren: *„Ich bin Lehrer"*, *„Ich bin Ingenieurin"*, *„Ich bin Krankenschwester"*. In unserer Gesellschaft – insbesondere im deutschsprachigen Raum – hat der Beruf einen großen Stellenwert für das Selbstwertgefühl. Doch was passiert mit dieser Identifikation, wenn Berufsbilder sich wandeln oder gar verschwinden?

Die KI-Disruption zwingt uns, **Arbeit neu zu denken**.
Zum einen, weil sich **Rollenbilder** verändern: Der
Anwalt, der einst stundenlang Akten gewälzt hat, wird
zum Prüfer und strategischen Berater, während KI die
Routine durchforstet. Die Lehrerin wird zur Lern-
Coach, der individuelle Betreuung bietet, während KI
den Stoff vermittelt. Viele klassische „Helden" der
Arbeitswelt – vom Arzt bis zum Architekten – erleben,
dass KI ihnen einen Teil ihres angestammten Terrains
streitig macht. Das kann am Selbstverständnis nagen:
Bin ich weniger wert als Profi, wenn eine Maschine
gewisse Aufgaben besser kann als ich? Wenn der
Algorithmus diagnostisch treffsicherer ist, was bleibt
dann vom ärztlichen Selbstbild? Solche Fragen rühren
an tiefe emotionale Schichten unserer Identität als
Arbeitende.

Zum anderen stellt sich die Frage, welchen **Stellenwert
Arbeit** künftig haben wird. Einerseits gibt es die
Vision, dass KI uns von monotoner Arbeit befreit und
Zeit für **kreative, zwischenmenschliche oder
mussevolle Tätigkeiten** schafft. Wenn KI
Produktivitätsschübe bringt, könnte dies – so eine
optimistische Perspektive – zu kürzeren Arbeitszeiten
oder einem stärkeren Fokus auf sinnstiftende Arbeit
führen. Einige Denker sprechen von einer möglichen
„Post-Work-Gesellschaft", in der Erwerbsarbeit

weniger zentral ist für die Identität, weil ein Teil der Wertschöpfung autonom durch Maschinen erfolgt. In dieser Utopie könnten Menschen ihre Identität mehr aus Freizeit, Familie, Ehrenamt oder Kreativität ziehen, anstatt aus dem Jobtitel.

Die Realität der gegenwärtigen **Arbeitskultur** zeigt jedoch gemischte Tendenzen. Viele Menschen definieren sich weiterhin stark über ihren Beruf – und erleben es als Krise, wenn dieser unsicher wird. Schon in den letzten Jahren war zu beobachten, wie Themen wie **Work-Life-Balance**, **Sinnsuche im Job** und **Burnout-Prävention** an Bedeutung gewannen. Jüngere Generationen (Stichwort *Generation Z*) legen größeren Wert darauf, dass Arbeit ihren Werten entspricht und Raum für Privates lässt. Die **KI-Transformation** könnte diesen Trend verstärken: Wenn KI die produktive Basisarbeit leistet, könnte menschliche Arbeit sich auf das konzentrieren, was Menschen wirklich gerne tun – oder worin sie unersetzlich sind. Das Narrativ der *„Bullshit Jobs"* (so nannte der Anthropologe David Graeber sinnentleerte Bürojobs) erhält neue Brisanz: Vielleicht eliminiert KI tatsächlich viele monotone Verwaltungsakte, die niemand vermissen würde, und schafft Raum für erfüllendere Aufgaben.

Allerdings darf man die **psychologische Dimension** nicht unterschätzen. Für die einen mag es befreiend sein, wenn KI Routine abnimmt; für andere löst genau das **Zweifel und Angst** aus: Was mache ich dann noch den ganzen Tag? Bin ich überhaupt noch gebraucht? Viele Menschen beziehen ihren **Selbstwert** aus dem Gefühl, gebraucht zu werden und Kompetenzen zu haben, die nachgefragt sind. Wenn plötzlich eine Software einen Teil dieser Kompetenz simuliert, kann das verunsichern. Diese Verunsicherung zeigt sich bereits heute: Laut einer aktuellen Umfrage in den USA sagen **52 % der Arbeitnehmer**, sie seien **besorgt** über den zunehmenden KI-Einsatz im Arbeitsleben. Nur etwa ein Drittel blickt **hoffnungsvoll** darauf, viele fühlen sich sogar **überwältigt** von der Geschwindigkeit der Entwicklung. Solche Stimmungsbilder spiegeln wider, dass der Wandel nicht nur rational-wirtschaftlich, sondern zutiefst **emotional** erlebt wird.

Nicht zu vergessen ist die Frage der **Wertschätzung von Arbeit**. Könnte es sein, dass bestimmte Tätigkeiten an Prestige verlieren, wenn bekannt wird, dass „die KI dahintersteckt"? Denkbar ist, dass künftig etwa ein von KI erstellter Entwurf oder Bericht weniger hoch angesehen wird als einer, der *100 % menschliche Kreativität* verkörpert – analog zur Wertdebatte von Handarbeit vs. Massenware. Auf der anderen Seite könnte echtes **Handwerk** oder **persönlicher Service** eine Renaissance erfahren, gerade weil KI dort nicht so leicht mithalten kann. Vielleicht wird ein handgeschriebener Kundenbrief in Zukunft einen besonderen Wert haben, während generische KI-Schreiben als austauschbar gelten. Gesellschaftlich stellt sich die große Frage, ob wir unseren Identitätsbegriff von Erwerbsarbeit lösen können, wenn tatsächlich weniger menschliche Arbeit gebraucht wird – oder ob wir neue Formen finden, Arbeit zu verteilen und zu definieren (z.B. über Konzepte wie **Arbeitszeitverkürzung** oder **Job-Sharing** in einer KI-effizienten Wirtschaft).

Chancen und Herausforderungen der KI-Ära

Die KI-Disruption bringt enorme **Chancen** mit sich – aber ebenso erhebliche **Herausforderungen**. Auf der Habenseite stehen Produktivitätsgewinne, neue Dienstleistungen, möglicherweise mehr Wohlstand und sogar Entlastung der Menschen von belastender Arbeit. Goldman Sachs prognostiziert durch KI einen globalen Produktivitätsschub, der das Welt-Bruttoinlandsprodukt um etwa **7 % erhöhen** könnte – rund 7 Billionen US-Dollar zusätzlich in den nächsten zehn Jahren. Diese zusätzliche Wirtschaftsleistung eröffnet Spielräume: Unternehmen könnten wachsen, Staaten könnten höhere Steuereinnahmen für Bildung, Gesundheit oder soziale Sicherung nutzen. Für Arbeitnehmer könnten höhere Produktivität und neue **KI-gestützte Geschäftsmodelle** auch neue, qualitativ hochwertige Jobs bedeuten – z.B. in der Entwicklung, Überwachung und Wartung von KI-Systemen, in der Datenanalyse oder in kreativen Feldern, die durch KI inspiriert werden (etwa „KI-Kurator*in" für Text- oder Bildausgaben). Historisch betrachtet entstanden nach großen Technologieumbrüchen viele Berufe, die zuvor unvorstellbar waren – das dürfte bei KI nicht anders sein.

Ein weiterer positiver Aspekt: KI kann **menschenwürdigeres Arbeiten** fördern, indem sie gefährliche, körperlich anstrengende oder monoton stupide Tätigkeiten übernimmt. In Fabriken könnten Roboter Menschen von gesundheitsgefährdenden Aufgaben (Chemikalienhandhabung, schwere Lasten heben) entlasten. In Büros könnten KI-Assistenten lästige Verwaltungsarbeit erledigen, sodass Mitarbeiter sich anspruchsvolleren Projekten widmen. Im besten Fall erhöht das die **Arbeitszufriedenheit**. Erste Erhebungen zeigen, dass gezielter KI-Einsatz die **Jobqualität** teigern kann – etwa indem Mitarbeiter sich mehr auf zwischenmenschliche oder kreative Aspekte konzentrieren, was vielen mehr Erfüllung gibt. Auch könnte KI dazu beitragen, **Fachkräftemangel** in bestimmten Bereichen abzufedern: Wenn etwa in der Pflege oder IT nicht genug Personal da ist, können KI-Systeme einen Teil der Lücken kompensieren (z.b. pflegerische Überwachung oder automatisierte Code-Erstellung) und so Druck vom bestehenden Personal nehmen.

Doch jede Medaille hat zwei Seiten, und so stehen den Chancen gewichtige **Herausforderungen** gegenüber. Die offensichtlichste ist die **Bedrohung von Arbeitsplätzen**. Selbst wenn langfristig neue Stellen entstehen, können kurzfristig **Disruptionen** auftreten: Menschen verlieren ihre Stelle, weil ihr Unternehmen KI einführt und weniger Personal benötigt. Branchen wie der Kundensupport oder einfache administrative Dienstleistungen könnten schrumpfen, bevor neue Jobs anderswo entstehen. Diese Übergangsphase kann **sozial und individuell schmerzhaft** sein. Die ILO-Studie betont, dass selbst wenn netto keine Massenarbeitslosigkeit droht, die Auswirkungen auf die einzelnen betroffenen Arbeitnehmer durchaus „**brutal**" sein können. Hinter jedem wegrationalisierten Aufgabenpaket steht ein Mensch mit Existenzsorgen und vielleicht mit dem Gefühl, **nicht mehr gebraucht**

zu werden. Gesellschaftlich gilt es, diese Menschen **aufzufangen** – durch Weiterbildung, Umschulung, soziale Sicherung. Andernfalls drohen Verstärkung von Ungleichheiten und sozialer Spannungen.

Damit verbunden ist die **Herausforderung der Qualifizierung.** KI verändert die **Anforderungen an Skills** rapide. Laut McKinsey könnten bis 2030 bis zu **30 % der Arbeitsstunden** in den USA und Europa automatisiert werden – und entsprechend Millionen Arbeitskräfte müssten in neue Rollen wechseln Es entsteht ein immenser Weiterbildungsbedarf. Gefragt sind künftig vor allem **technologische Kompetenzen** (Umgang mit KI, Datenanalyse) und **soziale Kompetenzen** (Kommunikation, Empathie, Kreativität), während reine Routinefähigkeiten an Wert verlieren. Unternehmen und Bildungssysteme stehen unter Druck, **Weiterbildungsoffensiven** zu starten. Die gute Nachricht: Viele Firmen haben erkannt, dass sie ihre Belegschaft mitnehmen müssen. In einer Umfrage gaben Unternehmen an, statt vor allem neues externes Personal einzukaufen, setzen sie verstärkt auf Umschulung der eigenen Leute, um den KI-Anforderungen gerecht zu werden Das Stichwort lautet **lebenslanges Lernen** – Mitarbeiter müssen in der KI-Ära ständig dazulernen, und Arbeitgeber wie Politik müssen die Strukturen dafür schaffen.

Eine weitere Herausforderung ist die **ethische und regulatorische Gestaltung** des Wandels. KI am Arbeitsplatz wirft Fragen auf: Wie schützen wir **Privatsphäre**, wenn Algorithmen jeden Arbeitsschritt mitprotokollieren? Wie verhindern wir **Bias und Diskriminierung**, wenn KI z.B. bei Einstellungen oder Beförderungen mitentscheidet? Und wie sichern wir **Mitbestimmung** und Rechte der Arbeitnehmer, wenn Entscheidungen zunehmend durch Maschinenempfehlung beeinflusst werden? Die ILO fordert in ihrer Studie ausdrücklich, politische Entscheidungen müssten einen *„geordneten, fairen und konsultativen Übergang"* gewährleisten, mit Einbindung der Beschäftigten, Qualifizierungsmaßnahmen und sozialem Schutz. Ohne Leitplanken könnte die KI-Disruption sonst Wildwuchs erzeugen – von Massenüberwachung der Mitarbeiter bis zur Entwertung ganzer Berufsstände ohne Auffangnetz. Hier sind Politik, Gewerkschaften, aber auch Unternehmen gefragt, **verantwortungsvoll** zu handeln.

Nicht zuletzt ist auch die **emotionale Herausforderung** ernst zu nehmen. Die Unsicherheit kann zu **Stress, Angst und Widerstand** führen. Change Management wird in der KI-Transformation zum Schlüssel: Unternehmen müssen transparent kommunizieren, wofür sie KI einsetzen und wie sie Mitarbeiter unterstützen. Gesellschaftlich braucht es einen **offenen Dialog** über Ängste und Erwartungen. Wenn die Hälfte der Beschäftigten sich jetzt schon sorgt und nur ein Drittel hoffnungsvoll ist, zeigt dies erheblichen Gesprächsbedarf. Vielleicht hilft der Vergleich mit früheren Umbrüchen: Ja, es gab in jeder Automatisierungswelle Verluste, aber am Ende entstanden auch neue Möglichkeiten. Diese Balance aus realistischem **Problembewusstsein** und begründetem **Optimismus** zu vermitteln, ist eine Herausforderung an Medien, Politik und Bildungsinstitutionen.

Ausblick: Aufbruch mit offenem Ausgang

Die Arbeitswelt befindet sich im Aufbruch in etwas grundlegend Neues – eine **durch KI geprägte Epoche.** Wie genau diese neue Arbeitswelt aussehen wird, ist noch nicht endgültig absehbar. Eines jedoch ist klar: Wir erleben derzeit keinen gewöhnlichen technologischen Fortschritt, sondern eine Disruption, die unsere berufliche Identität, unsere täglichen Routinen und die Struktur ganzer Branchen erschüttert und neu formt. Der erste Eindruck mag beängstigend sein – doch in diesem **Aufbruch** liegen ebenso große Chancen. Es liegt an uns als Gesellschaft, diese Chancen zu nutzen und die Risiken klug zu managen.

In den nächsten Kapiteln werden wir tiefer in die Facetten dieses Wandels eintauchen. Wir werden sehen, wie Unternehmen und Individuen konkret umgehen mit der KI-Disruption: Wo eröffnet sie völlig neue Karrierepfade, wo verlangt sie schmerzhafte Anpassungen? Wie können wir die **menschliche Kreativität und Empathie** als wertvolle Gegenspieler zur künstlichen Intelligenz kultivieren? Und wie verändert sich unser Verständnis von Arbeit, Erfolg und Identität, wenn Algorithmen allgegenwärtig mitarbeiten?

Dieser Aufbruch in die neue Arbeitswelt ist zugleich Verheißung und Zumutung. Noch nie hatten wir technologisch solche Werkzeuge an der Hand, um Routine und Mühsal zu verringern – und noch nie standen wir vor der Aufgabe, uns selbst neu zu erfinden in dem, was wir tagtäglich tun. Die **KI-Disruption** fordert uns heraus, aber sie bietet uns auch die Gelegenheit, Arbeit humaner und sinnvoller zu gestalten. Nutzen wir die Gelegenheit, mit Neugier und Umsicht in diese neue Arbeitswelt aufzubrechen – unsere **berufliche Identität** wird sich dabei wandeln, aber wir haben es in der Hand, diesen Wandel konstruktiv zu gestalten.

Quellen: *Die im Text genannten Studien und Daten stammen unter anderem von Goldman Sachs; goldmansachs.com, McKinsey; mckinsey.com der Internationalen Arbeitsorganisation (ILO) heise.de, der OECD oecd.org sowie repräsentativen Umfragen (z.B. Pew Research Center) pewresearch.org. Historische Bezüge und Zahlen wurden vereinzelt aus zeitgenössischen Analysen entnommen kansascityfed.org* **Diese Quellen illustrieren den aktuellen Forschungsstand zur Auswirkung von KI auf die Arbeitswelt und bieten eine Grundlage für die im Kapitel gezogenen Schlussfolgerungen.**

Kapitel 2: KI und berufliche Identität – Wer bin ich, wenn Algorithmen mitarbeiten?

Einleitung: Beruf als Teil des Selbst

„Was machen **Sie** beruflich?" – kaum eine andere Frage stellt unsere Gesellschaft so selbstverständlich an neue Bekanntschaften. Unser Beruf ist für viele mehr als nur Broterwerb; er gibt Struktur, soziale Anerkennung und ein Stück Identität. Arbeit definiert mit, wer wir sind und welchen Platz wir in der Gemeinschaft einnehmen. Entsprechend ziehen viele Menschen ihr Selbstwertgefühl in hohem Maße aus dem, was sie beruflich tun.

Doch was passiert mit diesem Selbstverständnis, wenn **künstliche Intelligenz (KI)** in unserem Berufsfeld mitarbeitet? Wenn Algorithmen plötzlich Aufgaben übernehmen, die wir lange als unseren **Kern** betrachtet haben – wie verändert das unser Bild von uns selbst als Fachkraft? Erste Anzeichen deuten auf tiefe

Verunsicherung hin: Mehr als die Hälfte der Berufstätigen blickt mit Sorge auf den wachsenden KI-Einfluss im Job, und Umfragen zeigen eine wachsende Angst, der eigene Arbeitsplatz könne durch KI gefährdet sein. Diese Angst ist nicht nur ökonomisch begründet, sondern greift uns psychologisch an der Wurzel: Droht der Jobverlust oder die Entwertung unserer Rolle, gerät unser gewohntes Selbstbild ins Wanken. **Wer sind wir, wenn eine Maschine plötzlich einen Teil unserer Arbeit erledigt?** Dieses Kapitel erkundet die psychologischen, sozialen und strukturellen Dimensionen dieses Identitätswandels durch KI in der Arbeitswelt.

Im Folgenden betrachten wir zunächst, wie Beruf und Identität historisch und kulturell verknüpft sind. Danach analysieren wir, wie sich die berufliche Identität heute formt und welche Veränderungen auftreten, wenn **KI-Systeme in unsere Arbeitsrolle eingreifen.** Anhand verschiedener Berufsgruppen – von Ärztinnen über Lehrer bis Programmierer und Pflegekräfte – werfen wir einen Blick auf Erfahrungen und Herausforderungen. Wir beleuchten psychologische Effekte wie Identitätsdiffusion, Impostor-Syndrom und Entfremdung und fragen nach den Chancen: Kann KI vielleicht auch helfen, das berufliche Selbstbild neu zu formen? Schließlich betrachten wir kulturelle Narrative darüber, was „wertvolle Arbeit" ausmacht, und skizzieren die Vision neuer **hybrider Identitäten** in Mensch-KI-Teams. Ziel ist, dass Sie sich in den beschriebenen Spannungsfeldern wiederfinden und Impulse für Ihr eigenes berufliches Selbstbild erhalten.

Berufsidentität: Wie Beruf und Selbst zusammenhängen

Die enge Verknüpfung von **Beruf und Identität** ist kein neues Phänomen. Schon historisch war der Beruf oft buchstäblich Teil des Selbstverständnisses: In vorindustrieller Zeit bestimmten Zünfte und Familienhandwerk die soziale Rolle, und Nachnamen wie *Schmidt*, *Müller* oder *Weber* zeugen davon, dass der Beruf zur Identifikationsmarke einer Familie wurde. Handwerker gaben ihre Fertigkeiten über Generationen weiter; wer sein Handwerk verlor, verlor damit auch einen Teil seines Selbstbilds. So waren Menschen gewissermaßen *das, was sie wiederholt taten* – entfiel diese Tätigkeit, bedeutete das einen Identitätsverlust. Ein Blick auf die **Industrialisierung** verdeutlicht dies eindrücklich: Als Anfang des 19. Jahrhunderts mechanische Webstühle die kunstfertigen Weber verdrängten, fühlten sich diese „Aristokraten des

Handwerks" entwertet. Maschinen erleichterten die Arbeit so sehr, dass sogar Kinder sie bedienen konnten, und die stolzen Meister ihres Fachs wurden buchstäblich überflüssig. Ihnen brach nicht nur die Existenzgrundlage weg, sondern auch das über Jahre definierte berufliche Selbstverständnis – ein Nährboden für Aufstände wie die **Ludditen-Bewegung**, in der verzweifelte Weber Maschinen zertrümmerten, um ihre Identität und Würde als Arbeiter zu verteidigen.

Auch in der Moderne bleibt Arbeit ein **zentrales Identitätsfundament**. So gaben in einer Gallup-Umfrage 55 % der amerikanischen Beschäftigten an, dass sie durch ihre Arbeit ein Gefühl von Identität gewinnen Andere Studien zeigen, dass sogar rund 70 % der Menschen ihren Lebenssinn (*Purpose*) maßgeblich aus ihrem Beruf beziehen. In Deutschland identifizieren sich über 80 % der Beschäftigten mit ihrer Arbeit; zwei Drittel sind überzeugt, durch ihren Job einen wichtigen Beitrag zur Gesellschaft zu leisten. Arbeit strukturiert den Alltag, stiftet Gemeinschaft und verleiht vielen das Gefühl, „jemand zu sein".

Diese starke Identifikation wird kulturell verstärkt: Wir leben in einer Gesellschaft, in der **Nicht-Arbeit erklärungsbedürftig** ist. Wer keiner Erwerbsarbeit nachgeht, sieht sich schnell Rechtfertigungsdruck ausgesetzt – man muss schon im Lotto gewonnen oder aus anderen Gründen „ausgesorgt" haben, um ohne Job nicht schief angesehen zu werden. Umgekehrt lastet ein hoher Konformitätsdruck auf uns, Erwartungen zu erfüllen: Viele trauen sich kaum, grundsätzliche Zweifel am eigenen Arbeitstempo oder Karrierepfad zu äußern, selbst wenn Überwachung und Stress zunehmen. Historisch wie heute prägt also der Beruf unser Selbstbild und unser Ansehen. **Arbeit gilt als Tugend**, und in vielen Kulturen existiert die Narrative vom „ehrbaren Beruf" oder der „Berufung", die dem Leben Sinn gibt. Vor diesem Hintergrund verwundert es nicht, dass technische Umbrüche – von der Dampfmaschine bis zur KI – immer auch **Identitätskrisen** auslösen können. Wenn Technologie unsere Arbeit verändert, rührt sie an etwas sehr Persönlichem: an der Frage, was wir in der Welt bewirken und wer wir in der Gemeinschaft sind.

Wenn KI den Kern der Arbeit übernimmt

Eine Kernfrage lautet: *Was passiert, wenn Aufgaben delegiert werden, die zuvor als Herzstück eines Berufes galten?*Genau das geschieht derzeit in vielen Branchen durch KI-Systeme. Maschinen und Algorithmen übernehmen Tätigkeiten, die lange als Domäne menschlicher Expertise galten – mit weitreichenden Folgen für das Selbstverständnis der Berufstätigen. Im Folgenden einige beispielhafte Szenen aus verschiedenen Berufsgruppen, in denen **KI-Assistenz zwischen Erleichterung und Identitätsverlust** schwankt:

Ärztliche Diagnose: Eine erfahrene Radiologin steht vor einem KI-System, das Röntgenbilder in Sekundenbruchteilen analysiert. Früher war ihr geschultes Auge der Goldstandard; nun spuckt ein Algorithmus zuverlässig Befunde aus. Zunächst ist die Ärztin erleichtert – die KI übersieht keinen winzigen Schatten. Doch beim nächsten Meeting merkt sie, dass sie sich kaum noch selbst auf neue Fälle vorbereitet. Die KI trifft Vorentscheidungen, und sie nickt diese ab. Leise nagt die Frage an ihr: „Bin **ich** noch die Diagnostikerin, oder nur noch die, die der KI zustimmt?" Ihr Berufsbild, jahrzehntelang auf Wissen und Intuition gegründet, hat Risse bekommen. Einige Kolleg*innen empfinden sogar ein *Impostor-Gefühl*: Obwohl sie qualifizierte Mediziner sind, fühlen sie sich neben der scheinbar unfehlbaren KI wie Hochstapler, die irgendwann entlarvt werden könnten.

Unterrichten mit digitalen Helfern: Ein Gymnasiallehrer bereitet seinen Unterricht mit Hilfe eines generativen KI-Tools vor. In wenigen Sekunden generiert das System anschauliche Beispiele, Übungsaufgaben, sogar passende Erklärvideos. Was früher Stunden kreativer Vorbereitung kostete, erledigt die KI jetzt auf Knopfdruck. Einerseits freut sich der Lehrer: Endlich kann er den Unterricht individueller gestalten und hat mehr Zeit für die Betreuung der Schüler. Andererseits beschleicht ihn ein ungutes Gefühl, wenn die Klasse eine besonders gelungene Unterrichtsstunde lobt – war das wirklich *seine* pädagogische Leistung oder die der schlauen Software? Er erinnert sich, wie stolz er war, als Junglehrer eigene Materialien zu entwickeln. Nun fragt er sich: „Bin ich noch ein **Lehrer** im klassischen Sinne oder mehr ein Moderator, der KI-Inhalte präsentiert?" Im Kollegium gibt es ähnliche Stimmen. Manche befürchten gar, die KI mache sie irgendwann überflüssig, während andere begeistert darauf setzen, endlich mehr Freiraum für das Zwischenmenschliche zu haben.

Programmieren mit Co-Pilot: Ein Softwareentwickler sitzt vor seinem Code-Editor, in dem eine KI (sein *Coding Assistant*) automatisch Code-Vorschläge liefert. Routineaufgaben, für die er früher lange tüftelte, sind in Sekunden gelöst. Zunächst wirkt das wie ein Superkraft-Upgrade: Er kann sich komplexeren Architekturproblemen widmen, während die KI Boilerplate-Code generiert. Doch mit der Zeit bemerkt er, dass er immer öfter den KI-Vorschlägen blind vertraut. Wenn dann ein Fehler auftaucht, fühlt er sich unsicher – hat er die Codebasis überhaupt noch voll im Griff? Eines Tages stellt er fest, dass ein frisch eingestellter Kollege mit KI-Unterstützung ähnlich produktiv ist wie er mit zehn Jahren Erfahrung. Ein Anflug von Panik macht sich breit: „Bin ich nur noch so gut wie meine Tools? Was bleibt von meinem Könnerschaft-Stolz, wenn jeder mit KI **programmieren** kann wie ein Profi?" Auch hier zeigen sich gemischte Gefühle in der Branche: Die einen sprechen von *Demokratisierung* des Programmierens und freuen sich, dass mehr kreative Ideen umgesetzt werden können. Andere erleben einen schmerzhaften Identitätswandel vom *Code-Handwerker* zum *KI-Dirigenten*, der sich erst finden muss.

Pflegetätigkeit mit Robotik: In einem Seniorenheim arbeitet eine Pflegekraft Hand in Hand mit einer Pflegeroboter-Assistentin. Die Maschine kann Bewohner aus dem Bett heben, Medikamente zur richtigen Zeit reichen und sogar Gespräche initiieren, wenn auch nur mit vorprogrammiertem Smalltalk. Unsere Pflegekraft ist hin- und hergerissen. Auf der einen Seite bedeuten die technischen Helfer Entlastung: Rücken und Nerven werden geschont, sie hat mehr Luft für echte menschliche Zuwendung – das Gespräch beim

Frühstück, das beruhigende Händedrücken am Abend. Andererseits spürt sie unterschwellig einen Stachel, wenn die Angehörigen begeistert den „süßen Roboter" loben, der so toll mit Oma Schach spielt. Bisher war *sie* die empathische Bezugsperson. Jetzt teilt sie sich diese Rolle mit einer Maschine. „Bin ich noch die unverzichtbare gute Seele," fragt sie sich, „oder nur noch die Aufsicht, die sicherstellt, dass der Roboter richtig läuft?" In stillen Momenten sorgt sie sich, ob künftig weniger Personal gebraucht wird. Gleichzeitig erkennt sie Chancen: Wenn Routine und Schwerkraft von Robotern übernommen werden, könnte endlich **Zeit für menschliche Nähe** bleiben – etwas, das keine KI ersetzen kann.

Diese Beispiele zeigen: Wenn KI Teile der **Kernaufgaben** übernimmt, reagieren Menschen sehr unterschiedlich – von Erleichterung über Verunsicherung bis hin zur Identitätskrise. Oft hängt es davon ab, ob es gelingt, **neue Rollen** zu definieren. Wird die Radiologin zur Datenkuratorin, der Lehrer zum Lerncoach, der Programmierer zum Architekten und die Pflegekraft zur zwischenmenschlichen Ansprechpartnerin, **kann** KI zur sinnvollen Erweiterung ihres beruflichen Selbst werden. Bleibt jedoch unklar, wie der Mensch im neuen Gefüge gebraucht wird, drohen Gefühle der Austauschbarkeit und Entwertung.

Psychologische Auswirkungen: Identitätsdiffusion, Impostor-Syndrom, Entfremdung

Der Eingriff von KI in unsere Arbeitswelt berührt einige tiefgehende psychologische Aspekte der Identität. Drei Phänomene stechen hervor: **Identitätsdiffusion** – also die Auflösung klarer Selbstzuschreibungen, **Impostor-Syndrom**– das Gefühl, ein Hochstapler zu sein, und **Entfremdung** – die innere Distanz zur eigenen Tätigkeit.

Identitätsdiffusion: Wer bin ich noch im Job?

Unter *Identitätsdiffusion* versteht man in der Psychologie einen Zustand, in dem kein klar konturiertes Selbstbild vorhanden ist. Bezogen auf den Beruf kann es passieren, dass vertraute Selbstbeschreibungen plötzlich unscharf werden. Wenn z.B. eine Übersetzerin ihr ganzes Berufsleben lang sagte „Ich bin Übersetzerin" und nun bemerkt, dass KI-Übersetzungstools 80% ihrer Aufträge erledigen, gerät dieses klare Bild ins Wanken. Sie ist vielleicht weiterhin Sprachexpertin – aber definiert sich ihre Rolle nun als *Qualitätsprüferin* der Maschinenübersetzungen? Oder als *Beraterin* für Spezialtexte? Solche Unschärfen können zu einer Art **Identitätsdiffusion** führen: Man fühlt sich vorübergehend zerrissen zwischen alten und neuen Selbstbildern.

In unserer Buchhalter-Anekdote aus der Einleitung zeichnete sich genau dies ab: Der erfahrene Buchhalter, dessen Kernaufgabe – das Buchen und Bilanzieren – plötzlich eine KI-Software übernommen hat, fragt sich: „Bin **ich** jetzt noch gebraucht?". Wenn der Betrieb keine neue Rolle für ihn vorsieht, steht er vor einem Loch: Die alte Identität („Verwalter der Finanzen") greift nicht mehr, eine neue („Kontrolleur der KI" oder „Analyst") ist nicht definiert. Dieses Vakuum empfinden Psychologen als heikel – es droht eine *Identitätskrise*. Wichtig ist, wie man diese Phase gestaltet: Wird sie begleitet von Umschulung, Neuorientierung und einem aktiven Dialog („Wir setzen dich jetzt **hier** sinnvoll ein"), kann das diffuse Selbstbild wieder Klarheit gewinnen. Bleibt der Mensch jedoch allein mit dem Gefühl des **Wertverlusts**, kann die Identitätsdiffusion zu chronischer Verunsicherung führen. Im Extrem zieht sich jemand resigniert zurück oder kündigt innerlich, was sowohl Individuum als auch Arbeitgeber schadet.

Impostor-Syndrom: Hochstaplergefühle durch KI-Unterstützung

Ein interessantes, vielleicht unerwartetes Phänomen im KI-Zeitalter ist das vermehrte Auftreten des **Impostor-Syndroms** unter Arbeitnehmern. Darunter versteht man das subjektive Gefühl, die eigene Leistung und Kompetenz seien nicht echt oder nicht verdient – man wähnt sich als „Hochstapler", der nur darauf wartet, entlarvt zu werden, obwohl objektiv alles in Ordnung scheint. Woher kommt dieses Gefühl, gerade **wenn** KI viel Arbeit abnimmt?

Ein Erklärungsansatz ist, dass KI-Assistenz den Vergleichsmaßstab verschiebt. Angenommen, ein Marketingtexter lässt durch KI-Tools Werbetexte entwerfen und feilt sie nur noch aus. Die Texte kommen beim Kunden hervorragend an. Anstatt sich nun zu freuen, beschleicht den Texter womöglich der Eindruck: *Das war gar nicht mein Verdienst.* Ähnliches kann eine *Programmierer*in empfinden, die mit KI-Unterstützung in Rekordzeit ein Projekt abschließt – und insgeheim denkt: *Ohne das Tool hätte ich das nie so schnell hinbekommen. Ich tue nur so, als wäre ich so* *produktiv.*Dieses Abwerten der eigenen Beiträge kann ins Impostor-Gefühl münden.

Tatsächlich gibt es Hinweise, dass solche Gefühle im KI-Kontext zunehmen. Einer Untersuchung zufolge erleben **56 % der Beschäftigten in KI-durchdrungenen Arbeitsumgebungen** moderate bis starke Ausprägungen des Impostor-Syndroms – vor allem in Berufen, die nicht originär technisch sind. Besonders dort, wo KI plötzlich in ehemals *fachfremden* Bereichen auftaucht (etwa ei*ne* *Vertriebsmitarbeiter*in, der KI-Analysetools nutzen soll), fragen sich viele: *„Verstehe ich das überhaupt? Bin ich kompetent genug, um mit KI zu arbeiten, oder fliegt bald auf, dass ich es nicht wirklich kann?"* Ein Mangel an **psychologischer Sicherheit** im Unternehmen verstärkt das Problem. Wenn Mitarbeitende das Gefühl haben, keine Fragen stellen zu dürfen oder Fehler eingestehen zu können, wächst die innere Überzeugung, man sei „nicht gut genug" für die neuen Anforderungen.

Um dem Impostor-Syndrom entgegenzuwirken, betonen Expert*innen zwei Dinge: erstens eine offene Lernkultur, in der der Umgang mit KI als gemeinsame **Lernreise** verstanden wird und nicht als Prüfstein der persönlichen Eignung. Zweitens hilft es, die **Leistung neu zu rahmen**: Wenn KI-Tools genutzt werden, sollte das Ergebnis als Teamarbeit von Mensch und Maschine betrachtet werden. So wie ein Manager sich nicht als Betrüger fühlt, weil er mit Excel gearbeitet hat, sollten wir auch KI als normales Werkzeug ansehen, das die eigene Kompetenz nicht schmälert, sondern ergänzt. Dennoch bleibt die Gefahr bestehen, dass gerade leistungsorientierte Menschen sich durch KI-Unterstützung *weniger* wertvoll fühlen. Hier sind Führungskräfte gefragt, deutlich zu machen: **Die Fähigkeit, KI effektiv zu nutzen, ist selbst eine Kompetenz**, auf die man stolz sein kann. Wer das verinnerlicht, sieht KI nicht mehr als Krücke, die die eigene Leistung „entlarvt", sondern als Ressource, die es klug einzusetzen gilt.

Entfremdung: Arbeit ohne Identifikation

Der dritte Aspekt ist die **Entfremdung**. Dieses Konzept, vor über 180 Jahren von Karl Marx beschrieben, meint eine innere Distanzierung: Man fühlt sich der eigenen Arbeit und ihrem Ergebnis fremd, beinahe gleichgültig gegenüberstehend. Marx beobachtete dies bei Fabrikarbeitern im Kapitalismus: Sie schufteten für einen Lohn, aber die Arbeit an sich gab ihnen nichts – kein Stolz, keine Erfüllung, kein Gefühl der Verbundenheit mit dem Produkt. Sie waren

„nur ein Rädchen im Getriebe" und erlebten ihre Tätigkeit als sinnentleert.

Heute stellt sich die Frage: **Führt KI zu neuer Entfremdung oder kann sie im Gegenteil stumpfsinnige Arbeit verringern?** Die Antwort ist zweischneidig. Einerseits bietet Automatisierung die Chance, monotone Tätigkeiten abzugeben. Das könnte im Idealfall dazu führen, dass Menschen *weniger* entfremdete Arbeit tun, weil sie sich auf kreativere, bedeutsamere Aufgaben konzentrieren können. Andererseits besteht das Risiko, dass der Mensch in der Zusammenarbeit mit KI **zur ausführenden Marionette** degradiert wird – ein*e Operator*in, der/die nur noch die Entscheidungen der Algorithmen abnickt oder überwacht, ohne selbst wirklich zu gestalten. So berichten z.B. manche LKW-Fahrer, die in hochautomatisierten Fahrzeugen mehr überwachen als fahren, von einem Gefühl der Langeweile und inneren Abkoppelung von ihrer Arbeit. Ähnlich klagen erfahrene Kundenservice-Mitarbeiter*innen, die nach strikten KI-Analyse-Vorgaben telefonieren müssen, darüber, sich *„wie ein Automat"* vorzukommen, der nur Skripten folgt.

Entfremdung tritt besonders dort auf, wo **Handlungsspielräume schwinden**. Wenn KI-Systeme jeden Schritt takten, Entscheidungen vorgeben und der

Mensch kaum noch Eigeninitiative einbringen kann, fühlt er sich schnell zum bedeutungslosen Rädchen degradiert Studien zeigen, dass Entfremdungsgefühle v.a. bei Beschäftigten entstehen, die strenger Überwachung unterliegen und wenig mitentscheiden dürfen – Bedingungen, die durch KI-gestützte Überwachung (Stichwort *Algorithmic Management*) leider begünstigt werden können. Beispielsweise messen manche Callcenter-KIs jede Pause und jedes Wort der Angestellten, um Effizienz zu maximieren. Das Ergebnis: Die Mitarbeitenden erfüllen zwar die Vorgaben, aber sie identifizieren sich immer weniger mit ihrer Arbeit. Es fehlt die **sinnstiftende Komponente** – kein Wunder, wenn eigene Ideen oder persönliche menschliche Qualitäten nicht gefragt sind.

Doch auch hier gilt: Es liegt an uns als Gesellschaft und Unternehmen, *gegenzusteuern*. KI muss nicht zwangsläufig Entfremdung bedeuten. Sie könnte im Gegenteil körperlich belastende, gefährliche oder öde Arbeiten übernehmen und so Kapazitäten für menschlich erfüllendere Tätigkeiten schaffen. Entscheidend ist, dass der Mensch trotz technischer Unterstützung **Gestaltungsspielraum behält**. Wo Menschen das Gefühl haben, sie können ihre Erfahrung, Kreativität oder Empathie einbringen, bleibt die Arbeit sinnhaft und identitätsstiftend – mit oder ohne KI. Verkommt der Mensch jedoch zum bloßen Ausführenden, droht die innere Kündigung. Dann hilft es auch wenig, wenn 80% sagen, sie identifizieren sich mit ihrer Arbeit – diese Aussage bezieht sich nämlich auf Arbeit, die wenigstens noch in Teilen als sinnvoll erlebt wird. Die Gefahr besteht, dass wir mit KI eine Arbeitswelt schaffen, in der zwar alles hocheffizient ist, aber vielen Sinn und Zugehörigkeitsgefühl abhandenkommen. Um dem vorzubeugen, müssen **menschliche Werte** wie Autonomie, Kreativität und soziale Interaktion bewusst in die neue Arbeitsorganisation eingebaut werdenfile-fkngppzr61jxh7jcvy3ntw. Entfremdung ist kein technisches, sondern ein organisatorisches und kulturelles Problem.

Kulturelle Narrative: Was gilt als „wertvolle Arbeit"?

Unsere Reaktionen auf KI im Beruf werden stark von kulturellen Narrativen geprägt – also von den Geschichten und Leitbildern, die wir uns über **wertvolle Arbeit** erzählen. Diese Erzählungen beeinflussen, wie wir den eigenen Wert im Job bemessen und welche Tätigkeiten als sinnhaft gelten. Es lohnt sich, einige dieser Narrative zu beleuchten, denn sie erklären, warum der Identitätswandel durch KI so emotionale Reaktionen hervorruft.

1. „Du bist, was du arbeitest" – Arbeitsethos und Selbstwert: In vielen Gesellschaften existiert ein tief verwurzeltes Arbeitsethos. Besonders im protestantisch geprägten Kulturraum galt Arbeit über Jahrhunderte als moralische Pflicht und Lebenssinn (Max Weber sprach von der „Berufung"). Wer hart arbeitet, ist ein guter Mensch – diese implizite Gleichung steckt bis heute vielen in den Knochen. Damit einher geht das Narrativ, dass ein Leben ohne Arbeit kaum vorstellbar oder legitim ist. So formulierte es der Soziologe Christoph Henning zugespitzt: In unserer Gesellschaft muss **Nicht-Arbeit** immer begründet werden. Dieser kulturelle Druck führt dazu, dass Menschen Wert und Identität aus Arbeit schöpfen (müssen) und sich schlecht fühlen, wenn sie „nicht genug" arbeiten. Wenn KI jetzt verspricht, Arbeit abzunehmen, reagiert dieses Narrativ fast mit Abwehr: *Was bleibt von meinem Wert, wenn ich weniger arbeite?* Viele definieren sich über Beschäftigtsein und Leistung. Ein Entlastungsversprechen der KI kann so paradoxerweise **Verlustangst** auslösen – nach dem Motto: „Nimmt mir die KI meinen Fleiß und meine Daseinsberechtigung?" Umgekehrt glorifizieren wir oftmals Überarbeitung, lange To-do-Listen und Unersetzlichkeit im Job als

Zeichen von Wichtigkeit. Das macht es schwierig, freudig zu begrüßen, wenn KI uns *entbehrlicher* machen könnte. Hier müssen neue Narrative entstehen: etwa die Vorstellung, dass es **okay ist, weniger zu arbeiten**, solange die Arbeit klüger und menschlicher wird. Wertvoll ist nicht *wie viel* wir schuften, sondern *was* wir bewirken.

2. „Harte Arbeit vs. kluge Arbeit" – Narrative von Aufwand und Verdienst: Eng verwandt ist die Idee, dass nur anstrengende Arbeit ein richtiger „Job" ist. Wer sich abrackert, hat Ehre, wer es zu leicht hat, erntet Misstrauen. Dieses Narrativ lässt sich bis zur Industrialisierung zurückverfolgen (der schweißbedeckte Fabrikarbeiter als ehrlicher Malocher) und wirkt bis in die Gegenwart: Selbst in Bürojobs neigen Menschen dazu, sich über Stunden und Stress zu definieren. KI bedroht dieses Selbstbild, indem sie vieles müheloser macht. Ein anschauliches Beispiel aus der Konsumwelt: In den 1950ern wunderte man sich, warum Fertigkuchenmischungen von Betty Crocker zunächst floppten – bis man erkannte, dass Hausfrauen das Backen „zu einfach" fanden und das Produkt deshalb ablehnten. Die Lösung: Man änderte das Rezept so, dass man selbst noch ein Ei hinzufügen musste. Plötzlich fühlten sich die Käuferinnen wieder als beteiligte Bäckerinnen – und die Mischung wurde ein Erfolg. Übertragen auf die Arbeitswelt heißt das: **Menschen wollen das Gefühl haben, etwas zu leisten.** Wenn KI alles zu leicht erscheinen lässt, droht das Empfinden, man „mogele" sich durch (was wiederum ins Impostor-Syndrom münden kann). Unternehmen tun gut daran, die *Leistungsbeiträge* von Menschen sichtbar zu machen, auch wenn KI beteiligt ist. Sonst entstehen Trotzreaktionen: Mitarbeiter lehnen Automatisierung ab, um ihre Identität als hart Arbeitende zu schützen – ähnlich wie die anfänglichen Käuferinnen den Kuchenmix ablehnten, weil Backen „so einfach doch keinen Stolz gibt".

Kulturgeschichtlich gibt es zahlreiche Echos dieses Musters: Schon die Weber und Handwerker vergangener Zeiten rühmten die Kunstfertigkeit ihres mühsamen Tuns und verachteten Fabrikprodukte als seelenlos. Bis heute halten sich etwa in der Kunst die Narrative vom „leidenden Künstler" als Garant echter Kreativität. *Leichtigkeit* und *Automatisierung* werden kulturell oft geringgeschätzt. Hier braucht es ein Umdenken: **Kluge Arbeit** mit KI-Unterstützung darf kein Schimpfwort sein, sondern sollte als neues Ideal gelten – frei nach dem Motto: „Wir arbeiten nicht härter, sondern smarter." Wer dies verinnerlicht, kann KI als Bereicherung sehen, ohne das Gefühl zu haben, an Anstrengung und Ehrgefühl einzubüßen.

3. „Menschliche Einzigartigkeit" – Narrative der Unersetzlichkeit: Ein weiteres mächtiges Narrativ in unserem kulturellen Mindset ist das von der **Unersetzlichkeit des Menschlichen.** Es lautet: *Es gibt etwas an uns Menschen – Kreativität, Empathie, ethisches Bewusstsein –, das Maschinen nie haben werden.* Dieses Narrativ ist zweischneidig. Auf der einen Seite tröstet es uns und stärkt das Selbstbewusstsein: So hoch entwickelt KI auch sein mag, es gibt Kernbereiche („künstliche Intelligenz, natürliche Dummheit" witzelt man manchmal) – etwa künstlerische Originalität, zwischenmenschliche Wärme oder moralische Verantwortung – da behalten **wir** das Monopol. Dieses Gefühl teilen Umfragen zufolge viele: So glaubten in einer deutschen Befragung 72 % der Berufstätigen, dass ihre Tätigkeit durch KI *nicht* ersetzbar sei. Obwohl jeder Dritte schon KI-Tools wie ChatGPT im Job nutzt sind fast drei von vier überzeugt, dass letztlich der Mensch unverzichtbar bleibt. Das Narrativ der Einzigartigkeit gibt also Zuversicht und kann helfen, Angst vor KI zu mindern. *Doch* es birgt auch die Gefahr der **Selbstüberschätzung.** Wenn man nämlich annimmt, dass KI einen sowieso nicht ersetzen kann, besteht die Versuchung, sich zurückzulehnen. Manche halten an veralteten Methoden fest oder ignorieren neue Technologien, weil sie glauben, ihr „menschlicher

Faktor" werde es schon richten. Die Realität ist komplexer: KI wird uns wahrscheinlich **nicht als ganze Person**ersetzen, wohl aber viele Einzelfähigkeiten übertreffen. Unser Einzigartigkeits-Narrativ muss sich daher anpassen. Statt blind auf Unersetzlichkeit zu pochen – was im schlimmsten Fall zur Verweigerungshaltung führt – sollten wir das Narrativ wandeln in: *„Menschen sind einzigartig in der **Kombination** ihrer Fähigkeiten".* Das heißt, wir müssen unsere Stärken (Kreativität, Kontextverständnis, Empathie, flexible Intuition) **mit** den Stärken der KI (Schnelligkeit, Mustererkennung, Präzision auf Basis großer Datenmengen) verbinden. Nur dann bleibt das Narrativ der Menschlichkeit ein Vorteil und wird nicht zur tragischen Illusion. Dieses Umdenken fällt kulturell nicht leicht, weil es etwas Demut verlangt: Wir müssen anerkennen, dass gewisse Dinge, die wir für unsere Domäne hielten (z.B. Schach spielen, medizinische Diagnosen stellen, Sprache übersetzen), nun von Maschinen hervorragend beherrscht werden. Unsere Identität darf sich also nicht mehr darauf gründen, in *jedem* Einzelaspekt besser zu sein, sondern darin, das große Ganze sinnstiftend zu gestalten. Ein Arzt etwa könnte sagen: „Mag sein, dass die KI genauer diagnostiziert – **meine** Identität als Arzt liegt darin, den Patienten durch die Behandlung zu führen, ethische Entscheidungen zu treffen und menschliche Verantwortung zu tragen." Das Narrativ der Einzigartigkeit wandelt sich so vom Absolutheitsanspruch („nur Menschen können X") zu einem Kooperationsanspruch („Menschen bringen das ein, was KI fehlt, und umgekehrt").

Zusammengefasst prägen kulturelle Narrative wie *Arbeitsethos*, *Leistungsverständnis* und *Menschbild* stark, wie wir den KI-Einsatz deuten. Diese Geschichten wirken oft unbewusst in uns. Wenn wir sie jedoch erkennen, können wir sie auch neu erzählen. Ein neues Narrativ könnte z.B. so lauten: **„Wertvolle Arbeit bedeutet, dass Mensch und KI zusammen mehr erreichen, als jeder für sich allein könnte."** Darin steckt Anerkennung sowohl der menschlichen Würde als auch der technologischen Möglichkeiten. Wertvoll ist dann nicht mehr allein der *menschliche* Anteil oder das *menschliche Mühsal*, sondern das *Ergebnis* und der *Nutzen* für alle. Solche Narrative im öffentlichen Diskurs zu etablieren, hilft, den Identitätswandel konstruktiv statt defensiv zu gestalten.

Chancen: KI als Impuls für ein neues berufliches Selbstbild

Bei aller Problemanalyse sollten wir nicht vergessen, dass Veränderungen durch KI nicht nur Verlust bedeuten. Es eröffnen sich auch **Chancen**, das berufliche Selbstbild positiv weiterzuentwickeln. KI kann den Anstoß geben, eingefahrene Rollen zu überdenken und sogar mehr Menschlichkeit in die Arbeit zu bringen – *wenn* wir es richtig angehen. Welche Möglichkeiten bieten sich also, das „berufliche Ich" neu zu formen?

Befreiung von Routinen – Fokus auf Wertschöpfung: Viele Berufe bestehen aus einem Mix von hochqualifizierten Kernaufgaben und zeitraubenden Routinearbeiten. Wenn KI uns lästige Pflichten abnimmt – sei es die Dokumentation, Dateneingabe, einfache Analysen oder Standardkorrespondenz –, **entstehen Freiräume**. Diese Zeit kann genutzt werden, um genau das zu tun, was man *eigentlich* immer tun wollte: der Arzt hat mehr Raum für das Patientengespräch, die Lehrerin für individuelle Förderung, der Ingenieur für kreative Tüftelei, die Anwältin für strategische Beratung. Indem KI den „Maschinenanteil" der Arbeit erledigt, kann der menschliche Anteil an Bedeutung gewinnen. Das berufliche Selbstbild könnte sich so von „Ich führe X aus" hin zu „Ich bewirke Y" verändern. Zum Beispiel weg vom Buchhalter als Zahlenbucher hin zum **Finanzberater**, der die Ergebnisse interpretiert und erklärt; weg von der Fließbandarbeiterin als

Handlangerin der Maschine hin zur **Qualitätsprüferin**, die für den Wert des Endprodukts steht. Viele berichten bereits, dass KI ihnen ermöglicht, *mehr von dem zu tun, was sie erfüllt*. Das kann das Selbstwertgefühl stärken, weil man den eigenen Beitrag als sinnhaft und unersetzlich erlebt – ironischerweise **gerade weil** die ersetzbaren Teile von der KI erledigt werden.

Lebenslanges Lernen und neue Kompetenzen: Ein weiterer positiver Impuls ist die neue Lernkurve, auf die uns KI schickt. Anfangs mag es unbequem sein, nach Jahren der Routine plötzlich nochmal **Schüler** im eigenen Beruf zu werden – man muss neue Tools erlernen, mit Updates Schritt halten, vielleicht sogar ganz neue Denkweisen adaptieren (Stichwort *Prompting* – das geschickte Anleiten von KI). Doch dieses stete Weiterentwickeln kann dem beruflichen Selbstbild Dynamik verleihen. Viele Menschen blühen auf, wenn sie merken: *Ich kann auch nach 20 Berufsjahren noch Neues meistern*. Die Identität verschiebt sich vom statischen „Ich bin XYZ" hin zum flexiblen „Ich lerne ständig dazu, um ein(e) bessere(r) XYZ zu werden". Gerade für ältere Beschäftigte kann das Herausfordernde auch etwas Erfrischendes haben: Man bleibt geistig beweglich und fühlt sich nicht abgehängt. Wichtig ist dabei, dass Unternehmen **Unterstützung und Weiterbildung** anbieten, statt nur zu fordern. Wo ein Klima herrscht, in dem alle voneinander lernen (Jüngere bringen Tech-Know-how, Ältere bringen Domänenwissen ein), entsteht ein Gemeinschaftsgefühl, das identitätsstiftend wirkt: *Wir entwickeln uns gemeinsam weiter.* Und wenn irgendwann mal der erste Frust überwunden ist, kann man sogar stolz sagen: „Ich habe mich in meiner Karriere mehrfach neu erfunden – KI hin oder her." Das **Narrativ vom ständigen Wachstum** kann das Narrativ der bedrohten Identität ablösen.

Neue Rollen und Karrierepfade: KI schafft nicht nur Unsicherheit, sondern auch ganz neue **Berufsbilder**. Schon jetzt entstehen Rollen wie *KI-Trainer* (Menschen, die Algorithmen mit Daten füttern und anlernen), *AI Ethics Officer*(Experten für ethische Fragen in der KI-Anwendung) oder *Automation Coordinator* (Schnittstellenmanager zwischen Mensch und Maschine in Betrieben). Für viele kann dies eine Chance sein, sich beruflich **neu zu profilieren**. Anstatt am Alten zu kleben, entwickeln manche ein überraschendes neues berufliches Selbst: Der Sachbearbeiter von einst wird zum *Datenanalysten*, die Marketingspezialistin zur *KI-Content-Kuratorin*, der Chemielaborant zum *Robotertechniker* – jeweils mit entsprechender Fortbildung. Diese Neuorientierungen können nicht nur Arbeitsplätze sichern, sondern auch das **Selbstwertgefühl** heben, weil man sich als Pionier*in in einem wachsenden Feld empfindet. Wer Teil der „Zukunftsgestalter" ist, der hat das Gefühl, gebraucht zu werden – ein starker Identitätsanker. Wichtig ist hierbei die **Erzählung**, die man sich selbst gibt: Statt „Früher war ich X, jetzt muss ich Y machen" lieber „Ich **nutze** meine Erfahrung als X, um Y zu werden, und gestalte so aktiv den Wandel mit." So wird aus der vermeintlichen Bedrohung eine persönliche Erfolgsgeschichte. Unternehmen können solche Transitionen fördern, indem sie interne Mobilität ermöglichen und Erfolge sichtbar machen.

Mehr Zusammenarbeit, weniger Hierarchie: Interessanterweise kann KI auch traditionelle **Hierarchien und Rollenbilder** aufbrechen – was Freiraum für neue Identitätsaspekte schafft. Wenn z.B. eine KI einfache Entscheidungen trifft, müssen Führungskräfte sich mehr auf komplexe Führungsaufgaben konzentrieren (etwa Teamkultur, Vision, Coaching). Dies kann das oft starre Chef-Untergebener-Verhältnis auflockern: Die Führungskraft wird zum *Mentor*, nicht mehr zum allwissenden Kontrolleur, weil die „Faktenhoheit" teilweise bei der KI liegt. Mitarbeiter wiederum können mehr Eigenverantwortung übernehmen, weil ihnen Tools zur Verfügung stehen, die früher nur Spezialisten hatten.

Das kann zu einem **partizipativeren Arbeitsumfeld** führen, in dem sich jeder mehr als Teil eines Ganzen fühlt. Identität speist sich dann stärker aus dem *Wir sind ein Team*-Gefühl und weniger aus strikt zugeschriebenen Rängen. Wenn KI zum Beispiel projektbasiertes Arbeiten fördert (weil Expertise flexibler abgerufen werden kann), definieren sich Beschäftigte vielleicht weniger über ihre Abteilungsbezeichnung als über ihre Rolle im jeweiligen Projekt. Das ermöglicht es, **vielfältigere Identitäten** auszuprobieren: Heute bin ich *Datenexperte im Projekt A*, morgen *Kundenversteher im Projekt B*. Diese Vielfalt kann bereichernd sein und das Gefühl vermitteln, nicht auf eine einzige Schublade festgelegt zu sein. Allerdings braucht es dazu eine offene Unternehmenskultur, die solche flexiblen Identitätsmix erlaubt und belohnt.

KI als Werkzeug für Inklusion: Schließlich bietet KI auch Chancen, **Barrieren abzubauen**, was wiederum identitätsstiftend wirken kann. Denken wir an Menschen mit Behinderungen: KI-Assistenten könnten Aufgaben zugänglich machen, die bisher versperrt waren – etwa ein Sprachassistent, der einem Sehbehinderten Texte vorliest und so Berufe ermöglicht, die viel Lesen erfordern. Oder Übersetzungs-KI, die einem Neuankömmling in einem

Land sprachlich hilft, im Job zurechtzukommen. Je diverser Teams durch solche Hilfsmittel werden, desto mehr kann jeder das Gefühl haben, mit seiner **Einzigartigkeit** akzeptiert zu sein. Wenn KI es erlaubt, dass z.b. Autisten mit besonderen Fähigkeiten in Datenmustererkennung erfolgreich in Teams arbeiten können (weil KI die Kommunikation erleichtert), dann bereichert das die Identitäten aller Beteiligten. Man lernt, dass es verschiedene Weisen gibt, einen wertvollen Beitrag zu leisten – Mensch und Maschine ergänzen sich, und auch Mensch und Mensch in ihrer Vielfalt.

Diese positiven Szenarien zeigen: KI kann durchaus ein **Katalysator für positive Identitätsentwicklung** sein. Der Schlüssel liegt darin, die Technologie **proaktiv** zu gestalten und nicht als passives Schicksal hinzunehmen. Beschäftigte, die KI als Werkzeug begreifen, um ihre Stärken besser auszuspielen, berichten häufig von einem neuen **Empowerment-Gefühl**. Sie definieren sich nicht mehr über das, was die KI ihnen wegnimmt, sondern über das, was sie dank KI zusätzlich tun können. So eine Verschiebung der Perspektive braucht Zeit und Unterstützung – aber sie ist möglich. In gewisser Weise zwingt uns KI dazu, uns zu fragen: *Was macht meinen Wert in der Arbeit wirklich aus?* Die überraschend hoffnungsvolle

Antwort könnte lauten: Alles das, was über stumpfe Routine hinausgeht – und genau dahin können wir uns entwickeln.

Abb.: Mit deutlichen Worten weist ein Tech-Unternehmer in einem internen Memo sein Team auf den bevorstehenden Wandel hin: „AI is coming for your jobs... AI is coming for you." Der Weckruf mag drastisch erscheinen, verdeutlicht aber die Realität: Jeder Beruf wird sich durch KI verändern – auch jener der Führungskraft selbst („it's coming for my job too"). Entscheidend ist, *wie* man darauf reagiert.

Abb.: Statt in Panik zu verfallen, betont das Memo die aktive Anpassung: Mitarbeiter sollen die neuesten KI-Lösungen *meistern*, sich Expertise aneignen und proaktiv Ideen einbringen. „LLM and GenAI are the new basics" – die Grundfertigkeiten verschieben sich. Die Botschaft: Wer bereit ist zu lernen, sich neu zu erfinden und die Organisation mit KI effizienter zu machen, hat eine **vielversprechende Zukunft**. Dieses Beispiel zeigt die Chancenperspektive: KI kann Talente *verstärken*, nicht ersetzen – aber nur, wenn man selbst den Wandel annimmt. So kann aus Verunsicherung neues Selbstvertrauen wachsen: *Wir bleiben nicht stehen, wir entwickeln uns weiter.*

Hybride Identitäten: Mensch-KI-Teams als neues Normal

Ein Blick in die nahe Zukunft (und teils schon Gegenwart) zeigt, dass wir zunehmend in **hybriden Teams** aus Menschen und KI-Systemen arbeiten werden. Das erfordert ein Umdenken, was *Teamwork* und *Rollen* angeht – und bietet uns abermals die Gelegenheit, unser berufliches Selbstbild zu erweitern. Statt „Mensch vs. Maschine" heißt es dann „Mensch **und** Maschine".

In einigen Bereichen ist diese Kollaboration schon Realität. So arbeiten beispielsweise Ärzt*innen in Tumorboards mit KI-Assistenten zusammen, die auf Basis tausender Studien Therapievorschläge machen. Der Arzt wird zum **Moderator zwischen KI und Patient**: Er wägt die Empfehlungen der KI mit seiner Erfahrung und dem individuellen Patientenwissen ab. Identifiziert er sich nun weniger als „Heilsbringer" und mehr als *Teamkapitän*, der KI als Teammitglied führt? Möglicherweise ja – aber das muss kein Verlust sein. Im Gegenteil: Viele berichten, dass sie sich sicherer fühlen, wenn eine KI eine Zweitmeinung liefert, und sie zugleich die letzte Entscheidungshoheit haben. Die

Identität verschiebt sich hier hin zu *„Wir gemeinsam heilen"*.

Ähnliches zeichnet sich in der **Softwareentwicklung** ab: Entwickler-Teams integrieren KI-Coding-Assistenten, die quasi wie junior Entwickler agieren – sie liefern Code-Vorschläge, finden Bugs, erstellen Dokumentationen. Ein Senior-Entwickler meinte dazu: „Ich sehe die KI wie ein Teammitglied, dem ich die Routine überlasse, damit ich mich auf die Architektur konzentrieren kann." Sein Selbstbild ist nicht mehr der alleinige *Coder*, sondern der *Koordinator* eines gemischten Teams. Wenn sein KI-Assistent einen guten Einfall hat, freut er sich fast so, als käme er vom Kollegen. Diese *Entpersonalisierung von Ideen* kann die Identität sogar entlasten: Der Druck, alles selbst können zu müssen, nimmt ab, und man kann sich mehr als *Teil eines Kollektivs* definieren, das Erfolg gemeinsam erreicht.

Im Bereich **Kundendienst** experimentieren Firmen damit, Chatbots und menschliche Servicekräfte eng zusammenarbeiten zu lassen. Der Bot beantwortet einfache Fragen sofort, der Mensch übernimmt nahtlos bei komplexeren Anliegen. Einige Service-Mitarbeiter geben ihren KI-Avataren sogar Namen und *„trainieren"* sie, um besser zu werden – ähnlich wie man einen neuen Kollegen einarbeitet. Hier entsteht die

Idee einer **Tandem-Identität**: Die eigene berufliche Identität umfasst gewissermaßen das erfolgreiche Zusammenspiel mit dem digitalen Partner. Man ist stolz auf das, *was das Duo leistet*. Wenn z.b. die Kundenzufriedenheit steigt, fühlt sich sowohl die Person als auch die KI (bzw. deren Trainer) erfolgreich. Dies mag futuristisch klingen, doch es erinnert an etwas sehr Menschliches: Wir haben schon immer Werkzeuge und Helfer genutzt (vom Schmied mit seinem Hammer bis zur Buchhalterin mit Excel). Die KI ist letztlich ein weiteres, wenn auch sehr intelligentes, Werkzeug – und es kann zum **Teil unserer „beruflichen Persona"** werden, so wie ein Fotograf sich über seine Kamera definiert oder ein Chirurg über sein Operationsbesteck.

Allerdings erfordert das Gelingen hybrider Identitäten einen bewussten Umgang. Wichtig ist, dass in Mensch-KI-Teams **klar kommuniziert** wird, wer wofür verantwortlich ist. Identität im Team speist sich auch daraus, dass jeder seinen Wert kennt. Wenn der Mensch nur noch als Notnagel für Fehler der KI gesehen würde, wäre das demotivierend. Stattdessen sollten Unternehmen eine Kultur fördern, in der der Beitrag der **menschlichen Intelligenz** ausdrücklich geschätzt wird – etwa Kreativität, Empathie und komplexes Problemlösen – *und* gleichzeitig der Beitrag der KI – Schnelligkeit, Präzision, Durchsatz – als Teamleistung verbucht wird. Einige Unternehmen gehen bereits dazu über, **Projekterfolge** nicht mehr einzelnen Personen zuzuschreiben, sondern Teams aus Menschen und KI-Systemen. So könnte in einem Bericht stehen: „Team Alpha (Expertin Müller + KI 'Sim') haben gemeinsam die Marktanalyse erstellt." Das mag zunächst ungewöhnlich klingen, rückt aber die Realität ins rechte Licht: Die Wertschöpfung ist ko-kreativ. Unsere Identität kann dadurch mehrschichtig werden: Wir sind **gleichzeitig** eigenständige Fachleute und „Symbionten" mit unseren KI-Tools.

Historisch betrachtet ist die Idee der Mensch-Maschine-Teams gar nicht so neu. Schon in den 1950ern, als erste Computer in Büros einzogen, mussten sich Menschen daran gewöhnen, Aufgaben an Rechenmaschinen zu delegieren. In den frühen 2000ern sprach man in der Schachwelt vom „Zentaur": Teams aus Mensch und KI, die zusammen unschlagbar waren – besser als jeder Mensch oder jede Maschine allein. Daraus können wir Zuversicht ziehen: *Hybridität* kann tatsächlich das Beste aus beiden Welten verbinden. Ein Mensch-KI-Team, das harmoniert, erlaubt uns, **unsere Identität neu, aber positiv zu definieren**: nicht weniger „menschlich", sondern gemeinsam „super-human" in der Leistungsfähigkeit.

Ein einfaches Beispiel aus dem Alltag vieler: Die Navigation im Auto. Früher war man vielleicht stolz, ein guter Navigator zu sein, Karten lesen zu können, den Weg im Kopf zu haben. Heute nutzen fast alle ein Navi (eine KI), um schneller und stressfreier ans Ziel zu kommen. Fühlt man sich deshalb „entmündigt"? Die meisten nicht – sie sehen es als sinnvolle Hilfe, die eigene Fahrtüchtigkeit ergänzt. Man könnte sagen, die **Identität als Autofahrer** hat sich geändert: Nicht mehr der Orientierungssinn steht im Vordergrund, sondern vielleicht Umsicht, Reaktionsschnelligkeit, Fahrkönnen. Ähnlich wird es in Berufen sein: Manche Fähigkeiten treten in den Hintergrund, neue werden wichtiger. Unsere Identität passt sich an, wie sie es immer getan hat, wenn neue Werkzeuge kamen.

Historischer Vergleich: Lernen aus früheren Umbrüchen

Es lohnt sich, zum Schluss nochmals den historischen Bogen zu schlagen. Die **Industrialisierung**, **Automatisierung** und **Digitalisierung** haben bereits mehrfach berufliche Identitäten erschüttert – und neu entstehen lassen. Daraus können wir für die KI-Ära einige Lehren ziehen:

- **Vom Handwerk zur Fabrikarbeit (19. Jahrhundert):** Wie oben geschildert, verloren viele Handwerker im Zuge der Industrialisierung ihre traditionelle Identität. Doch die Geschichte endete nicht mit Dauerkrise: Neue Berufe entstanden in den Fabriken, und viele ehemalige Handwerker wurden zu Fabrikvorarbeitern, Mechanikern, Ingenieuren. Die, die sich anpassten, entwickelten ein neues Selbstverständnis als „Industriearbeiterklasse". Es bildeten sich sogar völlig neue Identitäten wie die des *Fabrikanten* oder *Maschinisten*. Die Lesson Learned: Jede technologische Revolution vernichtet zwar manches alte Berufsbild, **schafft aber auch neue**. Wichtig ist der soziale Rahmen – damals halfen z.B. Gewerkschaften, eine gewisse Würde und Gemeinschaft für die neue Arbeiteridentität zu etablieren. Für heute heißt das: Wir sollten darauf achten, dass die neuen KI-bezogenen Berufe (vom KI-Spezialisten bis zum Robotik-Wartungsexperten) eine positive Identität entwickeln können – mit Ethik, Leitbildern und Anerkennung.

- **Automatisierung und Fließband (20. Jahrhundert):** Die Einführung des Fließbands, etwa bei Ford, nahm Facharbeitern viel Autonomie: Sie mussten sich dem Takt der Maschine fügen. Anfangs war die Entfremdung groß – die berühmte *Montagearbeit* galt als Inbegriff sinnentleerter Schufterei. Doch auch hier passte sich die Identität an: Im Laufe des 20. Jahrhunderts entstand das Bild des **Facharbeiters in der Industrie**, der zwar am Band steht, aber stolz ist auf Präzision und Teamwork. Durch Qualifizierung (etwa zum Industriemechaniker) bekamen Menschen wieder mehr Selbstwert, da sie nicht nur Handlanger, sondern *Kenner* der Anlagen wurden. Heute reden wir von *Industrie 4.0*, wo Menschen hochautomatisierte Produktionsstraßen überwachen. Und siehe da: Auch hier findet Identität statt – z.B. als *Anlagenführer*, der komplexe Prozesse steuert. Für KI kann man daraus lernen: Anfangs mag der Mensch „verloren" wirken neben der Automation, aber mit der Zeit werden **neue Qualifikationen** normal. Ein KI-gestützter Sachbearbeiter könnte in zehn Jahren ein völlig etabliertes Berufsbild sein, mit Ausbildung und Stolz auf das, was man kann (nämlich KI-Systeme und menschliche Urteilsfähigkeit verbinden).

- **Computerisierung und Digitalisierung (spätes 20. Jahrhundert):** In den 1980ern und 90ern hielten Computer Einzug in Büros und Werkstätten. Viele Angestellte hatten Berührungsängste („Ich bin doch kein Computerfritze"). Sekretärinnen fragten sich, ob sie noch gebraucht würden, wenn jeder selbst am PC schreibt; Buchhalter fürchteten, dass Excel sie ersetzt; Zeichner lernten CAD zu bedienen oder gingen in Rente. Heute wirken diese Übergänge fast selbstverständlich: Kaum jemand identifiziert sich noch als „schreibende Zunft am Reißbrett". Stattdessen haben sich Berufsprofile gewandelt: Aus Sekretärinnen wurden Office-Managerinnen mit Computer-Know-how, Buchhalter wurden Controlling-Expert*innen mit ERP-System-Vertrautheit, Zeichner wurden CAD-Spezialisten. *Die Identitäten verschwanden nicht, sie wandelten sich.* Wer früher stolz auf schöne Handschrift war, ist heute stolz auf perfekte PowerPoint-Folien; wer akkurates Kopfrechnen rühmte, verweist nun auf ausgeklügelte Excel-Modelle. Ein interessanter Spezialfall: In den 1940ern gab es den Beruf **„Computer"** – so wurden Menschen bezeichnet, die von Hand komplexe Berechnungen anstellten (oft Frauen in der

73

Wissenschaft, man denke an die „Hidden
Figures" bei der NASA). Diese menschlichen
Computer wurden durch die ersten
Rechenmaschinen obsolet – aber viele von
ihnen wurden zu den ersten
Programmierernumgeschult. Aus der Identität
„Ich *bin* der Computer" wurde „Ich *bediene* den
Computer". Auch hier also ein Identitätswandel,
der schließlich neue Tech-Karrieren
hervorbrachte.

Die Geschichte lehrt uns demnach zweierlei:
Veränderung ist die Konstante, und der Mensch hat
eine beeindruckende **Anpassungsfähigkeit.** Jede
Generation hat Angst gehabt, etwas Wesentliches zu
verlieren – und doch haben sich neue Formen des
Selbstverständnisses etabliert. Das soll nicht naive
Entwarnung sein: Der Übergang war oft hart, begleitet
von sozialen Verwerfungen (Arbeitslosigkeit, Protest,
Neuorientierungsschmerz). Aber langfristig betrachtet,
haben wir es immer wieder geschafft, *Mensch zu
bleiben*, egal wie die Arbeit sich änderte. Entscheidend
war, dass wir uns aktiv in den Wandel eingebracht
haben – durch Bildung, Organisation (z.B.
Arbeitnehmerbewegungen) und kulturelles Verarbeiten
(Kunst und Literatur haben ja auch stets die neuen

Arbeitsrealitäten reflektiert und damit Identität mitgeformt).

Für die **vierte industrielle Revolution** – sprich KI – steht uns Ähnliches bevor. Klaus Schwab vom Weltwirtschaftsforum formulierte: *„Die vierte industrielle Revolution wird nicht nur verändern, was wir tun, sondern auch, wer wir sind."* Sie betrifft unsere Identität, unser Verständnis von Privatsphäre, von Eigentum, von Arbeit und Freizeit, ja all unsere Beziehungen. Das klingt zunächst beunruhigend – aber es trägt die Wahrheit in sich, dass Wandel unvermeidlich ist. Unsere Aufgabe ist es, diesen Wandel so zu gestalten, dass er mit unseren menschlichen Werten im Einklang bleibt. Identität ist nichts Starres. Wer wir sind, war schon immer beeinflusst von dem, was wir tun, mit welchen Werkzeugen wir es tun und in welcher Umgebung.

Fazit: Wer bin ich, wenn Algorithmen mitarbeiten?

Die eingangs gestellte Frage „Wer bin ich, wenn Algorithmen mitarbeiten?" lässt sich nun in ihrer Tiefe erahnen. Es gibt darauf keine einfache Antwort – aber viele Facetten, die wir in diesem Kapitel beleuchtet haben. **Berufliche Identität** entsteht in einem Geflecht aus persönlicher Leidenschaft, sozialer Anerkennung und kulturellen Leitbildern. KI als neue *Mitspielerin* in der Arbeitswelt rüttelt an jedem dieser Fäden: Sie verändert Aufgaben und Fähigkeiten (persönliche Dimension), sie beeinflusst Teamgefüge und berufliche Gemeinschaften (soziale Dimension), und sie fordert tradierte Vorstellungen von Arbeit heraus (kulturelle Dimension).

Vielleicht ist die wichtigste Erkenntnis, dass Identität kein Nullsummenspiel ist. Wenn Algorithmen mitarbeiten, nehmen sie uns zwar bestimmte Dinge ab – aber wir verlieren nicht automatisch uns selbst. Entscheidend ist, **wie wir die frei werdenden Räume füllen**. Fühlen wir uns entwertet, weil KI uns Routinen abnimmt? Oder erkennen wir den Wert, den wir jenseits der Routinen haben? Fühlen wir uns bedroht von einer Maschine im Team? Oder heißen wir sie willkommen und definieren Erfolg als gemeinsames Ergebnis? Glauben wir, „wertvolle Arbeit" müsse so bleiben wie früher? Oder entwickeln wir neue Narrative, was Wertschöpfung im 21. Jahrhundert bedeutet?

Die Leser*innen mögen an dieser Stelle in sich gehen: Wo haben Sie vielleicht selbst schon an Ihrer beruflichen Identität rütteln gespürt? War es, als eine Software eine Aufgabe übernahm, in der Sie immer gut waren? Oder als jemand fragte, ob Ihr Job „das auch bald die KI macht"? Haben Sie Neugier gespürt und Erleichterung – oder zuerst Angst und Trotz? All diese Reaktionen sind normal. Wir alle befinden uns in diesem Spannungsfeld. Wichtig ist, *dass wir darüber reflektieren.* Denn so, wie wir uns selbst sehen, so werden wir den Wandel bewältigen.

Ein Impuls zum Schluss: **Identität wandelt sich, aber sie geht nicht verloren, solange wir ihr Kern erhalten.** Und dieser Kern – das hat unser Streifzug gezeigt – besteht bei der Arbeit oft in Sinn, sozialer Verbundenheit und dem Gefühl, etwas beizutragen. KI kann uns vieles abnehmen, aber nicht genau diese Dinge. Es liegt an uns, sie bewusst zu kultivieren: Suchen wir uns Nischen, in denen wir uns unabkömmlich fühlen können (etwa menschliche Zuwendung, kreative Ideen)? Pflegen wir Kollegialität, damit wir uns über das *Wir* definieren können, nicht nur über die eigene Rolle? Lernen wir stetig, damit wir stolz bleiben auf unser Können, auch wenn es sich ändert? Und fordern wir auch von unseren Arbeitgebern und der Gesellschaft, Rahmenbedingungen zu schaffen, in denen Menschlichkeit in der Arbeit nicht auf der Strecke bleibt.

Wer bin ich also, wenn Algorithmen mitarbeiten? Vielleicht lautet die beste Antwort: *Immer noch ich – aber mit neuen Fähigkeiten, neuen Partnern und neuen*

Möglichkeiten. Eine Lehrerin sagte kürzlich: „Ich bin immer Lehrerin im Herzen, aber jetzt habe ich einen KI-Assistenzlehrer in der Klasse. Das ändert einiges, aber am Ende bin **ich** es, die den Kindern das Wesentliche mitgibt." In diesem Sinne: Lassen wir zu, dass KI uns verändert – aber gestalten wir aktiv mit, **wie** sie das tut. Dann können wir unsere berufliche Identität nicht nur bewahren, sondern auf eine nächste Stufe heben.

Kapitel 3: Selbstwert und Motivation – Arbeiten zwischen Sinnkrise und neuer Erfüllung

Einleitung:

Die Einführung von KI in der Arbeitswelt löst bei vielen Berufstätigen ambivalente Gefühle aus. Einerseits fasziniert die Aussicht, monotone Aufgaben an Maschinen abzugeben und effizienter arbeiten zu können. Andererseits schleicht sich die Angst ein: Bin ich noch gebraucht, wenn Algorithmen meine Aufgaben schneller und vielleicht fehlerfreier erledigen? Eine Szenarie wie aus einem Science-Fiction-Film scheint näher zu rücken – der Mensch sitzt im Büro und neben ihm verrichtet ein Roboter stoisch die gleiche Arbeit. Diese Verunsicherung betrifft nicht nur einzelne Beschäftigte, sondern die Identität ganzer Berufsfelder. Schließlich definieren wir uns kulturell seit jeher stark über unseren Beruf und unsere Leistung. Arbeit ist für viele weit mehr als Broterwerb; sie stiftet Sinn und Selbstwertgefühl. Doch was passiert, wenn KI diese Sinnquelle infrage stellt?

In manchen Büros scheint dieses Dilemma bereits greifbar: Ein menschenähnlicher Roboter sitzt am Schreibtisch und bearbeitet Daten – ein Bild, das die Befürchtung vieler Arbeitnehmer symbolisiert. Die einen sehen darin eine drohende *Sinnkrise*: Werde ich überflüssig, verliert meine Arbeit ihren Wert? Andere hingegen erkennen die Chance auf *neue Erfüllung*: Routinearbeit schwindet und macht Platz für kreativere, menschlichere Aufgaben. Dieses Kapitel beleuchtet beide Seiten – die psychologischen und strukturellen Veränderungen – die der KI-Einzug in unsere Arbeitswelt für Selbstwert und Motivation mit sich bringt.

Dabei werfen wir einen Blick auf die inneren emotionalen Dynamiken (von Gefühlen der Nutzlosigkeit und Ersetzbarkeitsangst bis zu neu entfachter intrinsischer Motivation) ebenso wie auf äußere Rahmenbedingungen (veränderte Leistungsbewertungen, Anreizsysteme, Führungskultur, New-Work-Konzepte). Fallbeispiele und historische Perspektiven helfen, die Frage zu beantworten: **Wer profitiert, wer leidet – und warum?** Und vor allem: **Welche Chancen bietet KI für Sinnfindung und Motivation im Beruf?**

Psychologische Aspekte: Selbstwert unter Druck

Angst vor Ersetzbarkeit und Gefühle von Nutzlosigkeit:
Für viele Beschäftigte ist der Gedanke, von einer Maschine ersetzt zu werden, mit starken Ängsten verbunden. In aktuellen Umfragen geben rund 40 % der Arbeitnehmer an, besorgt zu sein, dass KI ihnen den Arbeitsplatz streitig machen könnte. Besonders hoch ist die Sorge interessanterweise bei jenen, die am vertrautesten mit KI sind: Etwa die Hälfte der Millennials und Gen Z, die oft bereits KI-Tools im Job einsetzen, fürchten um ihre Ersetzbarkeit. Dieses paradoxe Ergebnis – dass gerade digital affine Jüngere sich bedroht fühlen – zeigt, wie tief die Angst vor dem „Überflüssigwerden" sitzt. Wenn die Schlagzeilen zudem prognostizieren, dass in den nächsten Jahren

Millionen Jobs durch Automatisierung wegfallen könnten (der **World Economic Forum** schätzte etwa 26 Millionen bis 2027, verstärkt das die Unsicherheit in der Belegschaft.

Die Folge solcher Ängste sind oft **Motivationseinbußen und innere Kündigung**. Psychologisch betrachtet löst die ständige Bedrohung des eigenen Arbeitsplatzes Stress und Resignation aus. Mitarbeitende, die damit rechnen, *bald nicht mehr gebraucht zu werden*, ziehen sich tendenziell zurück: Warum noch anstrengen, wenn die eigene Leistung ohnehin von einer KI überholt wird? Diese negative Erwartungshaltung kann zu einer selbsterfüllenden Prophezeiung werden. Studien bestätigen diesen Mechanismus: Wer glaubt, dass KI die Arbeitsbedingungen verschlechtern wird, zeigt häufig geringere Motivation und sucht verstärkt nach Alternativen. Umgekehrt fühlen sich Optimist*innen, die auf Verbesserungen durch KI hoffen, im Arbeitsalltag besser und engagieren sich stärker. Negative Zukunftserwartungen führen zu *Resignation und Unzufriedenheit*, während positive Ausblicke *Wohlbefinden und konstruktives Verhalten* fördern. Die Haltung der Beschäftigten zur KI ist somit ein entscheidender Faktor für ihr aktuelles Erleben im Job.

Selbstwert und berufliche Identität:
Hinter der Angst vor Ersetzbarkeit steht oft eine
Bedrohung des beruflichen Selbstwertgefühls. Viele
Menschen definieren ihren Wert in hohem Maße über
ihren Beitrag im Job – über Expertise, Erfahrung und
die Anerkennung, die sie dafür erhalten. Wenn nun
plötzlich eine KI scheinbar mühelos dasselbe leistet,
kann das am Selbstbild nagen. Ein Softwareentwickler
etwa, der jahrelang stolz auf seine Programmierkunst
war, erlebt eine innere Krise, wenn eine generative KI
innerhalb von Sekunden Code ausspuckt, für den er
zuvor Stunden gebraucht hätte. Solche Erlebnisse
können das Gefühl hervorrufen, **nutzlos** zu sein. Die
eigene Kompetenz wird infrage gestellt: *Bin ich
weniger wert, weil eine Maschine meine Fähigkeiten
kopiert oder gar übertrifft?*

Diese Art von Identitätskrise erinnert an historische
Beispiele technologischem Wandels. Schon im 19.
Jahrhundert klagten Handwerker und Weber, ihre
„Handwerks-Ehre" gehe verloren, als mechanische
Webstühle ihre Kunst ersetzten. Ihre Arbeit war mehr
als Einkommen – sie war *Berufung* und Stolz. Ähnlich
empfinden heute Wissensarbeiter, wenn KI-
Assistenzsysteme kreative oder analytische Aufgaben
übernehmen. Unsere Kultur der **Leistungsethik** –
geprägt vom Gedanken, dass sich persönlicher Wert

durch harte Arbeit und Erfolg ausdrückt – gerät ins
Wanken, wenn menschliche Leistung mit maschineller
verglichen wird. Max Webers Beobachtungen zur
protestantischen Arbeitsethik zeigen, wie tief
verwurzelt die Idee ist, dass Arbeit moralischen Sinn
stiftet. Wenn nun KI einen Teil dieser Arbeit abnimmt,
stellt sich die Frage: Wie bewahren wir unseren
Selbstwert, wenn „Leisten" neu definiert wird?

**Fallbeispiel – Die Sinnkrise des erfahrenen
Experten:**
*Johannes M., 54, war lange ein anerkannter
Sachbearbeiter in der Buchhaltung eines
mittelständischen Unternehmens. Er galt als
wandelndes Lexikon für Steuervorschriften, sein
Selbstwert speiste sich aus Jahrzehnten beruflicher
Erfahrung. Als sein Unternehmen KI-gestützte
Buchhaltungssoftware einführte, reagierte Johannes
zunächst mit höflicher Neugier. Doch schon bald merkte
er, dass das System Routineaufgaben schneller
erledigte als er. Kollegen wandten sich zunehmend bei
Fachfragen an das KI-Tool statt an ihn. Johannes fühlte
sich ins Abseits gedrängt. Jeden Morgen schlich er mit
mulmigem Gefühl ins Büro und fragte sich, ob er
eigentlich noch gebraucht würde. Seine sonst so
gewissenhaft erledigten Aufgaben überließ er immer
öfter der KI – halb aus Bequemlichkeit, halb aus*

*Protest. „Früher brauchte man mich für die Abschlüsse. Jetzt klickt der Chef nur noch auf einen Knopf", dachte er verbittert. Johannes' innere Kündigung blieb nicht unbemerkt: Seine Motivation sank sichtbar, Fehler schlichen sich ein. Schließlich suchte er ein Gespräch mit seiner Vorgesetzten. Diese versicherte ihm, dass seine Erfahrung weiter wertvoll sei – man brauche ihn nun verstärkt für die Qualitätskontrolle der KI-Ergebnisse und als **Mentor** für jüngere Mitarbeiter. Zögerlich nahm Johannes diese neue Rolle an. Langsam erkannte er, dass sein Wert nicht allein in der Schnelligkeit von Berechnungen lag, sondern in seinem Urteilsvermögen. Heute arbeitet er mit der KI zusammen: Das System erledigt die Routine, Johannes prüft komplexe Fälle und coacht die Junioren. Seine Sinnkrise ist damit nicht völlig verflogen, aber er spürt wieder eine **eigene Bedeutung** im Gefüge. Das Unternehmen hat durch transparente Kommunikation und Anpassung von Johannes' Aufgabenbereich Schlimmeres – vielleicht sogar Johannes' Kündigung – verhindert.*

Dieser fiktive Fall zeigt, wie eng **beruflicher Selbstwert** und die erlebte Unersetzbarkeit verwoben sind. Insbesondere langjährige Fachkräfte wie Johannes erleben den Eintritt von KI oft als persönlichen Affront gegen ihre Identität. Entscheidend ist dann, ob

Unternehmen und Führungskräfte diese Ängste auffangen und neue Perspektiven aufzeigen.

Selbstwirksamkeit und Kontrollgefühl:
Ein zentrales psychologisches Konstrukt im Umgang mit Veränderungen ist die **Selbstwirksamkeit** – das Vertrauen in die eigene Fähigkeit, Herausforderungen erfolgreich zu bewältigen. Gerät dieses Vertrauen ins Wanken, leidet die Motivation erheblich. Der Einzug von KI kann in zwei Richtungen wirken: Mitarbeitende, die sich im Umgang mit KI kompetent fühlen, gewinnen an Selbstwirksamkeit; jene, die sich von der Technologie überfordert fühlen, verlieren sie. Hier macht die Forschung spannende Beobachtungen. Eine aktuelle Studie mit 600 Teilnehmern fand heraus, dass **„KI-Effizienz"** – also die Fähigkeit und Zuversicht, KI-Tools zu nutzen – mit höherem *Engagement* und *Arbeitszufriedenheit* einhergeht. Menschen, die KI als Ressource begreifen und beherrschen, fühlen sich offenbar kompetenter und motivierter. Im Gegensatz dazu führt *KI-bezogener Stress* (auch als Technostress bezeichnet) zu *Erschöpfung* und sinkender Zufriedenheit. Interessanterweise zeigte die Studie, dass Technostress selbst dann die Zufriedenheit mindert, wenn die Produktivität objektiv steigt Mit anderen Worten: Wer sich von der Technik gehetzt oder

bedroht fühlt, dem nützt auch ein Leistungsplus wenig für die eigene Moral.

Diese „duale Wirkung" von KI auf die Psyche – förderlich bei hoher Selbstwirksamkeit, belastend bei Überforderung – unterstreicht, wie wichtig Weiterbildung und unterstützende Einführung neuer Tools sind. Beschäftigte sollten die Möglichkeit erhalten, **KI-Kompetenzen** aufzubauen, um aus der Opferrolle in die Gestalterrolle zu kommen. Dann kann sich sogar eine positive Spirale ergeben: Durch erfolgreiches Nutzen einer KI erlebt man sich als fähig (*„Ich kann mit dem neuen Tool umgehen!"*), was das Selbstwertgefühl steigert und die Motivation weiter antreibt.

Rolle der Resilienz:
Nicht alle Menschen reagieren gleichermaßen stark mit Angst oder Motivationseinbruch auf KI-Veränderungen. Ein Schlüsselfaktor dafür ist **Resilienz** – die psychische Widerstandskraft. Resiliente Persönlichkeiten besitzen Strategien, um mit Unsicherheit und Stress besser umzugehen. Sie neigen dazu, Veränderungen eher als Herausforderung denn als Bedrohung zu sehen. Forschungen deuten darauf hin, dass resiliente Mitarbeiter gegenüber KI gelassener bleiben. Sie fühlen sich seltener von neuen Technologien überwältigt und eher geneigt, deren

Vorteile produktiv zu nutzen. So fand eine Untersuchung heraus, dass Angestellte mit hoher psychologischer Resilienz trotz wahrgenommener KI-Risiken **zuversichtlicher** bleiben und negative Emotionen wie Angst oder Niedergeschlagenheit besser abfedern können. In der Folge berichten sie von weniger Job-Stress und können ihr Wohlbefinden im Arbeitskontext aufrechterhalten. Resilienz wirkt also wie ein innerer Puffer gegenüber der „Sinnkrise": Sie hilft, selbst bei drohendem Wandel ein Gefühl von Kontrolle und Sinn zu bewahren.

Für Unternehmen bedeutet dies, dass sie nicht nur technische Schulungen anbieten sollten, sondern auch die **psychische Widerstandskraft** ihrer Belegschaft stärken können. Maßnahmen wie Trainings zu Stressbewältigung, Coaching, eine offene Kommunikationskultur oder das Vermitteln einer positiven Vision (Purpose) können die kollektive Resilienz erhöhen. Wenn Mitarbeitende spüren, dass sie den Wandel *aktiv mitgestalten* können, anstatt ihm hilflos ausgeliefert zu sein, trägt das enorm zur Erhaltung ihres Selbstwertgefühls bei.

Motivation im Wandel: Von der Sinnkrise zur Sinnfindung

Arbeitszufriedenheit zwischen Monotonie und Überforderung:

KI kann die Natur unserer täglichen Aufgaben dramatisch verändern – und damit direkt auf unsere Arbeitszufriedenheit wirken. Dabei gibt es zwei Seiten der Medaille. **Auf der einen Seite** bietet KI die Chance, lästige Routine loszuwerden. Wenn intelligente Systeme monotone, wiederkehrende Aufgaben übernehmen, entsteht *Raum für kreativere, sozialere und anspruchsvollere Tätigkeiten.* Viele Beschäftigte empfinden es als Befreiung, wenn der „stumfsinnige" Teil der Arbeit wegfällt. Niemand vermisst endlose Dateneingaben oder Formularauswertungen, wenn stattdessen Zeit für strategisches Denken oder persönliche Kundengespräche gewonnen wird. Manche modernen Softwaresysteme gehen sogar einen Schritt weiter: Sie „gamifizieren" bestimmte Routinejobs – d.h. sie gestalten die Aufgabenerledigung spielerischer, zum Beispiel durch Feedbackpunkte oder kleine Wettkämpfe. Dies kann die Motivation und Zufriedenheit zusätzlich erhöhen. Die positive Wirkung von KI zeigt sich z.B. in einer Studie, in der der Einsatz von ChatGPT bei Schreibarbeiten nicht nur Qualität und Tempo steigerte, sondern auch dazu führte, dass *weniger geübte Mitarbeitende bessere Ergebnisse erzielten und die Leistungsunterschiede im Team abnahmen.* Zudem berichteten die Teilnehmer von einem Zuwachs an Arbeitszufriedenheit und dem Gefühl, kompetenter zu sein. Hier wirkt KI also als **Gleichmacher und Enabler**: Sie erhöht die Produktivität und das Selbstwirksamkeitsgefühl insbesondere bei bisher Überforderten, was insgesamt die Stimmung hebt.

Auf der anderen Seite existiert auch eine *dunkle Seite* des KI-Einsatzes im Arbeitsalltag. Wird KI nämlich primär zur **Leistungsüberwachung und Taktung** eingesetzt, kann dies den Zeitdruck erhöhen und Stress befeuern. Man denke an algorithmische Steuerung im Logistik- oder Lieferdienst-Bereich: Wenn ein KI-System jede Minute erfasst, optimiert und dem Mitarbeiter ständige Effizienzvorgaben macht, leidet die Zufriedenheit schnell. Ein weiterer Negativfaktor ist der Verlust an *sozialem Miteinander*. Ersetzen Chatbots und automatisierte Prozesse den direkten Austausch mit Kolleg*innen oder Kunden, droht Isolation. Viele Menschen ziehen Motivation daraus, Teil eines Teams zu sein und zwischenmenschliche Anerkennung zu erfahren – fällt dies weg, sinkt ihr Zugehörigkeitsgefühl (eins der Grundbedürfnisse laut Selbstbestimmungstheorie). Schließlich kann es passieren, dass KI ausgerechnet die **spannenden Aspekte** eines Jobs übernimmt. Wenn z.B. in der Datenanalyse die KI die interessanten

Mustererkennungen übernimmt und der Mensch nur noch für die „Kontrollarbeiten" oder die verbleibende banale Datensäuberung zuständig ist, bleibt vom ehemals reizvollen Tätigkeitsprofil nicht viel übrig. Die Mitarbeiter laufen Gefahr, zu bloßen *Assistenten ihrer Assistenzsysteme* zu werden – ein Umstand, der kaum jemanden zufrieden macht.

Die aktuelle Lage in vielen Unternehmen ist ein Wechselspiel dieser Faktoren. Noch sind die Effekte von KI auf die **Arbeitszufriedenheit** unterschiedlich und vom konkreten Einsatz abhängig. Wichtig ist, dass Führungskräfte diese Balance im Blick behalten: KI sollte monotone Aufgaben nehmen, *ohne* den Menschen die sinnstiftenden Aufgaben zu rauben. Die Gestaltung der Schnittstelle „Mensch–KI" wird somit zur Kernaufgabe, um Motivation hochzuhalten.

Intrinsic vs. extrinsic Motivation:
Ein tieferer Blick auf die Motivation zeigt, dass KI sowohl **intrinsische** als auch **extrinsische** Anreize verändert. *Intrinsische Motivation* bedeutet, etwas um seiner selbst willen gerne zu tun – weil die Tätigkeit interessant, sinnhaft oder herausfordernd ist. *Extrinsische Motivation* bezieht sich auf äußere Anreize wie Gehalt, Arbeitsplatzsicherheit oder Anerkennung. Beide Motivatortypen können durch KI positiv wie negativ beeinflusst werden:

- **Intrinsische Motivation:** KI hat das Potenzial, Tätigkeiten interessanter zu gestalten, indem sie langweilige Teile übernimmt. Wenn eine *Marketingmitarbeiter*in künftig weniger Zeit mit trivialer Bildrecherche verbringt und mehr Zeit für kreative Konzeptarbeit hat, steigt idealerweise die intrinsische Motivation, weil die Arbeit als *inhärent befriedigender* erlebt wird. Ebenso kann das Erfolgserlebnis, gemeinsam mit einer KI etwas Neues zu schaffen, motivierend wirken – man denke an einen Architekten, der mithilfe generativer KI schneller Entwürfe visualisiert und dadurch mehr Ideen ausprobieren kann. Auf der anderen Seite besteht die Gefahr, dass intrinsische Motivation *verloren geht*, wenn KI genau das übernimmt, was man eigentlich gerne tat. Ein Journalist etwa, der das Schreiben liebt, könnte frustriert sein, wenn vom ihm nur noch erwartet wird, KI-generierte Artikelentwürfe zu redigieren, anstatt selber zu schreiben. Auch das Gefühl, *autonom* handeln zu können – ein wichtiger intrinsischer Motivator – kann leiden, wenn KI-Systeme jeden Schritt vorgeben. Hier ist entscheidend, dass der Mensch die KI als Werkzeug steuern kann, statt sich ihrer Willkür ausgeliefert zu fühlen.

- **Extrinsische Motivation:** Äußere Faktoren wie **Arbeitsplatzsicherheit** und **Anerkennung** verändern sich im KI-Zeitalter spürbar. Die Furcht, den Job zu verlieren, trifft wie oben beschrieben viele – sie untergräbt natürlich extrinsische Motivatoren wie die Aussicht auf eine stabile Karriere. Wer ständig befürchtet, bald abgebaut zu werden, für den verlieren klassische Anreize (Beförderung, Gehaltssteigerung) an Zugkraft. Auch Anerkennung verschiebt sich: Bisher konnte man vielleicht durch besonderen Fleiß oder Überstunden glänzen – doch wenn KI vieles erledigt, fragen sich manche, woran ihre Vorgesetzten künftig *ihre* Leistung bemessen. Interessanterweise berichten jedoch viele Beschäftigte, die aktiv KI-Tools nutzen, von *mehr* extrinsischen Erfolgsfaktoren: In einer globalen Umfrage gaben 76 % an, KI habe ihre Produktivität erhöht, und 66 % sagten, ihre **Arbeitszufriedenheit**sei durch KI-Nutzung gestiegen. Zudem meinten 59 %, dass sich KI positiv auf ihre mentale Gesundheit auswirkt– ein Indikator dafür, dass auch das Stressniveau und Sicherheitsgefühl bei sinnvoller KI-Integration profitieren können. Diese Zahlen deuten darauf hin, dass KI durchaus extrinsische

Motivation stärken kann, wenn sie **unterstützend** eingesetzt wird: Erfolge stellen sich schneller ein, Qualität und Zeitmanagement verbessern sich, was wiederum von Vorgesetzten und Kunden honoriert wird.

Neue Formen von Sinn in der Arbeit:
Viele Menschen stellen sich die Frage: *Kann KI uns vielleicht sogar zu neuer Sinnfindung im Arbeitsleben verhelfen?*Paradoxerweise liegt in der aktuellen Sinnkrise auch eine Chance. Wenn Routinejobs wegfallen, rückt die Frage ins Zentrum, **was wirklich wichtig** ist in unseren Berufen. Immer mehr Unternehmen und Beschäftigte besinnen sich auf Tätigkeiten, die einen gesellschaftlichen oder kreativen Mehrwert liefern – Bereiche also, in denen Menschen ihre Menschlichkeit einbringen. KI übernimmt z.B. die schnelle Diagnose von Standardfällen, während Ärzte sich stärker der empathischen Kommunikation mit Patienten widmen können. Lehrkräfte nutzen KI, um den Lernstand jedes Schülers zu analysieren, und gewinnen dadurch Zeit für die pädagogisch wertvollen Eins-zu-eins-Gespräche. In solchen Beispielen wird deutlich: *Sinnstiftung* entsteht vor allem in den zwischenmenschlichen, kreativen und problemlösenden Facetten der Arbeit – genau jenen Dimensionen, die KI (noch) nicht ersetzen kann.

Hier knüpft der Gedanke der **„Purpose"-orientierten Arbeit** an. In den letzten Jahren zeichnete sich – parallel zum KI-Fortschritt – ein Trend ab: Vor allem jüngere Generationen suchen vermehrt Jobs, die ihnen einen Sinn bieten, eine Übereinstimmung mit ihren Werten. Der Begriff **New Work** taucht in diesem Zusammenhang häufig auf. New Work, ein Konzept ursprünglich geprägt vom Philosophen Frithjof Bergmann, stellt Freiheit, Selbstständigkeit und Sinn vor Profitmaximierung. Es umfasst alle Arbeitsformen, die Mitarbeiter*innen **selbstbestimmt und sinnerfüllt** arbeiten lassen. KI kann hier als Enabler wirken, indem sie Freiräume schafft, damit Menschen sich auf das Wesentliche konzentrieren: kreative Ideen, strategische Innovation, zwischenmenschliche Kollaboration. In einer idealen New-Work-Kultur würde KI so integriert, dass Mitarbeiter nicht zu Rädchen im Getriebe degradiert werden, sondern sich im Gegenteil mehr denn je als *Intrapreneure* mit Gestaltungsspielraum erleben. Die repetitive Fließbandarbeit des Informationszeitalters könnte durch KI reduziert werden, während gleichzeitig Tätigkeiten mit **gesellschaftlichem Mehrwert** zunehmen – z.B. Beratung, Pflege, künstlerische Arbeit, Forschungs- und Entwicklungsaufgaben.

Natürlich bleibt dies bislang eine Vision. Doch erste Anzeichen für einen solchen Wandel sind erkennbar: Immer mehr Arbeitgeber betonen ihre *Mission* und *Werte*, um Sinn zu vermitteln und Mitarbeiter zu motivieren. Sei es ein Tech-Startup, das KI entwickelt, um den Klimawandel zu bekämpfen, oder ein Traditionsunternehmen, das dank Automatisierung seinen Beschäftigten z.b. einen **4-Tage-Arbeitstag** anbieten kann, damit diese ehrenamtlichen Projekten nachgehen – überall lotet man neue Balance aus zwischen Effizienz und Sinn. KI fungiert hierbei als zweischneidiges Schwert: Richtig eingesetzt, kann sie die eher zweckfreien, entfremdenden Aspekte von Arbeit vermindern (Stichwort Bullshit-Jobs) und das Element der *Berufung* wieder stärken.

Historische und kulturelle Perspektiven: Wandel der Arbeitsethik

Ein Blick zurück zeigt, dass Umbrüche in der Arbeitswelt stets auch zu einem Wertewandel führten. Im Mittelalter definierte sich persönlicher Wert vielfach durch Zunft und Stand; Arbeit war oft Mühseligkeit und kein Quell individueller Identität. Mit der Reformation und der aufkommenden **protestantischen**

Ethik (wie von Max Weber analysiert) wurde Arbeit zunehmend als moralischer Zweck an sich gesehen – Fleiß und beruflicher Erfolg galten als Zeichen von Tugend. Aus dieser Epoche stammt die Idee der *Arbeit als Berufung*: Man fand Sinn und Selbstwert in der gewissenhaften Erfüllung seiner beruflichen Pflichten, fast als religiöse Aufgabe.

Die Industrialisierung stellte diese traditionelle Arbeitsethik auf die Probe. Maschinen übernahmen körperliche Arbeit, Massenproduktion ersetzte Handwerkskunst. Viele Fachkräfte erlebten einen **Sinnverlust**, als ihre Fähigkeiten entwertet wurden. Die *Ludditen* in England (Textilarbeiter, die Maschinen zerstörten) protestierten nicht nur aus Angst vor Lohneinbußen, sondern weil ihr ganzes Selbstverständnis als Könner ihres Fachs erschüttert war. Doch aus der industriellen Revolution erwuchs auch eine neue Arbeitskultur: Arbeit wurde standardisiert, aber zugleich entstanden neue Berufe (Mechaniker, Ingenieure) und eine neue *Leistungsgesellschaft*. Im 20. Jahrhundert setzte sich immer mehr die Vorstellung durch, dass jeder – unabhängig von Herkunft – durch Bildung und harte Arbeit sozial aufsteigen könne. Der Beruf wurde zum Identitätsanker (man denke an die typische Frage auf Partys: „Und was machen **Sie** beruflich?" – als ob der

Beruf gleich die Person definieren würde). In dieser Kultur war der Verlust des Arbeitsplatzes nicht nur ökonomisch fatal, sondern auch eine soziale Schmach, eine Kränkung des Selbstwerts.

Heute stehen wir mit der KI-Revolution vor einem ähnlich tiefgreifenden Wandel. Interessanterweise betrifft dieser Wandel nun auch die Berufsgruppen, die bisher als „Gewinner" der Digitalisierung galten. Früher ersetzte Automation vor allem körperliche, einfache Tätigkeiten – betroffen waren häufig untere Qualifikationsstufen. Nun aber rückt KI den **Wissensarbeitern** zu Leibe: Analysen zeigen, dass *bis zu 50 % der Tätigkeiten von fast einem Fünftel der Beschäftigten* in entwickelten Ländern prinzipiell durch heutige KI (insb. Large Language Models) automatisierbar wären. Anders als bei früheren Technologien sind diesmal auch höher Qualifizierte – Autoren, Programmierer, Anwälte, Lehrkräfte – erheblich betroffen. Diese Aussicht erschüttert das traditionelle Versprechen: *Lerne etwas Anständiges, dann hast du einen sicheren Platz in der Arbeitswelt.* Plötzlich müssen Akademiker und Experten um ihre berufliche Identität bangen.

Kulturell gesehen erzeugt dies eine Spannung zwischen alten und neuen Werten. Die ältere Generation, geprägt von Job-Sicherheit und der Ethik „eine Stelle fürs

Leben", reagiert häufig mit Unbehagen auf KI. Jüngere Menschen, die als *digitale Eingeborene* aufwuchsen, zeigen sich dagegen öfter flexibel – sie kennen wechselnde Tools und Karriereschritte ohnehin. Laut einer Deloitte-Studie sind Berufsanfänger heute tatsächlich **optimistischer** in Bezug auf KI und deren Möglichkeiten als langjährig Beschäftigt. Viele Early Careers akzeptieren, dass KI die Arbeitswelt umkrempeln wird, und wollen das Beste daraus machen. Ältere Kolleg*innen hingegen fühlen sich eher von der Geschwindigkeit überrollt und hängen an etablierten Prozessen. Dies spiegelt einen kulturellen Wandel wider: Weg von der Idee, dass *Erfahrung* per se wertvoll ist, hin zur Idee, dass *Anpassungsfähigkeit* der neue Erfolgsfaktor ist.

Es wäre jedoch zu simpel, einen Generationenkonflikt auszurufen. Vielmehr erleben wir eine **Neuverhandlung des Leistungsgedankens**: Zählt in Zukunft vor allem, wie gut jemand mit KI zusammenarbeitet, statt wieviel er alleine schaffen kann? Gilt es als Makel oder als Cleverness, Aufgaben an Maschinen zu delegieren? Hier prallen traditionelle Tugenden (wie persönliche Anstrengung) und moderne Effizienzlogik aufeinander. In manchen Unternehmenskulturen sehen wir bereits den Shift: Nicht derjenige wird gelobt, der bis spätabends manuell

Daten eintippt, sondern der, der ein KI-Skript schreibt, das diese Arbeit in Minuten erledigt. Das kann bei altgedienten Mitarbeitern Gefühle von Entwertung hervorrufen – ihre bisherige Arbeitsethik scheint entwertet, ja „ausgetrickst". Umgekehrt empfinden jüngere Mitarbeitende starre Präsenzpflichten oder misstrauische Kontrollen als Relikt einer überholten Kultur, was ihre Motivation dämpft.

Langfristig ist zu erwarten, dass sich unsere Auffassung von **„guter Arbeit"** anpasst. Vielleicht löst sich der enge Knoten zwischen *persönlichem Wert* und *Arbeitsleistung* etwas – insbesondere wenn KI sehr viel produktiver wird als Menschen. Gesellschaftlich könnte dies die Akzeptanz erhöhen, dass der Wert eines Menschen nicht nur aus seiner ökonomischen Verwertbarkeit kommt. Modelle wie das bedingungslose Grundeinkommen speisen sich u.a. aus dieser Idee: Dass technischer Fortschritt uns erlaubt, Arbeit neu zu denken und menschlichen Wert jenseits von Erwerbsarbeit anzuerkennen. So radikal diese Vision klingt, so sehr spiegelt sie doch eine historische Konstante: In jeder Phase haben Menschen einen Weg gefunden, neuen Sinn zu finden, nachdem alte Gewissheiten durch Technologie erschüttert wurden. Es liegt an uns, aus der potenziellen Sinnkrise durch KI einen **kulturellen Fortschritt** zu machen – hin zu einer

Arbeitswelt, in der Technik das Menschliche ergänzt und nicht ersetzt.

Veränderungen in Leistungsbewertung und Führungskultur

Leistung neu definiert:
Mit KI-Tools im Einsatz stellt sich unmittelbar die Frage: *Woran bemisst sich die individuelle Leistung eines Mitarbeiters?* In traditionellen Modellen galten Kennzahlen wie Stückzahl, bearbeitete Fälle pro Tag oder Verkaufsabschlüsse pro Quartal als Messlatte – alles Größen, die ein Mensch persönlich erwirtschaftete. Wenn nun aber KI einen Teil dieser Produktion übernimmt, verschwimmen die Urheberschaft und Verantwortlichkeiten. Nehmen wir als Beispiel einen Kundenservice-Mitarbeiter: Künftig beantwortet vielleicht ein Chatbot 80 % der Standardanfragen, während der Mitarbeiter nur die komplizierten 20 % bearbeitet. Erledigt er dann „weniger Arbeit" als zuvor? Nach althergebrachten Maßstäben vielleicht, doch eigentlich hat er *Zeit für wertvollere Interaktionen* gewonnen. Unternehmen müssen daher ihre **Performance-Kriterien** anpassen. Es reicht nicht, nur auf quantitativen Output zu

schauen. Vielmehr rücken qualitative Aspekte in den Vordergrund: Kreativität, Problemlösefähigkeit, Empathie im Kundenkontakt, die Fähigkeit, KI effizient zu orchestrieren.

Einige Organisationen experimentieren bereits damit, **Teamleistungen** statt Individualleistungen zu bewerten, gerade wenn menschliche und KI-Komponenten eng verzahnt arbeiten. Damit sollen Rangeleien um die Frage vermieden werden: „War der Erfolg jetzt meinem Talent oder der KI-Unterstützung zu verdanken?" Stattdessen wird das Gesamtergebnis honoriert. Diese Umstellung erfordert jedoch auch eine neue Form der Anerkennung. Führungskräfte müssen lernen, *menschliche Beiträge* gezielt herauszustellen: etwa den Mitarbeiter zu loben, der das KI-System gut trainiert oder der durch sein Fachwissen einen kritischen KI-Fehler abgefangen hat. Solche Leistungen sind weniger sichtbar als ein allein erstellter Bericht oder eine eigenhändig geschriebene Softwareroutine – sie passieren oft „hinter den Kulissen" der Automation. Es bedarf also eines bewussten Kulturwandels, um diese **Ko-Kreationsleistungen**wertzuschätzen.

Zugleich wächst die Versuchung, **Leistungsdruck** durch KI zu erhöhen. Wenn KI die Arbeitsgeschwindigkeit steigert, könnten Manager versucht sein, die Messlatte entsprechend höher zu legen: „Mit KI-Schub schaffst du doch doppelt so viel, warum also nicht gleich zwei Projekte pro Woche abschließen?" Viele Beschäftigte fürchten genau diese Entwicklung – nämlich dass KI nicht zu Entlastung, sondern zu einer *Verschärfung* der Leistungserwartungen führt. Erste Anzeichen gibt es, etwa wo Lieferfahrer-Apps jede Sekunde Optimierung aus dem Personal herauskitzeln. Hier müssen Unternehmen achtsam sein: Dauerhafter Überdruck würde Motivation und Gesundheit der Mitarbeiter ruinieren. Eine gesunde **Leistungskultur im KI-Zeitalter** sollte daher die Effizienzgewinne zumindest teilweise in Form von *Entlastung* an die Mitarbeiter zurückgeben – sei es durch kürzere Arbeitszeiten, humanere Zielvorgaben oder die Möglichkeit, die frei gewordene Zeit in Weiterbildung und kreative Projekte zu investieren. Gelingt dies, kann KI tatsächlich einen Produktivitätsschub *und* eine Motivationssteigerung bedeuten, statt zum Burnout-Beschleuniger zu werden.

Führung zwischen Tech und Mensch:
Die **Führungskultur** entscheidet maßgeblich darüber, ob KI-gestütztes Arbeiten zu Verunsicherung oder zu Aufbruchstimmung führt. In Zeiten, in denen Mitarbeitende um ihre berufliche Zukunft bangen, kommt es auf empathische und transparente Führung an. Experten betonen, wie wichtig es ist,

psychologische Sicherheit im Team herzustellen. Praktisch heißt das: Führungskräfte sollten offen über die Einführung von KI sprechen, Ängste der Belegschaft ernst nehmen und klare Informationen liefern, was geplant ist. Nichts verunsichert mehr als ein Gefühl der Ohnmacht und Intransparenz („Die da oben ersetzen uns vermutlich bald durch Computer, sagen uns aber nichts Konkretes"). Werden Mitarbeiter hingegen von Anfang an einbezogen – z.B. durch regelmäßige Meetings zum Thema KI, Workshops, in denen sie die neuen Tools ausprobieren können – schürt das Vertrauen.

Ein weiterer Aspekt ist die **Umschulung und Befähigung**. Vorgesetzte müssen sich heute auch als *Coaches* verstehen, die ihre Leute fit machen für neue Anforderungen. Dazu gehört, Weiterbildung anzubieten und aktiv einzufordern. Viele Beschäftigte sind durchaus bereit, neue Fähigkeiten zu erlernen, wenn sie darin unterstützt werden. So könnte ein Unternehmen beispielsweise Mentor*innen benennen: erfahrene Mitarbeitende oder externe Trainer, die Kolleg*innen beim Erlernen von KI-Systemen zur Seite stehen. Das hat gleich zwei Vorteile: Die Mitarbeiter gewinnen Kompetenz (was, wie wir gesehen haben, die Selbstwirksamkeit steigert), und sie sehen, dass die Firma in sie **investiert**, statt sie abzuschreiben.

Eine zeitgemäße Führungskultur sollte zudem darauf achten, **Vertrauen statt Kontrolle** zu betonen. KI bietet theoretisch neue Möglichkeiten der Überwachung (von automatisiertem Monitoring der Tippgeschwindigkeit bis hin zur Analyse von Kommunikationsdaten). Doch ein Zuviel an Kontrolle würde die Motivation abwürgen. Führungskräfte sollten KI daher lieber nutzen, um Routinen zu erleichtern und *Freiheiten* zu ermöglichen, anstatt jeden Schritt des Mitarbeiters zu tracken. Ein Beispiel: Wenn KI die Projektfortschritte objektiv und in Echtzeit visualisiert, kann man womöglich auf starre Zwischenberichte verzichten – die Fachkraft erhält mehr Autonomie, ihren Weg zum Ziel selbst zu gestalten. Insgesamt verschiebt sich die Rolle der Führung von der traditionellen Hierarchie („Chef kontrolliert Ausführung") hin zur *servant leadership*: Der/die Vorgesetzte sorgt für Rahmenbedingungen, in denen Mensch und KI bestmöglich kooperieren können, und kümmert sich vor allem um die menschlichen Belange – Motivation, Teamentwicklung, Konfliktlösung, Sinnvermittlung.

Neue Anreizsysteme:
Mit veränderten Leistungsindikatoren und einer neuen Führungshaltung gehen zwangsläufig auch **Anreizsysteme**einher. Klassische Bonusmodelle, die

rein auf Kennzahlen X oder Y basieren, greifen vielleicht zu kurz, wenn diese Kennzahlen zu großen Teilen von Maschinen beeinflusst werden. Unternehmen experimentieren daher mit alternativen Anreizen, um gewünschtes Verhalten im KI-Zeitalter zu fördern. Ein Aspekt könnte sein, **Zusammenarbeit** stärker zu belohnen. Wenn interdisziplinäre Teams aus Mensch+KI+Kollege gemeinsam Innovationen hervorbringen, sollte das Belohnungssystem dies reflektieren, anstatt den Konkurrenzkampf Einzelner anzuheizen. Einige Firmen honorieren z.B. besonders gelungene *Teamprojekte* oder verleihen Auszeichnungen für „Bestes Mensch-KI-Team des Jahres", um ein Zeichen zu setzen, dass Kollaboration wichtiger wird als Einzelkämpfertum.

Monetäre Anreize sind nur ein Teil des Bildes. Genauso entscheidend sind **immaterielle Anreize**: Entwicklungschancen, Sinnangebote, Arbeitsbedingungen. Ein sinnvolles Anreizsystem könnte Mitarbeiter motivieren, eigene Ideen für KI-Einsatz vorzuschlagen, indem es Zeit und Ressourcen für solche Innovationen bereitstellt (ähnlich Googles ehemaliger „20%-Regel", wo Mitarbeiter einen Teil ihrer Arbeitszeit frei an Projekten arbeiten durften). Auch die Möglichkeit, an gesellschaftlich relevanten Aufgaben zu arbeiten – etwa ein rotationäres

Programm, in dem Mitarbeiter für einige Monate pro Jahr an gemeinnützigen KI-Projekten mitwirken können – kann ein starker Motivator sein. Solche Programme signalisieren: *Wir als Organisation wollen, dass eure Arbeit Bedeutung hat.*

Nicht zuletzt sollten Anreizsysteme den **Erfolg von Weiterbildung** honorieren. Wenn jemand sich fortbildet und neue Skills (z.B. Data Literacy, KI-Expertise) erwirbt, könnte dies in Beförderungen oder Gehaltserhöhungen berücksichtigt werden. Das vermittelt, dass das Unternehmen die Anpassungsleistung des Einzelnen schätzt – was in Zeiten schnellen Wandels enorm wichtig ist. Nichts ist demotivierender, als wenn Mitarbeiter das Gefühl haben, ihre Mühen beim Umlernen seien unsichtbar. Ein transparenter Karrierepfad für diejenigen, die sich aktiv weiterqualifizieren (z.B. vom einfachen Sachbearbeiter zum „KI-Systembetreuer" oder „Prozessdesigner") wirkt daher motivierend und mildert die Angst, durch KI aufs Abstellgleis zu geraten.

Zusammengefasst erfordert die KI-Ära eine ganzheitliche Neugestaltung von Führung und Anreizstrukturen: Weg von starren Kontrollen und rein quantitativen Zielen, hin zu Empowerment, Teamdenken, Lernkultur und Purpose. Dies ist kein leichter Wandel, aber er bietet die Chance, schon lange bestehende Probleme (überzogenen Leistungsdruck, Silo-Denken, Sinnentleerung) anzugehen.

Wer profitiert, wer leidet? – Eine differenzierte Betrachtung

Die Auswirkungen von KI auf Selbstwert und Motivation verlaufen **uneinheitlich**. Es gibt nicht „die Beschäftigten" als monolithische Gruppe – je nach Qualifikation, Persönlichkeit, Branche und organisatorischem Umfeld zeigen sich sehr unterschiedliche Bilder von Gewinnern und Verlierern.

Qualifikations- und Tätigkeitsprofil:
Menschen in **komplementären Rollen** – wo KI Werkzeuge die eigene Expertise erweitern – tendieren dazu zu profitieren. Beispielsweise erwähnte Ärzte können dank KI bessere Diagnosen stellen, fühlen sich dadurch kompetenter und entlastet in Routinearbeiten. Ähnliches gilt für viele kreative Berufe: Grafikdesigner, die KI zur Ideengenerierung nutzen, behalten dennoch die schöpferische Kontrolle und können mehr Entwürfe in gleicher Zeit realisieren. Sie berichten häufig von *mehr* Inspiration und Spaß an der Arbeit, solange sie die finale Gestaltungsgewalt behalten. Auch Entwickler, die KI-Codierhilfen verwenden, können sich auf

anspruchsvollere Architekturprobleme konzentrieren und monotonen Code der Maschine überlassen – das steigert oft die Arbeitszufriedenheit.

Dem gegenüber stehen Jobs mit hohem **Automatisierungspotenzial**, wo die Maschine dem Menschen fast vollständig die Schau stiehlt. In Bereichen wie einfacher Datenerfassung, standardisierter Produktion oder administrativen Routinetätigkeiten leiden die Beschäftigten stark unter Ersetzbarkeitsängsten – und diese Ängste sind nicht unberechtigt. Wer erlebt, dass KI-Systeme bereits jetzt einen Großteil seiner Arbeit erledigen können, hat verständlicherweise Motivationsprobleme. Nicht selten entsteht eine Abwärtsspirale: Aus Angst vor Ersetzung sträubt man sich gegen die KI, lernt nicht damit umzugehen und wird dadurch tatsächlich weniger produktiv im Vergleich – was den eigenen Job noch unsicherer macht. Gruppen mit niedrigerer formaler Qualifikation oder in Tätigkeiten, die wenig anspruchsvolle kognitive Anforderungen haben, sind hier besonders gefährdet. Allerdings, wie erwähnt, trifft die KI-Welle auch viele Hochqualifizierte. Mancher hochspezialisierte *Finanzanalyst* oder *Jurist* könnte sich plötzlich fragen, ob sein Studium ihn noch vor Automatisierung schützt, wenn KI-Modelle Vertragsentwürfe oder Marktanalysen binnen Sekunden erstellen. So paradox es klingt: Hier könnten *gering Qualifizierte* in körpernahen Dienstleistungsjobs (Pflege, Handwerk) auf einmal weniger ersetzt werden als *akademische Wissensarbeiter* – eine komplette Umkehr früherer Trends. Das erzeugt Druck gerade auf jene, die dachten, sie stünden dank ihrer Bildung auf sicherem Fundament. Ihr Selbstwert trifft der KI-Fortschritt somit besonders hart, weil er *unerwartet* kommt.

Generationenunterschiede:
Wie bereits angedeutet, gibt es oft Unterschiede zwischen jüngeren und älteren Mitarbeitenden.
Jüngere Generationen(Gen Y, Gen Z) sind meist mit digitalen Tools aufgewachsen. Sie bringen eine Grundneugier gegenüber KI mit und sehen eher die *Möglichkeiten* als die Bedrohung. Eine Deloitte-Befragung ergab, dass frühe Berufseinsteiger oft *aufgeregt und optimistisch* bezüglich KI sind, während erfahrene Beschäftigte deutlich skeptischer sind. Junge Leute profitieren zudem davon, dass sie am Anfang ihrer Karriere flexibler umsteuern können – sie haben noch kein festgefahrenes Selbstbild als „Experten für X", das eine KI nun infrage stellt. Viele Studierende beziehen inzwischen KI-Werkzeuge selbstverständlich in ihr Lernen ein, was ihre **Lernmotivation** erhöhen kann (sie bekommen z.B. schneller Feedback durch KI-

Tutorien). Ältere Kollegen hingegen haben zum Teil Mühe, Jahrzehnte an Erfahrung mit einem neuen Toolkoffer neu zu kontextualisieren. Sie könnten leiden, wenn Fortbildungen nicht altersgerecht stattfinden oder wenn ihr Erfahrungswissen plötzlich weniger zählt. Allerdings sollte man nicht pauschalisieren: Es gibt hochgradig adaptive Silver Ager und ebenso verunsicherte Digital Natives. Wichtig ist die individuelle Einstellung. Mancher *55-Jährige sieht in KI eine spannende letzte Herausforderung vor der Rente und blüht auf, neue Dinge zu lernen, während manch 25-Jährige*r den Konkurrenzdruck durch KI ebenfalls mit Ängsten erlebt.

Persönlichkeit und psychologische Ressourcen: Ein weiterer differenzierender Faktor ist die **Persönlichkeitsstruktur.** Menschen mit hoher *Offenheit für Neues* und *Lernfreude* können KI-Änderungen als willkommene Abwechslung sehen – sie sind motiviert, sich reinzuknien und etwas Neues zu meistern. Für sie kann KI sogar ein Motivationsbooster sein, weil es ständig etwas Neues zu entdecken gibt. Personen mit eher hohem *Sicherheitsbedürfnis* oder *Routineorientierung* werden dagegen schneller aus der Bahn geworfen. Sie leiden unter der Ungewissheit, was KI als nächstes verändert. Hier spielen auch die zuvor erwähnten Faktoren Selbstwirksamkeit und Resilienz hinein: Wer ein starkes Grundvertrauen in die eigenen Fähigkeiten hat (Stichwort **Growth Mindset**: „Ich kann auch das noch lernen"), profitiert deutlich. Wer hingegen ein Fixed Mindset hat („Ich bin halt nicht gut mit Computern"), gerät ins Hintertreffen – was leider zur selbsterfüllenden Prophezeiung werden kann, wenn man sich gar nicht erst auf das Lernen einlässt.

Unternehmenskultur und Branche:
Schließlich hängt viel davon ab, in welchem **Umfeld** man arbeitet. Unternehmen mit vorausschauendem Change Management, die die Einführung von KI gut moderieren, schaffen oft *Win-Win-Situationen*: Die Mitarbeiter sehen, wie KI ihnen hilft, und fühlen sich wertgeschätzt, weil die Firma sie unterstützt. In solchen Umgebungen berichten viele Beschäftigte sogar von *höherer* Arbeitszufriedenheit nach KI-Implementierungen, da man etwa langweilige Teile des Jobs los wurde und sich weiterqualifizieren konnte. Andererseits gibt es Betriebe, die rein kostengetrieben vorgehen – KI wird eingeführt, um Personal abzubauen oder den Druck auf die Verbleibenden zu erhöhen. Dort entsteht ein Klima der Angst und Konkurrenz, in dem kaum jemand profitieren kann außer vielleicht dem Management kurzfristig. Branchenunterschiede spielen ebenfalls eine Rolle: In der **Tech-Branche** etwa wird KI oft begrüßt, die Mitarbeiter dort sind häufig

Technologen, die sich sogar freuen, mit neuesten Tools zu arbeiten. In eher **konservativen Branchen** (Rechtswesen, öffentliche Verwaltung) herrscht teilweise stärkere Skepsis; hier leiden Pioniere manchmal sogar an **Akzeptanzproblemen** („Warum nutzt du diese KI, traust du deiner eigenen Fähigkeit nicht mehr?" könnten Kollegen fragen). Über kurz oder lang nivellieren sich solche Unterschiede meist, wenn die Vorteile neuer Technologien evident werden. Aber in der Übergangsphase ist es durchaus möglich, dass ein KI-affiner Mitarbeitender in einer rückständigen Organisation *demotiviert* wird, weil er seine Ideen nicht einbringen kann – so wie umgekehrt ein vorsichtiger Mitarbeitender in einer hyper-innovativen Firma sich überfordert fühlt.

Globale Perspektive:
Nicht zu vergessen: Wer profitiert und wer leidet, variiert auch global. In hochentwickelten Ländern mit viel Wissensarbeit sind die Identitätsauswirkungen von KI enorm – dort definieren sich Menschen stark über intellektuelle Berufe, und genau die werden nun umgewälzt. In Schwellenländern oder ärmeren Regionen hingegen kann KI zunächst als Bedrohung für sich wiederholende Jobs in der Industrie gesehen werden, aber ebenso als *Chance*, mit weniger personellen Ressourcen aufzuholen. Auf

gesellschaftlicher Ebene profitieren Volkswirtschaften, die KI proaktiv einsetzen und ihre Arbeitskräfte umschulen, während solche, die den Trend ignorieren, möglicherweise höhere Arbeitslosigkeit und Motivationskrisen in breiten Bevölkerungsschichten riskieren. Es entsteht also auch eine Schere zwischen Fortschrittsgewinnern und -verlierern auf Makroebene.

In Summe lässt sich sagen: **Profitieren** werden vor allem diejenigen, die sich *anpassen, weiterentwickeln und die KI als Partner* annehmen – und die in einem Umfeld arbeiten, das dies fördert. **Leiden** werden jene, die *ersatzbare Tätigkeiten*ausüben und von ihrem Arbeitgeber oder ihrer eigenen Einstellung her keine Perspektive aufgezeigt bekommen, wie sie sich neu positionieren können. Die große Aufgabe unserer Zeit besteht darin, möglichst viele aus der zweiten in die erste Gruppe zu bringen.

Chancen: KI als Wegbereiter neuer Motivation und Erfüllung

Bei aller berechtigten Sorge bietet die Integration von KI auch verheißungsvolle **Chancen**, Arbeit erfüllender zu gestalten. Viele Berichte konzentrieren sich auf die Risiken, doch es gibt ebenso positive Szenarien und erste Erfolge, die Mut machen.

Entlastung und Fokussierung auf den Menschen:
Wenn KI richtig eingesetzt wird, kann sie den
Menschen **von monotoner Last befreien**. Das bedeutet
ganz konkret: weniger Überstunden mit stumpfsinnigen
Aufgaben und mehr Zeit für die Kernaspekte, die oft
Freude bereiten. Ein Beispiel aus der Praxis: In einer
Pflegeeinrichtung wurde eine KI eingeführt, die
administrative Dokumentationen automatisch ausfüllte.
Die Pflegekräfte sparten dadurch täglich eine Stunde
Schreibarbeit und konnten diese Stunde nutzen, um sich
den Bewohnern zuzuwenden – sei es für ein Gespräch,
gemeinsame Übungen oder einfach menschliche Nähe.
Die Pflegenden berichteten anschließend von
gesteigerter Motivation und einer Rückbesinnung
darauf, warum sie diesen Beruf ergriffen hatten:
nämlich für die Menschen, nicht für den Papierkram.
Ähnliche Effekte zeigen sich in Berufen wie der Lehre
(weniger Korrekturaufwand, mehr pädagogischer
Kontakt) oder der Beratung (KI analysiert die
Datenlage, der Mensch kann sich auf die
klientenzentrierte Lösungsfindung konzentrieren).
Solche Beispiele illustrieren, wie KI helfen kann, den
Purpose der Tätigkeit wieder hervorzuheben, der im
Alltagsstress oft verloren ging.

Steigerung von Kreativität und Lernchancen:
KI kann als *kreativer Katalysator* wirken. Sie liefert auf

Knopfdruck Ideen, Entwürfe oder Lösungsansätze, auf die man selbst vielleicht nicht gekommen wäre – eine Art Brainstorming-Partner. Das eröffnet Beschäftigten die Möglichkeit, mehr zu experimentieren. Ein Marketing-Team etwa kann mithilfe generativer KI in Minuten zehn Kampagnenideen durchspielen, was früher in stundenlangen Meetings entwickelt wurde. Die endgültige Entscheidung und Ausarbeitung liegt weiter beim Team, aber der initiale *Ideenschub* durch KI kann die intrinsische Motivation ankurbeln: Man sieht schneller Ergebnisse und kann aus mehr Optionen wählen, was den Spaß an der kreativen Arbeit erhöht.

Auch im Bereich **Weiterbildung** schafft KI neue Motivation. Adaptive Lernsysteme ermöglichen es Mitarbeitern, im eigenen Tempo und passend zu ihrem Kenntnisstand Neues zu lernen. Erfolge werden unmittelbar sichtbar, was ein Gefühl von *Fortschritt* vermittelt – ein wichtiger Motivator. Gamifizierte Lern-Apps mit KI-Feedback machen aus drögen Pflichtschulungen ein Spiel, bei dem man sich mit Kollegen misst und Abzeichen verdient. Solche Systeme können sogar Wettbewerbe oder Herausforderungen initiieren (z.B. „Wer schreibt den besten Code mit Unterstützung von Copilot?"), die spielerischen Ehrgeiz wecken. Der Mensch ist von Natur aus neugierig und lernt gern, wenn die

Bedingungen stimmen – KI hat das Potenzial, diese
Bedingungen massenhaft bereitzustellen.

Neue Jobs und Berufsbilder mit Sinn:
Historisch hat jede technologische Revolution nicht nur
Jobs vernichtet, sondern auch neue geschaffen. Bei KI
zeichnet sich ab, dass **Berufe rund um die
Schnittstelle Mensch-Maschine** boomen werden.
Schon jetzt entstehen Rollen wie *„AI Trainer"*,
„Erklärbarer KI-Spezialist", *„Ethik-Beauftragter für
KI"* oder *„Prompt Engineer"*. Viele dieser neuen
Aufgabenprofile haben etwas durchaus Erfüllendes: Sie
erfordern Kreativität, Empathie, analytisches Denken –
also Fähigkeiten, in denen Menschen Sinn finden
können. Ein *AI Trainer* etwa hilft, ein KI-System mit
den richtigen Daten und Werten zu füttern, damit es
sinnvolle Ergebnisse liefert. Das hat fast etwas
Pädagogisches oder Kuratorisches. Ein Ethik-Experte
für KI wiederum muss gesellschaftliche Verantwortung
mit Technik verbinden – eine Aufgabe mit tieferer
Bedeutung, die über reinen Profit hinausgeht. Solche
neuen Profile bieten Mitarbeiter*innen, die sich darauf
einlassen, die Chance, **Pionierarbeit** zu leisten und
Sinn aus dem Gefühl zu ziehen, an vorderster Front
etwas Wichtiges zu gestalten.

Darüber hinaus könnte KI indirekt die Renaissance von
Tätigkeiten fördern, die bislang im Schatten standen.

Wenn Wissensarbeit teilweise automatisiert wird, gewinnen vielleicht Bereiche an Wertschätzung, die unverzichtbar menschlich sind – z.B. soziale Arbeit, handwerkliche Manufaktur, künstlerische Tätigkeiten. Möglicherweise sind Menschen in Zukunft motivierter, eine handwerkliche oder kreative Karriere einzuschlagen, weil KI ihnen dort nicht die Butter vom Brot nimmt, im Gegenteil: Handgefertigtes oder genuin Menschliches könnte zum gesuchten Qualitätsmerkmal werden. Erste Trends in dieser Richtung sieht man in der sogenannten *Craft-Beer- oder Handmade-Bewegung*: Als Kontrapunkt zur Automatisierung besinnen sich Konsumenten und Produzenten auf die Einzigartigkeit menschlicher Schöpfung. Sollte KI tatsächlich weite Teile standardisierter Arbeit übernehmen, könnte dies vielen erlauben, sich Berufen zuzuwenden, die sie *wirklich lieben*, ohne Angst, dass diese komplett rationalisiert werden – denn das Einzigartige, Authentische lässt sich nicht so leicht skalieren.

Work-Life-Balance und neue Freiräume:
Ein oft genannter Vorteil von KI-Effizienzgewinnen ist die Aussicht auf eine bessere **Work-Life-Balance**. Wenn dieselbe Arbeit in weniger Zeit erledigt werden kann, eröffnet das Raum für **verkürzte Arbeitszeiten** oder flexiblere Arbeitsmodelle. In einigen progressiven

Unternehmen hat man z.B. KI genutzt, um interne Prozesse massiv zu beschleunigen, und testet nun die Vier-Tage-Woche, ohne Gehaltseinbußen. Die Mitarbeiter reagieren begeistert: Sie empfinden es als *Belohnung* und Motivationsschub, dass die Produktivitätsgewinne an sie „zurückgegeben" werden in Form von mehr Freizeit. Dieser Ausgleich kann Burnout vorbeugen und die allgemeine Lebenszufriedenheit heben – was wiederum positiv in die Arbeit zurückwirkt. Menschen, die das Gefühl haben, Arbeit und Privatleben seien im Einklang, sind nachweislich engagierter und loyaler im Job.

Zudem ermöglicht KI vermehrt **ortsunabhängiges Arbeiten.** Schon die Digitalisierung brachte Homeoffice, doch KI kann dies auf die Spitze treiben, indem sie asynchrone Kooperation erleichtert. Teams rund um den Globus können mittels intelligenter Tools nahtlos zusammenarbeiten, Übersetzungs-KIs überbrücken Sprachbarrieren usw. Beschäftigte erhalten dadurch eher die Gelegenheit, dort zu leben, wo sie möchten (sei es näher bei der Familie oder in inspirierender Umgebung), ohne ihre Karriere zu gefährden. Die Motivation, für einen Arbeitgeber zu arbeiten, der solche Freiheiten gewährt, ist naturgemäß hoch. Viele hochqualifizierte Talente wählen heute ihren Job nicht nur nach Gehalt, sondern nach der *Lebensqualität*, die er ermöglicht.

Motivation durch Sinnstiftung und Purpose-Projekte:

Schließlich kann KI Organisationen helfen, sich verstärkt sinnstiftenden Zielen zuzuwenden. Wenn Routineaufgaben weniger Ressourcen fressen, können Unternehmen einen Teil der frei werdenden Kapazitäten in **Purpose-Projekte**investieren – etwa in nachhaltige Initiativen, soziale Verantwortung oder Forschung und Entwicklung zum Wohle der Allgemeinheit. Mitarbeitende, die an solchen Projekten mitwirken, berichten oft von einem tiefen Motivationsschub, weil sie das Gefühl haben, *etwas zurückzugeben* oder Teil von etwas Größerem zu sein. Ein Beispiel: Ein Softwareunternehmen automatisierte mittels KI einen Großteil seines Kundensupports. Die Mitarbeiter, die früher E-Mails beantworteten, wurden nicht entlassen, sondern arbeiten nun an einem Projekt, die Software blinden Menschen zugänglicher zu machen. Die Geschäftsführung erkannte dies als wichtiges Anliegen und kommunizierte es als neuen Unternehmenswert. Die betreffenden Angestellten wechselten von eher monotoner Arbeit zu einer Tätigkeit, in der sie echten **gesellschaftlichen Sinn** sahen. Ihre Zufriedenheit und ihr Stolz auf die Firma stiegen merklich.

Dies zeigt: KI kann indirekt der **Motivation dienen, wenn Unternehmen die frei werdenden Potentiale klug umleiten**. Statt einfach Personal abzubauen und die Gewinne einzustreichen, sollten Führungskräfte überlegen, wie sie die Humanressourcen anderweitig einsetzen können – im Sinne der Mitarbeiter und der Gesellschaft. Unternehmen, die so handeln, dürften langfristig die Treuesten, engagiertesten Mitarbeiter haben, denn sie erfüllen das innere Bedürfnis nach Sinn und Wertschätzung.

Motivation durch Mensch-Maschine-Partnerschaft: Wenn Mensch und KI **Hand in Hand** arbeiten, kann daraus neue Arbeitszufriedenheit erwachsen. Das obige Bild eines Handschlags zwischen einem Roboter und einer menschlichen Hand steht symbolisch für diese Partnerschaft. Es bedeutet: Wir betrachten KI nicht länger als Konkurrenz, sondern als *ergänzenden Partner*, der uns unterstützt. Zahlreiche Beschäftigte berichten, dass sie sich durch KI **produktiver UND kreativer** fühlen, weil sie Routine und Last mit ihrem digitalen Kollegen teilen können. Indem die KI ihnen zuarbeitet, verspüren sie mehr Freiraum, eigene Ideen einzubringen – fast so, als hätten sie einen zusätzlichen

Teamkollegen, der nie müde wird. So wird der einst gefürchtete „Kollege Computer" zum Motor neuer Motivation.

Fallbeispiel – Neue Erfüllung durch KI-Unterstützung:

Sara K., 29, arbeitet als Redakteurin in einem Medienunternehmen. Anfangs war sie alarmiert, als ihr Verlag AI-Tools wie automatische Textgenerierung und Datenanalyse einführte. Sie liebte das Schreiben und fürchtete, nun würden Algorithmen Artikel verfassen. Tatsächlich änderte sich ihr Job: Routineberichte überließ man zunehmend der KI, Saras Rolle verlagerte sich auf Kuratieren, Überarbeiten und tiefgründige Recherchen. Zunächst fühlte sie sich unterfordert, fast degradiert zur Korrekturleserin. Doch nach einigen Monaten merkte Sara eine Veränderung: Sie hatte plötzlich mehr Zeit, wirklich spannende Geschichten zu entwickeln. Während die KI die Wetterberichte und Börsenmeldungen schrieb, konnte Sara sich investigativen Stücken widmen – Themen mit gesellschaftlicher Relevanz, für die früher im Tagesgeschäft keine Zeit war. Ihr Chefredakteur ermutigte sie, diese Nische zu nutzen. Eines ihrer KI-gestützten Rechercheprojekte (die KI half ihr dabei, in Sekunden tausende Dokumente nach Mustern zu durchsuchen) führte zu einer Titelstory über

*Umweltvergehen, die nationales Aufsehen erregte. Sara erhielt dafür große Anerkennung. Im Rückblick sagt sie: „Ich hätte nie gedacht, dass ausgerechnet KI mir ermöglicht, **Journalistin aus Leidenschaft** zu sein. Früher war ich oft nur am News-Ticker, jetzt kann ich echte Geschichten erzählen." Sara hat gelernt, dass KI ihre journalistische Identität nicht zerstören muss – im Gegenteil, sie hat ihr geholfen, zum Kern dessen vorzudringen, was sie an ihrem Beruf liebt.*

Dieses Fallbeispiel verdeutlicht, wie KI – richtig integriert – zu einer **neuen Erfüllung** im Beruf beitragen kann. Durch die Abnahme von Ballast gewinnt man Gelegenheit, sich auf das zu besinnen, was einem persönlich Sinn gibt in der Arbeit. Die intrinsische Motivation, die vielleicht unter Routinedruck verschüttet war, kann wieder aufblühen.

Fazit: Zwischen Sinnkrise und Erfüllung – der Mensch bleibt gefragt

Die Auswirkungen von KI auf Selbstwert und Motivation sind Janusköpfig: Wir sehen auf der einen Seite Verunsicherung, Angst und identitäre Krisen, auf der anderen Seite aber auch Aufbruch, neu entdeckte

Motivation und Sinngewinn. Letztlich hängt viel davon ab, *wie* wir diesen Wandel gestalten. KI selbst ist zunächst ein Werkzeug – ob es Menschen entmündigt oder empowert, liegt in unserem kollektiven Gestaltungsspielraum.

Für Individuen bedeutet das: **Offenheit bewahren und Selbstwert neu justieren.** Wir sind nicht „wertlos", nur weil eine Maschine Aufgaben übernimmt, die wir früher gemacht haben. Unser Wert als Mensch in der Arbeitswelt wird sich stärker auf das verlagern, was uns einzigartig macht: Kreativität, Empathie, Ethik, Improvisationstalent, Leidenschaft. Wer diese Qualitäten kultiviert und die Maschine als Hilfe statt als Feind betrachtet, kann auch in Zukunft ein gesundes berufliches Selbstwertgefühl haben. Es gilt, flexibel zu bleiben und lebenslang zu lernen – dann wandelt sich Angst in Neugier und Frustration in Gestaltungsfreude.

Für Unternehmen heißt es: **Kulturwandel jetzt angehen.** Technischer Fortschritt ohne gleichzeitigen Wandel in Führung und Organisation wäre fatal für die Motivation. Transparenz, Beteiligung der Mitarbeiter, Investition in Weiterbildung und eine klare Kommunikation, dass *Menschen* weiterhin das wichtigste Kapital sind, sind unerlässlich. Führungskräfte müssen als Vorbilder vorangehen, die KI offen annehmen, aber zugleich menschliche Werte

hochhalten. Sie sollten Erfolge nicht der „KI"
zuschreiben, sondern dem Team aus Mensch+KI. Sie
müssen neue Erfolgserlebnisse schaffen, z.B. durch
sinnstiftende Projekte oder innovative
Arbeitszeitmodelle, sodass Motivation aus positiven
Erfahrungen wächst und nicht nur aus Angst, den
Anschluss zu verlieren.

Gesamtgesellschaftlich stehen wir an einem
Scheideweg: Es kann zu einer echten **Sinnkrise**
kommen, wenn breite Bevölkerungsschichten sich von
der digitalen Arbeitswelt entkoppelt fühlen und in
Nutzlosigkeitsgefühlen versinken. Oder – und das ist
die Hoffnung – wir erleben eine Renaissance der
Humanität in der Arbeit, indem KI uns von stumpfer
Arbeit entbindet und uns erlaubt, das Menschliche in
den Vordergrund zu rücken. Vielleicht gewinnen
Begriffe wie *Berufsstolz* und *Berufung* neuen Glanz,
wenn wir sie neu definieren: nicht mehr über die
Stunden, die wir malochen, oder die allein durch uns
erbrachte Leistung, sondern über den Beitrag, den wir
gemeinsam mit Technologie zum Fortschritt und Wohl
der Gemeinschaft leisten.

Eine Sache ist sicher: **Motivation und Sinn lassen sich
nicht algorithmisch erzeugen** – sie entstehen in
menschlichen Köpfen und Herzen. KI kann uns dabei
assistieren, Hindernisse aus dem Weg räumen und

Möglichkeiten eröffnen. Die eigentliche innere Antriebsenergie jedoch müssen wir aus uns selbst und unseren sozialen Beziehungen schöpfen. In dieser Hinsicht erinnert uns der KI-Einzug an eine alte Wahrheit: Der Mensch braucht *Sinn* in dem, was er tut. Technologien kommen und gehen, doch die Suche nach Sinn und Selbstwert in der Arbeit ist ein konstanter Begleiter. Wenn wir es klug anstellen, kann KI zum Katalysator werden, der uns hilft, diese Sinnsuche auf eine neue Ebene zu heben – weg von der Tretmühle, hin zu einer Arbeit, die unseren Fähigkeiten und Idealen besser entspricht.

Abschließend bleibt das Motto: **„Der Mensch im Mittelpunkt"** – auch (und gerade) in Zeiten künstlicher Intelligenz. Gelingt es uns, KI so zu integrieren, dass sie die Menschen aufwertet statt sie abzuwerten, dann wird aus manch drohender Sinnkrise vielleicht eine Ära *neuer Erfüllung* im Berufsleben. Die Herausforderung ist groß, aber die Chance ist einmalig. Es liegt an uns, sie zu ergreifen.

Kapitel 4: Upskilling und Neugier – Der Berufstätige als lernende Spezies

Einleitung: Lernen im Zeitalter der KI

Stellen wir uns einen ganz normalen Arbeitstag in naher Zukunft vor: Neue KI-Tools automatisieren Routinetätigkeiten, während gleichzeitig völlig neuartige Aufgaben entstehen. Für Berufstätige bedeutet das vor allem eines – **lernen**. Doch Lernen ist nichts Neues für uns Menschen. Als *„lernende Spezies"* haben wir uns seit jeher durch Anpassungsfähigkeit ausgezeichnet. Schon frühere technische Revolutionen zwangen Menschen dazu, neue Fähigkeiten zu erwerben: Der Buchdruck im 15. Jahrhundert machte Lesen zur Massenkompetenz, die industrielle Revolution führte zur allgemeinen Schulpflicht und Massenbildung, und die Einführung des Computers erforderte plötzlich EDV-Schulungen für ganze Belegschaften. Jede dieser *Lernrevolutionen* veränderte, was wir können mussten, um beruflich erfolgreich zu sein. Heute stehen wir mit der

Künstlichen Intelligenz vor einer weiteren Welle tiefgreifender Veränderungen – und wieder einmal heißt die Devise: lebenslanges Lernen.

Doch was bedeutet lebenslanges Lernen im KI-Zeitalter konkret? Zunächst, dass Weiterbildung und Kompetenzentwicklung zur **ständigen Begleiterin** unseres Berufslebens werden. Wo früher eine abgeschlossene Ausbildung oder ein Studium oft für Jahrzehnte ausreichte, kann Wissen heute schneller veralten. Die **Halbwertszeit von Fähigkeiten** sinkt in einer Arbeitswelt, in der KI-Systeme und digitale Prozesse im steten Wandel begriffen sind. Viele von uns müssen mehrmals im Leben *upskilling* oder *reskilling* betreiben – also entweder vorhandene Fähigkeiten vertiefen oder ganz neue Kompetenzen erwerben, um in veränderten Rollen bestehen zu können. Das klingt nach einer Herausforderung, doch es ist auch eine Chance: Wenn wir uns darauf einlassen, können wir unsere berufliche Identität immer wieder neu erfinden und mit der Entwicklung Schritt halten.

Dieses Kapitel beleuchtet umfassend, **wie Weiterbildung, Lernen und Kompetenzentwicklung sich im Zeitalter der KI verändern**. Wir betrachten psychologische Aspekte – von der Neugier, die uns antreibt, bis zur Angst vor dem Neuen – ebenso wie strukturelle Rahmenbedingungen und

Herausforderungen in Bildungswesen und Unternehmen. Soziale Faktoren wie Zugang zu Bildung und die Gefahr neuer Ungleichheiten kommen zur Sprache, und wir fragen, ob unser Verständnis vom Lernen selbst einem kulturellen Wandel unterliegt. Dabei greifen wir auf aktuelle Studien, Erfahrungsberichte und historische Parallelen zurück. Am Ende steht die Frage: Wie können wir als Individuen und als Gesellschaft die *lerntechnische* Herausforderung der KI-Ära meistern? Denn wenn eins klar ist, dann das: **Unsere Fähigkeit zu lernen wird darüber entscheiden, was KI mit unserer beruflichen Identität macht – und was wir aus uns machen.**

Lernmotivation zwischen Neugier und Angst

Menschen lernen aus unterschiedlichen Beweggründen. Im Idealfall treibt uns **intrinsische Neugier** an – die Freude daran, Neues zu entdecken und uns persönlich weiterzuentwickeln. Diese Art von Motivation kannten wir schon als Kinder, wenn wir uns spielerisch Wissen aneigneten. Intrinsisch motiviertes Lernen fühlt sich befriedigend an und hält oft langfristig an. Im Arbeitsleben zeigt sich Neugier zum Beispiel, wenn jemand freiwillig ein neues KI-Tool ausprobiert, einfach um herauszufinden, was damit möglich ist. Psychologische Forschung bestätigt, dass Neugier wie ein innerer Antrieb wirkt, der Lernen effektiver macht: Wer aus echtem Interesse lernt, behält Inhalte länger und wendet sie kreativer an. Viele Innovationen entstehen, weil jemand neugierig genug war, ein Problem zu erforschen und nicht ruhte, bis er es lösen konnte. Diese **Lernfreude** ist ein Schatz, den es im KI-Zeitalter zu heben gilt.

Doch neben der Neugier existiert auch die **Lernangst**. Neue Technologien können Unsicherheit oder Überforderung auslösen – gerade bei Menschen, die das Gefühl haben, mit der rasanten Entwicklung nicht Schritt halten zu können. In einer tiefenpsychologischen Studie der Randstad-Stiftung wurde deutlich, dass es ganz unterschiedliche *Bewältigungsstrategien* im Umgang mit der digitalen Arbeitswelt gibt. Dort ist etwa vom *„Hofierten der neuen Arbeitswelt"* die Rede, der keine Angst vor neuen Herausforderungen hat, im Gegensatz zum *„Vertriebenen"*, der mit den Veränderungen keinen Platz mehr für sich findet. Dazwischen steht *„der Geschmeidige"*, der die Zukunft als Abenteuer begreift und Unsicherheit gut verkraftet randstad-stiftung.de. Diese Bilder zeigen: Während die einen voller

Zuversicht neue Kompetenzen erwerben, fühlen sich andere abgehängt und entwickeln regelrecht Angst vor dem Lernen. Lernangst kann viele Gesichter haben – die Sorge, sich vor Kollegen zu blamieren, wenn man sich ungeschickt anstellt; die Furcht, am Ende trotz Mühe zu scheitern; oder eine generelle Abwehrhaltung nach dem Motto „Das lerne ich nicht mehr, das ist was für die Jungen". Solche Ängste sind verständlich, denn ständiges Umlernen bedeutet, die Komfortzone zu verlassen. Allerdings kann Angst auch zum Hemmschuh werden: Wer aus Angst vermeidet, Neues zu lernen, gerät in Gefahr, in der eigenen Entwicklung stehenzubleiben.

Wie also mit der Angst umgehen? Hier kommt die **Resilienz** ins Spiel – die psychologische Widerstandskraft gegenüber Stress und Veränderungen. Resiliente Menschen betrachten Schwierigkeiten eher als *Challenge* denn als Bedrohung. Sie können Misserfolge beim Lernen wegstecken und daraus Motivation ziehen, es noch einmal zu versuchen. Diese Haltung ist im Zeitalter der KI Gold wert. Wenn etwa ein komplexes Machine-Learning-Konzept nicht auf Anhieb verstanden wird, gibt der resiliente Lerner nicht auf, sondern probiert andere Zugänge, holt sich Hilfe, bleibt dran. Unternehmen erkennen Resilienz inzwischen als zentrale Zukunftskompetenz: Wer flexibel auf Wandel reagiert, ist ein Gewinn für jede Organisation. Zum Aufbau von Resilienz gehört, eine positive Fehlerkultur zu pflegen – Fehler als Lerngelegenheiten zu sehen, nicht als Versagen. Das entlastet von der Angst, bei der Weiterbildung etwas falsch zu machen.

Weiterbildung im Wandel: Strukturelle Chancen und Hürden

Die Herausforderungen des KI-Zeitalters haben auch eine **strukturelle Dimension**: Wie reagieren unsere Bildungssysteme, Unternehmen und Weiterbildungsanbieter auf den wachsenden Upskilling-Bedarf? Welche neuen Möglichkeiten entstehen – und wo liegen die Stolpersteine?

Bildungssysteme und neue Lernplattformen

Beginnen wir mit dem formalen Bildungssystem. Schulen und Universitäten versuchen, Schritt zu halten, indem sie vermehrt Inhalte zu KI und digitaler Kompetenz integrieren. So gibt es heute bereits Studiengänge wie *„Künstliche Intelligenz und Gesellschaft"* oder *„Mensch-KI-Interaktion"*, um die kommende Generation gezielt vorzubereiten. Doch Ausbildung in jungen Jahren allein genügt nicht mehr. *Lebenslanges Lernen* muss zur Normalität werden, und dafür spielen **flexible Weiterbildungsformate** eine zentrale Rolle. In den letzten Jahren hat die Digitalisierung eine Vielzahl neuer Lernplattformen und Formate hervorgebracht: Online-Kurse, Webinare, MOOCs (Massive Open Online Courses), Lern-Apps, interaktive Tutorials und mehr. Diese Angebote erlauben es Berufstätigen, orts- und zeitunabhängig zu lernen – oft im eigenen Tempo und passgenau zum individuellen Lernbedarf.

Für viele, die mitten im Berufsleben stehen, sind Online-Plattformen zur wichtigsten Weiterbildungsressource geworden. Ob ein Marketing-Manager Data-Analytics-Grundlagen lernen will oder eine Buchhalterin Programmierkenntnisse – ein Blick ins Internet fördert fast immer geeignete Kurse zutage. **MOOC-Plattformen** wie Coursera, edX oder Udacity bieten etwa KI-Kurse führender Universitäten für jedermann an. Daneben entstehen spezialisierte berufliche Lernplattformen, teils betrieben von Branchenverbänden oder Firmen selbst. Die Palette reicht von kostenlosen Tutorials bis zu mehrmonatigen zertifizierten Lehrgängen. Diese Demokratisierung des Zugangs zu Wissen ist eine große Chance:

Weiterbildung war *noch nie so leicht zugänglich* wie heute. Jeder, der Internetzugang hat, kann theoretisch sofort damit beginnen, eine neue Fähigkeit zu erlernen – sei es abends nach der Arbeit oder am Wochenende.

Allerdings bringen die neuen Lernwelten auch Herausforderungen mit sich. **Orientierung und Qualität** sind Stichworte: Angesichts tausender Online-Kurse fällt es vielen schwer, die *richtigen* Angebote zu finden. Nicht jedes YouTube-Tutorial vermittelt fundiertes Wissen, nicht jeder Online-Kurs schließt mit einem anerkannten Zertifikat ab. Hier entstehen neue Aufgaben für Bildungsberater, aber auch für KI-Systeme selbst – denkbar sind intelligente Empfehlungssysteme, die individuell passende Lernpfade vorschlagen (und tatsächlich würden 20% der Berufstätigen bereits lieber einer KI bei der Weiterbildungswahl vertrauen als der eigenen Führungskraft bitkom-akademie.de). Ein weiterer Trend sind **individualisierte Lernformate**: 59% der Beschäftigten bevorzugen Lernangebote, die auf ihre persönlichen Bedürfnisse zugeschnitten sind Adaptives E-Learning, das den Schwierigkeitsgrad anpasst, oder modulare Micro-Learning-Einheiten, die man flexibel kombinieren kann, tragen diesem Wunsch Rechnung. KI-Technologien spielen dabei wiederum eine doppelte Rolle – als Lerninhalt, den man beherrschen will, und als Werkzeug, um Lernen effektiver zu gestalten (etwa durch personalisierte Trainingsprogramme oder virtuelle Tutoren).

Micro-Credentials und neue Abschlüsse

Traditionelle Bildungsabschlüsse (etwa Berufszertifikate, Meisterbriefe oder Uni-Diplome) bekommen Konkurrenz durch sogenannte **Micro-Credentials** – also *kleine Zertifikate* für klar umrissene Kompetenzbausteine. Statt jahrelang zu studieren, kann man gezielt einen **Nano-Abschluss** in einem Spezialgebiet machen, oftmals online. Diese Mikro-Zertifizierungen sind kurz, praxisnah und kostengünstig. Ihre Vorteile liegen auf der Hand: Berufstätige können in kurzer Zeit sehr spezifisches Wissen erwerben und das Gelernte sofort im Job anwenden. Beispielsweise gibt es Mikrokurse für *Data Analytics*, *Cloud Computing* oder *Projektmanagement mit KI-Tools*, die nur wenige Wochen dauern. Viele Hochschulen haben diesen Trend erkannt und bieten nun ebenfalls Mikro-Zertifikate an – ein Beispiel ist der KI-Campus in Deutschland, der Kurse für Quereinsteiger im KI-Bereich bereitstellt. Private Bildungsanbieter und Tech-Firmen ziehen mit: So hat etwa ein großes Softwareunternehmen ein globales Programm aufgelegt, um bis 2024 eine Million

Menschen durch Mikrozertifikate weiterzubilden. Auch **BigTech-Konzerne** wie Microsoft oder Google bieten Dutzende Zertifizierungen an, die ihren Technologien und Plattformen entsprechen.

Die **Chancen** dieser Entwicklung: Micro-Credentials erlauben eine agile Anpassung an den Arbeitsmarkt. Arbeitnehmer können ihren Lebenslauf modulartig um genau die Fähigkeiten ergänzen, die gefragt sind – sei es für den aktuellen Job oder für einen geplanten Wechsel. Unternehmen wiederum sehen Vorteile, da Mitarbeiter schnell upskillen und Lücken füllen können, ohne lange Auszeiten für komplette Studien. Nicht zuletzt fördern solche Angebote die Weiterbildung von *Quereinsteigern*: Menschen, die den Beruf wechseln oder nach einer Pause wieder einsteigen, können sich mit einigen zielgerichteten Kursen die nötigen Kenntnisse aneignen.

Allerdings stehen Micro-Credentials noch vor ein paar **Fragen**. Wie ist es um die Qualität und Anerkennung bestellt? Noch fehlt es an einheitlichen Standards, welche Mini-Abschlüsse wirklich etwas wert sind. Personalverantwortliche schauen bei Bewerbungen zwar zunehmend auf solche Zusatzqualifikationen – einige Bewerber werten ihren Lebenslauf gezielt mit Nano-Zertifikaten auf. Doch ein Konsens darüber, welche Zertifikate welchem Qualifikationsniveau entsprechen, bildet sich erst langsam. Hier arbeiten etwa die EU und Bildungsinstitutionen an Rahmenwerken, um Micro-Credentials vergleichbar und stapelbar zu machen. Zudem besteht das *Risiko*, dass die Verantwortung fürs Weiterkommen noch stärker auf den Einzelnen abgewälzt wird: Man könnte in einen **Zertifikate-Jagdtrieb** geraten, immer mehr Kurse zu absolvieren, um am Arbeitsmarkt nicht zurückzufallen. Ohne Frage aber sind diese neuen Lernformen ein wichtiger Baustein für die Zukunft, und sie ergänzen klassische Weiterbildungen um flexible Möglichkeiten.

Betriebliche Weiterbildung: zwischen Anspruch und Wirklichkeit

Einen Großteil der Weiterbildung spielen sich im **Kontext von Unternehmen** ab. Arbeitgeber haben einerseits ein genuines Interesse daran, die Kompetenzen ihrer Belegschaft zu fördern – schließlich hängen Produktivität und Innovationskraft unmittelbar vom Know-how der Mitarbeiter ab. Andererseits sind Weiterbildungskosten, Freistellungen und organisatorischer Aufwand nicht zu unterschätzen. Viele Unternehmen stehen deshalb vor dem Dilemma, wie viel sie in die Entwicklung ihrer Leute investieren sollen, gerade in wirtschaftlich angespannten Zeiten.

Aktuelle Studien zeichnen hier ein gemischtes Bild. Einerseits bekennen sich laut Umfragen fast alle Firmen zur Bedeutung von Mitarbeiterqualifizierung. So sollen nahezu 100% der Unternehmen verstanden haben, dass sie **nur wettbewerbsfähig bleiben, wenn sie ihre Mitarbeitenden weiterbilden.** Entsprechend bieten auch rund 91% der deutschen Unternehmen grundsätzlich Fortbildungs- und Trainingsmaßnahmen an. Andererseits gaben in einer Untersuchung von KMU (kleinen und mittelständischen Unternehmen) nur 43% an, dass Weiterbildung bei ihnen tatsächlich *regelmäßig* und systematisch betrieben wird– sprich: In vielen Betrieben gibt es zwar Angebote, aber keine gelebte Weiterbildungskultur.

Eine große **Hürde** ist der Faktor *Zeit*. Sowohl Arbeitgeber als auch Arbeitnehmer beklagen Zeitmangel als Hauptgrund, warum Weiterbildung oft auf der Strecke bleibt. Im Tagesgeschäft ist es schwierig, Raum für Schulungen oder Selbststudium zu schaffen, wenn Deadlines drängen und personelle Engpässe bestehen. Weitere Hemmnisse aus Unternehmenssicht sind *Kosten* (Weiterbildung kann teuer sein, besonders wenn externe Seminare oder Trainer ins Haus geholt werden) sowie das Fehlen hochwertiger Inhalte. Interessanterweise rangiert aus Sicht der Verantwortlichen auch *Desinteresse der*

Mitarbeiter unter den Top-Gründen, warum Weiterbildung scheitert (29% nennen dies als Problem). Hier zeigt sich offenbar ein **Wahrnehmungskonflikt**: Viele Führungskräfte glauben, ihre Leute hätten gar keine Lust zu lernen – während gleichzeitig Umfragen unter Beschäftigten ein anderes Bild zeigen.

Tatsächlich ist die **Weiterbildungsbereitschaft der Beschäftigten** hoch, wenn man sie direkt befragt. Laut einer Coursera-Studie wünschen sich zwei Drittel der Arbeitnehmer mehr Weiterbildungsangebote von ihrem Arbeitgeber. Mehr als die Hälfte (54%) würde fehlende Weiterbildungsmöglichkeiten sogar als so frustrierend empfinden, dass es ein Kündigungsgrund wäre. Mit anderen Worten: Ein Großteil der Belegschaft *will* sich fortbilden, findet aber im Betrieb nicht genug Unterstützung oder Gelegenheit dazu. Die ungenutzten Potenziale sind enorm. So berichteten ein Drittel der Beschäftigten, sie hätten nicht einmal ausreichende Informationen darüber, welche Weiterbildungen im eigenen Unternehmen möglich sind. Über 80% sagen, es sei ihnen wichtig, im Arbeitsalltag Zeit zum Lernen neben den Kernaufgaben zu haben – Zeit, die offenbar vielerorts nicht fest eingeplant ist.

Die betriebliche Weiterbildung steht also vor einem **Strukturproblem**: Auf dem Papier bekennen sich alle zu lebenslangem Lernen, doch in der Praxis hapert es oft an der Umsetzung. Um dieses Dilemma zu lösen, werden unterschiedliche Ansätze verfolgt. Einige Unternehmen bauen eigene **Weiterbildungsakademien** oder E-Learning-Plattformen auf, um maßgeschneiderte Kurse intern anzubieten. Andere kooperieren mit externen Bildungsanbietern oder nutzen staatliche Förderprogramme für Qualifizierung. Ein interessanter Trend ist die Integration von **Lernen in den Arbeitsprozess** („Learning in the flow of work"). Darunter versteht man, dass Mitarbeiter direkt am Arbeitsplatz kleine Lerneinheiten absolvieren können, anstatt für lange Trainings auszufallen. Beispielsweise können kurze Tutorials oder Wissenshäppchen in die genutzten Software-Tools integriert sein, oder man etabliert Formate wie *Lunch & Learn*-Sessions, in denen Kollegen sich gegenseitig Neues beibringen. Auch **Mentoring-Programme** erleben Aufwind – und das nicht nur klassisch (Senior schult Junior), sondern auch in umgekehrter Richtung.

Ein solcher Ansatz ist das **Reverse Mentoring**, bei dem jüngere, digital affine Mitarbeiter älteren Kolleg*innen gezielt neue Technologien und Arbeitsweisen nahebringen. Dieses Konzept, einst von GE-Chef Jack Welch populär gemacht, kehrt traditionelle Rollen um: Plötzlich werden die erfahrenen Mitarbeiter zu Schülern und die jungen zu Lehrern. Gerade in

Bereichen wie Digitalisierung, Social Media oder KI können die „Digital Natives" ihr Wissen weitergeben, während im Gegenzug die ältere Generation ihre tiefere Erfahrung und Unternehmenskenntnis teilt. Viele Unternehmen berichten, dass Reverse Mentoring nicht nur die digitalen Kompetenzen der Älteren stärkt, sondern auch das gegenseitige Verständnis fördert. Das Beispiel zeigt: Wenn man kreativ ist, lassen sich Lerngelegenheiten überall schaffen – oft ohne großen Kostenaufwand, aber mit erheblichem kulturellen Gewinn.

Erfolgsfaktoren beim Upskilling

Was macht Weiterbildung eigentlich erfolgreich? Studien und Praxisbeispiele deuten auf einige **Erfolgsfaktoren** hin, die sowohl individuell als auch betrieblich gelten:

- **Klare Ziele setzen:** Weiterbildung verläuft zielgerichteter, wenn man weiß, wofür man lernt. Ob das Ziel ein bestimmtes Projekt, eine neue Rolle oder ein Zertifikat ist – ein klar umrissener Zweck erhöht die Motivation. Experten raten, vor jeder größeren Lerninitiative die Frage zu stellen: *Welche Kompetenz möchte ich in der Praxis anwenden können?* Eine

Vision davon, wozu das neue Wissen gut ist, gibt dem Lernprozess Sinn und Richtung.

- **Praxis und Anwendung:** Nichts festigt gelerntes Wissen so sehr wie die Anwendung in der Praxis. Erfolgreiche Upskiller suchen aktiv Gelegenheiten, das Gelernte auszuprobieren – sei es in kleinen Projekten, Simulationen oder im Arbeitsalltag. Wer zum Beispiel einen KI-Programmierkurs belegt hat, sollte im Anschluss ein eigenes kleines KI-Modell bauen oder im Unternehmen ein Pilotprojekt anstoßen. Durch „learning by doing" wird aus Theorie echte Handlungskompetenz.

- **Kontinuität und Dranbleiben:** Statt punktueller Marathon-Schulungen ist kontinuierliches Lernen effektiver. Kleine Lerneinheiten über einen längeren Zeitraum führen oft zu besseren Ergebnissen als ein einmaliges Intensivseminar. Das Prinzip der *lernenden Gewohnheit* – jeden Tag oder jede Woche etwas Neues aufnehmen – hilft dabei, am Ball zu bleiben. Kontinuität ist auch deshalb wichtig, weil Technik sich ständig weiterentwickelt. Erfolgreiche Lerner planen daher Weiterbildung als festen, regelmäßigen Bestandteil ihres Zeitmanagements ein.

- **Peer-Learning und Networking:** Gemeinsam lernt es sich manchmal leichter. Der Austausch mit anderen, die Ähnliches lernen oder schon Experten in dem Gebiet sind, kann enorm förderlich sein. In Lerngruppen, Communities oder via Kollegen-Mentoring lassen sich Fragen klären und Lernstoff diskutieren. Zudem öffnen Netzwerke oft Türen: Kontakte zu Fachleuten einer Branche können zu Mentorschaften führen oder zu Hinweisen auf weitere Lernchancen. 88% der Berufstätigen geben an, sie möchten gerne im Austausch mit Kolleg*innen lernen – dieser soziale Aspekt sollte genutzt werden, etwa durch Team-Workshops oder Lernzirkel im Unternehmen.

- **Unterstützung durch Vorgesetzte:** Ein gewichtiger Erfolgsfaktor ist das Umfeld – insbesondere die Haltung der direkten Führungskraft. Wenn Chefinnen und Chefs Weiterbildung aktiv fördern, Zeit dafür einräumen und Interesse am Fortschritt zeigen, steigt die Erfolgswahrscheinlichkeit beträchtlich. Mitarbeiter brauchen das Gefühl, dass Lernen nicht nur *geduldet*, sondern *erwünscht* ist. Lob und Anerkennung für neu erworbene Skills verstärken den Effekt. Im

Idealfall lebt das Management selbst eine Lernkultur vor, indem es beispielsweise eigene Fortbildungen nicht versteckt, sondern darüber spricht und so Vorbild ist.

Sind diese Faktoren gegeben, stehen die Chancen gut, dass Upskilling nicht nur absolviert, sondern wirklich *verinnerlicht* wird – mit anderen Worten: dass aus neu Gelerntem neue Gewohnheit und neue Kompetenz wird.

Fallbeispiele: Lernen als Erfolgsrezept

Nichts verdeutlicht die Möglichkeiten von Upskilling besser als konkrete Geschichten von Menschen, die den Wandel gemeistert haben. Nehmen wir zum Beispiel **Stephanie Fischer** – sie hat nach einem BWL-Studium den Sprung ins Machine Learning geschafft. Der Quereinstieg war hart und verlangte viel zusätzliche Lernarbeit, doch er gelang so gut, dass sie zur „IT Woman of the Year" gekürt wurde. Stephanie betont, wie wichtig dabei die Kombination ihrer ursprünglichen Kernkompetenz mit neuen KI-Technologien war. Vor allem aber plädiert sie dafür, dass **Menschen mit vielfältigen Hintergründen** gebraucht werden, um KI sinnvoll zu gestalten: Nicht nur Informatiker, auch Fachfremde sollten ermutigt werden, KI-Anwendungen zu entwickeln. *„KI muss so* *vielfältig sein wie die Menschen, deren Leben sie beeinflussen wird. Der Quereinstieg ist meiner Meinung nach nicht nur die Entscheidung einer einzelnen Person, sondern sollte auch von der Wirtschaft und der Politik unterstützt werden"*, sagt sie. Dieses Statement unterstreicht, dass erfolgreiche Weiterbildung nicht im luftleeren Raum stattfindet – es braucht ein *unterstützendes Umfeld*, das neugierigen Quereinsteigern Chancen eröffnet.

Ein weiteres Beispiel ist **Anna**, ursprünglich Marketing-Expertin. Sie entdeckte ihre Leidenschaft für Datenanalyse und begann in ihrer Freizeit, sich in maschinelles Lernen einzuarbeiten. Über Online-Kurse und eigene kleine Projekte brachte sie sich Schritt für Schritt die nötigen Fähigkeiten bei. Heute arbeitet sie – nach zusätzlicher Weiterbildung – als Data-Scientistin in einem KI-Start-up. Annas Weg zeigt eindrucksvoll, dass es *nie zu spät* ist, neu anzufangen, und dass die heutigen Lernressourcen konsequent genutzt werden können, um einen Berufswechsel zu schaffen. Ausschlaggebend war auch hier: Sie hatte ein klares Ziel (Einstieg in die KI-Welt), lernte praxisnah (durch Projekte) und blieb beharrlich am Ball. Solche Erfolgsgeschichten machen Mut und liefern anderen ein Vorbild. Sie zeigen aber auch, dass **intrinsische Motivation** – Annas eigene Begeisterung für Daten –

letztlich der Motor war, der durchgehalten ließ, wo extrinsische Anreize allein vielleicht nicht gereicht hätten.

Soziale Dimension: Zugang, Ungleichheit und Teilhabe

Die Möglichkeit, sich weiterzubilden und mit der KI-Entwicklung Schritt zu halten, ist nicht für alle Menschen gleichermaßen gegeben. **Soziale Faktoren** spielen eine große Rolle dafür, *wer* vom Upskilling-Boom profitieren kann und wer Gefahr läuft, abgehängt zu werden. Bereits heute zeigen sich deutliche Unterschiede in Bezug auf Bildungszugang und -nutzung – Unterschiede entlang von Qualifikation, Alter, Geschlecht und Unternehmensgröße.

Bildungsungleichheit im Arbeitsleben

Weiterbildungschancen sind oft ungleich verteilt. Eine Auswertung des Nationalen Bildungspanels (NEPS) ergab, dass insbesondere geringqualifizierte und einkommensschwächere Beschäftigte kaum an Weiterbildung teilnehmen – und das obwohl sie laut Befragungen hochmotiviert wären. Im Gegensatz dazu nehmen höherqualifizierte und besserverdienende Mitarbeiter deutlich häufiger an Fortbildungen teil. Der

Knackpunkt: **Hürden** wie Kosten, fehlende Informationen und mangelnde Unterstützung durch den Arbeitgeber treffen Geringqualifizierte besonders hart. Wer ohnehin schon einen niedrigen Bildungsabschluss hat, bekommt seltener vom Betrieb eine Weiterbildung finanziert oder frei, und oft fehlt auch das persönliche Netzwerk, um von Möglichkeiten zu erfahren. Höhergebildete berichten hingegen vor allem von Zeitmangel – sie wissen, wo es Angebote gibt und bekommen eher eine Freistellung, aber haben Schwierigkeiten, das Lernen in ihren vollen Terminkalender zu integrieren. Diese Schere führt dazu, dass diejenigen, die Weiterbildung am nötigsten hätten (um ihre Qualifikation zu verbessern), am wenigsten dazukommen. Das Risiko besteht, dass KI diese Kluft vergrößert: Niedrigqualifizierte Jobs sind besonders von Automatisierung bedroht, gleichzeitig haben deren Inhaber oft die schlechtesten Weiterbildungschancen – ein Teufelskreis, der zu struktureller Arbeitslosigkeit führen könnte, wenn nicht gegengesteuert wird.

Auch die **betrieblichen Weiterbildungsangebote** variieren stark je nach Unternehmenstyp. Größere Unternehmen haben meist mehr Ressourcen und etablierte Programme, während im kleinen Handwerksbetrieb Weiterbildung oft „on the job" passiert oder ganz in der Eigeninitiative der Mitarbeiter liegt. In einer Mittelstandsstudie identifizierten über 60% der Weiterbildungsverantwortlichen einen deutlichen Nachqualifizierungsbedarf in ihren Belegschaften. Viele mittelständische Firmen sehen sich jedoch selbst nicht in der Lage, alle nötigen Schulungen intern abzudecken – 40% gaben an, bereits auf ausländische Fachkräfte zurückzugreifen, um den Qualifikationslücken zu begegnen. Langfristig ist das jedoch keine nachhaltige Lösung; vielmehr müssten sie in ihre vorhandenen Leute investieren. Denn die **Alternative, extern Fachkräfte einzukaufen, ist teuer und angesichts des allgemeinen Fachkräftemangels unsicher**, wie Coursera-Manager Lukas Lewandowski anmerkt. Weiterbildung der eigenen Leute sei in vielen Fällen kosteneffizienter und stabiler als auf dem umkämpften Talentmarkt von außen zu rekrutieren Diese Erkenntnis setzt sich zwar langsam durch, aber vielen Mittelständlern fehlt noch eine systematische Strategie, um ihre Mitarbeiter flächendeckend weiterzuqualifizieren.

Generationsunterschiede und intergenerationales Lernen

Ein weiterer sozialer Aspekt ist der **Generationenunterschied**. Jüngere Beschäftigte – oft als *Generation Z* oder Millennials bezeichnet – sind mit

Digitalisierung aufgewachsen und tendenziell aufgeschlossener, was neue Lerntechnologien angeht. Tatsächlich zeigen Umfragen, dass jüngere Altersgruppen schon häufiger an KI-Trainings teilgenommen haben: In Deutschland hatten 45% der Gen Z und 43% der Millennials bereits irgendeine Form von KI-Schulung, während bei der Generation X (ca. 40-55 Jahre) nur 22% und bei den Babyboomern nur 28% dies von sich sagen konnten. Hier klafft eine deutliche **Generation Lücke**. Allerdings interessanterweise halten viele Ältere KI-Kenntnisse trotzdem für wichtig – 37% der Babyboomer und 50% der Gen X erachten KI-Skills als entscheidend für ihre berufliche Zukunft. Es mangelt also nicht unbedingt an Einsicht bei den Älteren, wohl aber an Gelegenheiten oder vielleicht an Mut. Unternehmen tendieren manchmal dazu, ihr Weiterbildungsbudget bevorzugt in jüngere „High Potentials" zu investieren, während ältere Mitarbeitende weniger Angebote erhalten. Das ist kurzsichtig, denn mit der Anhebung des Rentenalters und dem Erfahrungswissen der Best-Ager können Firmen es sich kaum leisten, ältere Kollegen in Sachen Kompetenz zu vernachlässigen.

Hier kommen Konzepte wie das bereits erwähnte **Reverse Mentoring** ins Spiel, oder allgemeiner: **intergenerationales Lernen**. Wenn Teams aus Jung und Alt gemischt sind, bietet das die Chance, dass beide Seiten voneinander lernen. Ältere bringen Erfahrungswissen, Branchen-Know-how und oft ausgeprägte Soft Skills wie Führung oder Kommunikation mit; Jüngere steuern frische Perspektiven, digitale Kompetenz und Technik-Know-how bei. In einer Kultur, die diese Gegenseitigkeit fördert, entsteht ein Win-Win: Die Generationen ergänzen sich, statt in Konkurrenz zu treten. Praktisch könnte das heißen, regelmäßig Tandems oder Workshops zu organisieren, in denen etwa ein Junior dem Senior neue Software erklärt und der Senior im Gegenzug komplexere fachliche Zusammenhänge vermittelt. So eine **Lernallianz** stärkt den Teamzusammenhalt und hilft, Vorurteile abzubauen – die Jungen sehen, dass auch Ältere noch lernfähig und -willig sind, die Älteren erleben, dass die Jungen durchaus Respekt für Erfahrung haben, wenn man sie einbindet.

Geschlecht und Weiterbildungszugang

Auch beim Thema Geschlecht zeigen sich Unterschiede. In technischen Zukunftsfeldern – und KI zählt oft dazu – sind Frauen nach wie vor unterrepräsentiert. Das spiegelt sich in Weiterbildungszahlen wider: Laut einer Befragung haben 36% der männlichen Beschäftigten bereits an KI-Schulungen teilgenommen, aber nur 28% der weiblichen. Zudem fühlen sich nach Qualifizierungen 36% der Männer befähigt, KI erfolgreich anzuwenden, doch nur 27% der Frauen sind nach Trainings von ihren KI-Fähigkeiten überzeugt. Dieser **Confidence Gap** könnte viele Ursachen haben: eventuell variieren die Aufgabenprofile, vielleicht trauen sich Frauen tendenziell weniger, ihre Kenntnisse als ausreichend zu bewerten, oder sie hatten tatsächlich weniger fördernde Bedingungen. Die Studienautoren betonen jedenfalls, dass ungleiche Qualifizierungschancen die beruflichen Perspektiven von Mitarbeiterinnen einschränken *und* der Wettbewerbsfähigkeit des Unternehmens schaden. Chancengleichheit in der Weiterbildung ist daher nicht nur ein Gebot der Fairness, sondern auch ökonomisch sinnvoll. Unternehmen sollten darauf achten, alle Geschlechter gleichermaßen zu fördern – sei es durch gezielte Ansprache, durch Mentorinnen-Programme oder einfach, indem darauf geachtet wird, dass beispielsweise bei neuen Tech-Schulungen nicht nur die „üblichen Verdächtigen" geschickt werden.

Digital Divide und gesellschaftliche Teilhabe

Neben den genannten Faktoren darf man den **digital divide** im globalen und gesellschaftlichen Maßstab nicht vergessen. Nicht jeder verfügt über die technische Ausstattung oder die Grundbildung, um an der schönen neuen Weiterbildungswelt teilzuhaben. Menschen in strukturschwachen Regionen, ohne Breitbandinternet oder mit geringer Grundbildung drohen ins Hintertreffen zu geraten. Wenn Top-Unis ihre Kurse online stellen, erreicht das zwar Millionen – aber wer weder davon weiß noch die Voraussetzungen mitbringt (Sprachkenntnisse, digitale Literacy), bleibt außen vor. Hier sind Politik und öffentliche Bildungseinrichtungen gefragt, durch Initiativen und Förderprogramme möglichst breite Bevölkerungsgruppen mitzunehmen.

Ein interessanter Vorstoß kommt beispielsweise von der Bertelsmann Stiftung, die eine gesetzlich verankerte **Bildungszeit** vorschlägt. Die Idee: Alle Beschäftigten hätten das Recht, sich etwa für bis zu ein Jahr bei teilweisem Lohnausgleich weiterzubilden – unabhängig vom Goodwill des Arbeitgebers. Gerade Geringqualifizierten würde das die Chance geben, größere Weiterbildungsvorhaben anzugehen, ohne finanzielle Abstürze befürchten zu müssen. Ein solches Instrument könnte systematische Ungleichheiten abmildern, indem es Zeit und Geld – die größten Hürden – zentral adressiert. Natürlich muss parallel das Angebot entsprechend ausgebaut werden, aber die

Signalwirkung wäre: Weiterbildung ist ein Recht und wird gesellschaftlich unterstützt.

Zusammenfassend lässt sich sagen, dass **Upskilling und Weiterbildung im KI-Zeitalter auch eine Frage der sozialen Gerechtigkeit sind**. Es gilt aufzupassen, dass nicht ohnehin privilegierte Gruppen die Gewinner des Wandels sind, während andere zurückfallen. Die gute Nachricht: Die **Weiterbildungsmotivation** ist grundsätzlich in breiten Schichten vorhanden – man muss sie nur abrufen und unterstützen. So verweist der Randstad-Report darauf, dass es eine hohe Bereitschaft der Mitarbeiter gibt, sich insbesondere im Bereich KI fortzubilden, und dass Unternehmen diese Motivation nutzen könnten, indem sie stärker mit ihren Leuten den Austausch suchen und gezielte Qualifizierungsprogramme anbieten. Hier schließt sich der Kreis zum nächsten Punkt: der nötigen **Lernkultur und Unterstützung durch Organisationen**.

Kultur des lebenslangen Lernens: Wandel des Lernbegriffs

Die beschriebenen Veränderungen deuten auf einen **kulturellen Wandel** hin, was das Lernen angeht – sowohl innerhalb von Organisationen als auch gesamtgesellschaftlich. „Lebenslanges Lernen" ist längst von der Floskel zur gelebten Realität geworden. Doch damit das funktioniert, müssen wir unser Verständnis vom Lernen anpassen und einige traditionelle Denkmuster überwinden.

Früher war Lernen oft auf die **Jugendphase** beschränkt: Man ging zur Schule, vielleicht noch in eine Lehre oder auf die Uni, und anschließend galt man als „ausgelernt". Im Berufsleben gab es zwar mal einen Lehrgang oder eine Umschulung, doch generell blieben viele über Jahrzehnte in einem relativ festen Kompetenzprofil. Dieses Modell trägt nicht mehr. Heute gleicht die berufliche Biografie eher einem **fortlaufenden Entwicklungsprozess.** Wir durchlaufen mehrere Lern- und Umlernzyklen, wechseln möglicherweise die Berufsfelder und Rollen. Das kann anstrengend sein, hat aber auch etwas Befreiendes: Es gibt die Möglichkeit, sich immer wieder neu zu erfinden, statt ein Leben lang auf die einmal gewählte Laufbahn festgelegt zu sein.

Mit KI und der digitalen Transformation verschiebt sich auch, *wie* und *wo* gelernt wird. **Informelles Lernen** gewinnt an Bedeutung: Man lernt am Arbeitsplatz durch Ausprobieren, durch Recherche im Internet, durch das Fragen eines Chatbots oder durch Communities in sozialen Netzwerken. Diese Lernformen sind oft nicht zertifiziert und passieren nebenbei, aber sie tragen enorm zum Kompetenzaufbau bei. So gesehen verschwimmt die Grenze zwischen Arbeiten und Lernen zusehends. Viele Experten sprechen davon, dass wir hin zu einer *lernden Gesellschaft* steuern, in der kontinuierliche Weiterbildung ein integraler Bestandteil des Lebens und Teil der kulturellen Identität wird. Gesellschaftliches Lernen zeigt sich etwa darin, dass ganze Communities oder Branchen gemeinsam neue Best Practices entwickeln – man denke an Open-Source-Projekte, wo weltweit Entwickler voneinander lernen und Software gemeinsam voranbringen.

Ein Kulturwandel ist auch in der **Bewertung von Lernen** erkennbar. Wurden vormals Quereinsteiger oder Leute mit „bruchhaften" Lebensläufen skeptisch betrachtet, so erkennt man heute mehr und mehr den Wert solcher Erfahrungen. Die Fähigkeit, sich immer wieder neues Wissen anzueignen, wird selbst zur geschätzten Kompetenz. Personalverantwortliche achten bei Bewerbern zunehmend auf *Lernagilität*: Haben sie schon einmal erfolgreich umgelernt? Sind sie neugierig auf Neues? Ein Lebenslauf mit mehreren verschiedenen Stationen gilt nicht mehr automatisch als unstet, sondern kann auch belegen, dass jemand anpassungsfähig und lernwillig ist. Das ist ein bemerkenswerter Wandel im Lernbegriff: Weg von der

Vorstellung, Bildung sei ein statischer Besitz, hin zu Bildung als dynamischer Prozess.

Historisch betrachtet, mussten Kulturen schon mehrfach ihren Lernbegriff erweitern. Die **Aufklärung** etwa propagierte das Ideal des *gebildeten Bürgers*, der ein Leben lang seinen Verstand nutzt – hier entstand die Idee von Bildung als Persönlichkeitsentwicklung, nicht nur als berufsqualifizierende Maßnahme. Im **Industriezeitalter** wurde dann Lernen zur Massenangelegenheit: Lesen, Schreiben, Rechnen – Grundbildung für alle als Voraussetzung, um in Fabriken und Büros zu funktionieren. Mit dem **Computerzeitalter** kamen Konzepte wie Volkshochschulen, Abendstudium und betriebliche Weiterbildung stark auf, um den Arbeitnehmern neue Technologien nahezubringen. Jedes Mal musste die Gesellschaft investieren und Strukturen schaffen, damit Lernen im großen Stil stattfinden konnte. Jetzt, im **KI-Zeitalter**, stehen wir erneut an so einem Punkt. Es reicht nicht, ein paar Spezialisten auszubilden; die Breite der Bevölkerung muss ein Grundverständnis von KI entwickeln (man spricht schon von „KI-Führerschein" oder „AI Literacy" als neue Grundbildung) und gleichzeitig die Bereitschaft mitbringen, sich immer wieder zu verändern.

Dieser kulturelle Wandel ist bereits in vollem Gange. Begriffe wie *„lernende Organisation"* (geprägt von Peter Senge in den 1990ern) oder *„Growth Mindset"* (nach Carol Dweck) sind in aller Munde. Sie alle betonen: **Offenheit, Neugier und Fehlertoleranz** müssen feste Werte werden, sowohl in Firmenkulturen als auch in der Gesellschaft. Denn in einer komplexen, durch KI mitgestalteten Welt kann niemand immer alles schon können – wir müssen es *gemeinsam herausfinden*. Das bedeutet auch, dass Hierarchien flacher werden, wenn es um Wissen geht: Der Chef kann vom Praktikanten lernen (Stichwort Reverse Mentoring), die Lehrerin vom Schüler (etwa wenn es um neue digitale Trends geht). Kultur des lebenslangen Lernens heißt, voneinander und miteinander zu lernen, generationenübergreifend und interdisziplinär.

Ein schönes Beispiel auf gesamtgesellschaftlicher Ebene ist die Initiative mancher Länder, **programmieren und KI-Grundlagen in Schulen** einzuführen, um die kommende Generation früh vertraut zu machen. Aber auch darüber hinaus entstehen Kulturangebote: Bürgeruniversitäten, Coding-Workshops für Senioren, öffentliche MakerSpaces, in denen Leute jeden Alters experimentieren können. All das fördert eine Mentalität, die Lernen als etwas Positives, Gemeinschaftliches begreift. Und vielleicht das Wichtigste: die Angst vorm Lernen verliert an Kraft, wenn es zur Normalität wird, ständig etwas nicht zu wissen und sich neu einarbeiten zu müssen – weil alle um uns herum das ebenfalls tun.

Lernen ermöglichen: Die Rolle von Organisationen

Bei all dem wird klar: Ein großer Teil der Verantwortung – aber auch der Gestaltungsmacht – für erfolgreiches Upskilling liegt bei den **Organisationen**, sprich Arbeitgebern und Bildungsinstitutionen. Was müssen Unternehmen tun, um ihren Mitarbeitenden das Lernen zu ermöglichen und sie in der Transformation zu begleiten? Und wie profitieren sie selbst davon?

Zunächst einmal sind Unternehmen gut beraten, Weiterbildung nicht als Kostenfaktor, sondern als **Investition** in die eigene Zukunft zu sehen. Eine Aussage aus der Bitkom-Weiterbildungsstudie bringt es auf den Punkt: *„Arbeitnehmerinnen und Arbeitnehmer sind zunehmend auf digitale Kompetenzen angewiesen... Unternehmen stehen jetzt in der Handlungspflicht, ihren Mitarbeitenden qualitativ hochwertige und passgenaue Weiterbildungsangebote an die Hand zu geben, um die Leistungsfähigkeit und Innovationskraft... zu erhalten bzw. auszubauen".* Es geht also ums eigene Überleben in der Innovation. Firmen, die weiterkommen wollen, müssen *Lernförderer* sein.

Konkret können Organisationen auf mehreren Ebenen ansetzen, um eine **Lernkultur** zu etablieren:

- **Zeit und Ressourcen bereitstellen:** Weiterbildung muss Teil der Arbeitszeit sein dürfen. 87% der Beschäftigten sagen, es sei ihnen wichtig, neben ihren Kernaufgaben auch gezielt Zeit zum Lernen zu haben. Unternehmen sollten feste Lernzeiten oder Kontingente einplanen – sei es ein Tag pro Monat für Schulungen, eine Stunde pro Woche für E-Learning oder ähnliches. Auch finanzielle Ressourcen sind wichtig: Ein Weiterbildungsbudget pro Mitarbeiter, Zuschüsse zu Kursgebühren oder die Übernahme von Zertifikatskosten signalisieren, dass das Unternehmen es ernst meint.

- **Informations- und Beratungsangebote:** Oft scheitert es schon daran, dass Mitarbeiter gar nicht wissen, welche Möglichkeiten es gibt. Nur 62% der Beschäftigten fühlen sich ausreichend über Weiterbildungsangebote ihres Arbeitgebers informiert. Hier können **Transparenz und**

Beratung helfen: eine zentrale Plattform oder regelmäßige Kommunikation zu Lernangeboten, persönliche Entwicklungsgespräche, in denen Weiterbildungsziele vereinbart werden, oder die Ernennung von Learning Ambassadors im Betrieb, die Kollegen Tipps geben.

- **Passgenaue Qualifizierung statt Gießkanne:** Menschen haben unterschiedliche Lernbedarfe. Die Studien zeigen, dass individualisierte Formate immer mehr gefragt sind. Unternehmen sollten daher das *One-size-fits-all*-Modell (ein Standardseminar für alle) verlassen und stattdessen **personalisiertes Lernen**ermöglichen. Zum Beispiel mittels Lernplattformen, die je nach Rolle und Kenntnisstand unterschiedliche Lernpfade anbieten, oder modularen Programmen, aus denen man wählen kann. Auch neuartige Formate wie Lernnuggets, Lernapps oder interne Wissensdatenbanken können den unterschiedlichen Bedürfnissen gerecht werden.

- **Lernkultur durch Führung vorleben:** Nichts prägt eine Kultur so sehr wie das Verhalten der Führungskräfte. Wenn Chefs ständig betonen, wie wichtig Weiterbildung ist, aber selbst nie einen Kurs besuchen oder ihren Mitarbeitenden nie Raum dafür lassen, entsteht ein Widerspruch. Umgekehrt wird ein Schuh draus: Führungskräfte sollten offen über ihr eigenes Lernen sprechen, vielleicht auch mal gemeinsame Lernprojekte mit ihren Teams machen. Sie sollten Weiterbildungserfolge ihrer Mitarbeiter würdigen – etwa im Teammeeting hervorheben, wer gerade ein Zertifikat erworben hat, oder Lernfortschritte in Zielvereinbarungen aufnehmen. **Fehlerfreundlichkeit** seitens der Führung ist ebenfalls entscheidend: Wer Angst haben muss, für einen Anfängerfehler beim Lernen gleich Kritik zu ernten, wird sich kaum noch trauen, Neues auszuprobieren.

- **Karrierepfade und Anreize anpassen:** Organisationen können Lernen belohnen, indem sie es in Karrierewege integrieren. Zum Beispiel könnten gewisse Beförderungen an nachgewiesene Weiterbildungen geknüpft sein – nicht als starres Muss, sondern als klare Möglichkeit: *„Wenn du dich in Bereich X weiterqualifizierst, kannst du Position Y anstreben."* Solche klaren Perspektiven motivieren. Auch horizontale Karrierepfade (Fachkarrieren) profitieren von ständiger Fortbildung. Monetäre Anreize sind heikel –

man sollte nicht primär wegen Bonus lernt –, aber symbolische Anerkennungen (Zertifikatsverleihungen, interne „Graduation"-Events für Weiterbildungsklassen, etc.) können das Lernen sichtbarer machen und wertschätzen.

- **Wissen teilen und kollaboratives Lernen fördern:** Unternehmen sollten Räume schaffen, in denen Mitarbeiter ihr Wissen untereinander austauschen. Das kann durch interne Communities of Practice, Innovationsworkshops, Hackathons oder einfach durch die Ermunterung entstehen, dass jeder sein frisch erworbenes Wissen z.B. in einem kurzen Vortrag dem Team präsentiert. So verdichtet sich individuelles Lernen zu organisationalem Lernen. Wenn Mitarbeiter sehen, dass ihr erworbenes Wissen gefragt ist und sie andere damit inspirieren können, steigert das wiederum die eigene Lernmotivation.

Ein Unternehmen, das diese Punkte beachtet, wird zum **„lernenden Unternehmen"**. Und die Vorteile liegen auf der Hand: Zum einen erhöht es die **Mitarbeiterbindung**. Wer spürt, dass sein Arbeitgeber in ihn investiert und ihm Entwicklungschancen bietet, ist weniger geneigt wegzugehen – zumal 54% sagen, fehlende Weiterbildungsmöglichkeiten könnten sie in die Kündigung treiben. Zum anderen verbessert es die **Wettbewerbsfähigkeit**: Firmen, die ihre Leute ständig updaten, haben intern das Know-how, um neue Technologien schnell zu adaptieren, statt extern einkaufen zu müssen. Eine belegschaftsorientierte KI-Strategie – also Mitarbeiter in alle KI-Einführungen einbeziehen, sie schulen und Ängste nehmen – erhöht die Akzeptanz und verhindert, dass wertvolles Know-how verloren geht, weil frustrierte Mitarbeiter kündigen oder entlassen werden müssen. Mit Weiterbildung lässt sich somit der negative Kreislauf aus „KI kommt, Mitarbeiter gehen" durchbrechen. Stattdessen entstehen **Übergangsrollen**, in denen Mensch und KI gemeinsam arbeiten, und Beschäftigte können sich in neue Positionen entwickeln, anstatt ersetzt zu werden. Es ist kein Zufall, dass ausgerechnet in Deutschland das Prinzip *„Mitnehmen statt Ersetzen"* propagiert wird – nur so kann der technologische Wandel sozialverträglich gelingen.

Nicht zuletzt trägt auch die **Politik und öffentliche Bildung** Verantwortung, den Rahmen für diese Lernkultur zu setzen. Das beinhaltet Investitionen in Weiterbildungseinrichtungen, Förderprogramme für Qualifizierung (besonders für KMUs und Selbstständige, die es allein schwer stemmen können) und Anpassungen im Bildungssystem, damit schon Jugendliche die richtigen Grundlagen lernen (digitale Kompetenz, aber auch „Lernen lernen" als Fertigkeit). Eine Vision wäre, dass Weiterbildung ähnlich wie Gesundheitsprävention gesehen wird: als etwas, das man kontinuierlich tut, um fit zu bleiben – nur eben für den Arbeitsmarkt.

Fazit: Der lernende Mensch in der KI-Welt

Die Arbeitswelt im KI-Zeitalter ist geprägt von Wandel und Unsicherheit – doch eines bleibt konstant: der Mensch als **lernendes Wesen**. Unsere berufliche Identität wird künftig weniger durch die einmal erlernte Profession definiert, sondern durch unsere Fähigkeit, uns immer wieder neues Wissen und neue Fertigkeiten anzueignen. In diesem Kapitel haben wir gesehen, dass *Upskilling* und *Reskilling* nicht nur technische Vorgänge des Wissensupdates sind, sondern tief in Psychologie, Kultur und soziale Strukturen hineinwirken.

Die **Neugier** erweist sich als unser vielleicht wichtigster Verbündeter. Sie hilft, Angst in Abenteuer zu verwandeln und hält die Freude am Entdecken lebendig. Wenn wir es schaffen, eine Kultur zu fördern, in der Fragen stellen, Ausprobieren und lebenslanges Lernen selbstverständlich sind, dann nutzen wir KI nicht nur, um effizienter zu arbeiten, sondern um als Menschen zu wachsen. Der berufstätige Mensch wird dann tatsächlich zur *lernenden Spezies* – anpassungsfähig, neugierig, resilient.

Für Individuen bedeutet das, aktiv die Chancen zur Weiterbildung zu ergreifen und den eigenen Lernprozess zu steuern. Für Organisationen heißt es, Lernen als zentrales Element ihrer Strategie zu verankern und ihre Mitarbeitenden auf diesem Weg zu begleiten. Und als Gesellschaft stehen wir vor der Aufgabe, den Zugang zu Bildung so zu gestalten, dass der digitale Wandel **alle** mitnimmt – damit KI nicht zu neuer sozialer Spaltung führt, sondern zu einem Motor gemeinsamen Fortschritts.

Die Herausforderung ist groß, aber die menschliche Lernfähigkeit war schon immer der Schlüssel, um mit neuen Technologien umzugehen. Im Mittelalter mag der Buchdruck den Gelehrtenstand erschüttert haben – doch letztlich führte er zu einer aufgeklärteren Gesellschaft. Die Dampfmaschine nahm manchen Arbeitern den alten Job, schuf aber völlig neue Berufsfelder für diejenigen, die umlernen konnten. Genauso wird KI Berufe verändern, aber auch neue hervorbringen. Entscheidend ist, **wie wir darauf**

reagieren. Machen wir unser *Menschsein* daran fest, was Maschinen (noch) nicht können – Kreativität, Empathie, kritisches Denken – und kultivieren wir diese Fähigkeiten weiter. Und nutzen wir KI zugleich als Werkzeug, um noch besser zu lernen und uns zu verbinden.

Ein bekanntes Zitat lautet: *„Wer aufhört zu lernen, hat aufgehört zu leben."* Im Kontext unserer beruflichen Identität könnte man sagen: **Wer aufhört zu lernen, hat aufgehört, sich weiterzuentwickeln** – und läuft Gefahr, in einer von KI geprägten Arbeitswelt den Anschluss zu verlieren. Aber der umgekehrte Fall ist viel positiver: *Wer bereit ist zu lernen, dem steht die Zukunft offen.* Unsere berufliche Identität muss also keine statische Größe sein, die von KI bedroht wird, sondern kann sich mit jeder neuen Kompetenz, die wir erwerben, weiterentwickeln und bereichern.

In den folgenden Kapiteln werden wir sehen, wie KI noch andere Bereiche unseres Lebens berührt. Doch eines können wir aus diesem Kapitel mitnehmen: **Upskilling und Neugier sind zentrale Antworten auf die Frage, was KI mit uns macht.** Letztlich liegt es an uns, die Rolle des lernenden Menschen anzunehmen – denn so gestalten wir aktiv mit, wohin die Reise in der Arbeitswelt mit KI geht, anstatt nur Passagiere zu sein. Die Lernreise hat gerade erst begonnen, und sie führt uns vielleicht auf Pfade, die wir heute noch gar nicht erahnen. Lassen wir uns diese Neugier bewahren – sie ist der Kompass, mit dem wir unsere berufliche Zukunft navigieren können.

Kapitel 5: Neue Zusammenarbeit – Mensch und KI im Team

Der Mensch bekommt Konkurrenz im Büro – oder doch einen neuen Kollegen? In den letzten Jahren ist Künstliche Intelligenz (KI) vom abstrakten Zukunftsversprechen zu einem **praktischen Teammitglied** in vielen Unternehmen geworden. Führungskräfte schlagen alarmierende Töne an: *„AI is coming for your jobs… It's coming for my job too."*, schrieb Micha Kaufman, CEO der Freelance-Plattform Fiverr, in einer offenen Nachricht an seine Belegschaft Diese drastische Botschaft – ungeschönt und als *„Wake-up Call"* formuliert – macht deutlich, vor welchem Umbruch viele Berufstätige stehen. Doch statt KI bloß als Bedrohung für die eigene Stelle zu begreifen, wächst die Erkenntnis: **Mensch und KI müssen konstruktiv im Team zusammenarbeiten,** um das volle Potenzial dieser Technologie zu nutzen. Dieses Kapitel beleuchtet umfassend, wie genau diese

Zusammenarbeit aussieht, welche Veränderungen sie in unserem Arbeitsalltag mit sich bringt und wo ihre Chancen *und* Grenzen liegen.

Wir betrachten zunächst die **arbeitspraktische Perspektive**: In welchen Branchen und Rollen gehört die Kooperation mit KI bereits zum Alltag, und wie gestaltet sie sich konkret? Anschließend wenden wir uns den **sozialen Dynamiken** zu, die entstehen, wenn KI-Systeme als neue „Kollegen" in Teams integriert werden – von Änderungen in Kommunikation und Teamstrukturen bis hin zu Fragen des Vertrauens. Daraus ergibt sich zwangsläufig das Thema **Verantwortung und Haftung**: Wer trägt die Verantwortung, wenn im Mensch-KI-Team Fehler passieren, und wie verändern sich Aufgaben- und Entscheidungsstrukturen durch den KI-Einsatz? Darauf aufbauend werden die **technologischen Grundlagen** erläutert – also welche Tools, Architekturen und Schnittstellen eine reibungslose Kollaboration ermöglichen. Schließlich diskutieren wir die **ethischen Dimensionen**: Wie lassen sich Machtasymmetrien, Intransparenz und Bias in hybriden Teams vermeiden, und wer hat letztlich das Sagen – Mensch oder Maschine? Eine kritische Reflexion am Ende des Kapitels wird beleuchten, **wo** die Zusammenarbeit zwischen Mensch und KI schon funktioniert und **wo** ihre Grenzen sichtbar werden.

Arbeitspraktische Perspektiven: Mensch-KI-Teamwork in der Praxis

Die Zusammenarbeit von Mensch und KI ist längst keine Science-Fiction mehr, sondern hält in vielfältigen Arbeitsfeldern Einzug. Immer mehr **Branchen** machen die Erfahrung, dass KI nicht nur *Arbeitsplatzkiller*, sondern auch *Arbeitshelfer* sein kann. Laut einer Bitkom-Umfrage nutzte Mitte 2024 bereits jedes fünfte Unternehmen (20 %) in Deutschland KI produktiv – Tendenz steigend. Doch wie genau sieht diese Mensch-KI-Kollaboration im Arbeitsalltag aus? Im Folgenden einige **Fallbeispiele aus verschiedenen Branchen**:

- **Medizin:** In Krankenhäusern und Arztpraxen unterstützen KI-Systeme Ärzte bei Diagnosen und Behandlungsentscheidungen. Radiologen etwa lassen Algorithmen Röntgen- oder MRT-Bilder vor-analysieren; die KI markiert verdächtige Stellen, die der Arzt dann gezielt überprüfen kann. So ein Duo verspricht höhere Befundgenauigkeit und schnellere Analysen.

Studien zeigen jedoch ein nuanciertes Bild: Die Leistung eines Radiologen mit KI-Unterstützung hängt stark von Kontext und Anwendung ab. In einer großen Studie mit 140 Radiologen verbesserte KI-Unterstützung die Diagnosegenauigkeit nicht einheitlich – in manchen Fällen führte die KI sogar zu Fehlentscheidungen, wenn sich Ärzte zu sehr auf die Algorithmen verließen Diese *zweischneidige* Erfahrung unterstreicht, dass KI in der Medizin als **Assistenz** gedacht ist: letztlich behält der Mensch die Entscheidungsgewalt und muss Ergebnisse der KI kritisch hinterfragen. Abseits der Bilddiagnostik kommt KI in der Medizin auch in digitalen Assistenzsystemen zum Einsatz, die z.B. Patientendaten auswerten, Therapieempfehlungen geben oder administrative Aufgaben wie Dokumentation automatisieren. Ein bekanntes Beispiel ist die Verwendung von KI bei der **Krebsdiagnostik**: Systeme wie IBM Watson wurden darauf trainiert, medizinische Fachliteratur zu durchsuchen und Ärzten personalisierte Behandlungsvorschläge zu machen – ein Konzept, das jedoch zeigte, wie anspruchsvoll die Integration in klinische Abläufe ist. **Wo KI**

jedoch gezielt Stärken ausspielt – enorme Datenmengen in Sekunden analysieren – entlastet sie Ärzte, z.B. indem sie bei einem Tumorboard alle relevanten Studien parat hat oder Frühwarnsysteme für auffällige Laborwerte stellt.

- **Softwareentwicklung:** In der IT-Branche ist die Zusammenarbeit mit KI bereits für viele Programmierer zum Alltag geworden. Moderne Entwicklungsumgebungen verfügen über *KI-Coding-Assistenten* wie GitHubs **Copilot**, die während des Programmierens Code-Vervollständigungen und Lösungsvorschläge anbieten. Diese KI agiert wie ein stummer Partner, der im Hintergrund mitliest und auf Basis riesiger Code-Datensätze passende Snippets vorschlägt. Die Produktivitätsgewinne sind bemerkenswert: Entwickler, die mit Copilot arbeiten, lösen Programmieraufgaben im Schnitt **55 % schneller** als ohne KI-Unterstützung. Gleichzeitig zeigt sich hier, wie wichtig die Rolle des Menschen als Qualitätskontrolleur bleibt – erste Untersuchungen deuten darauf hin, dass KI-generierter Code zuweilen fehlerhaft oder unsicher sein kann, was vom Entwickler erkannt und korrigiert werden muss. In agilen Software-Teams übernimmt KI auch Routineaufgaben im DevOps-Bereich, etwa das automatische Testen von Code und das Auffinden von Bugs durch intelligente Analyse-Tools. **Die Zusammenarbeit äußert sich hier als echtes „Pair Programming"**: Der Mensch formuliert ein Problem, die KI liefert einen Lösungsvorschlag, den der Mensch prüft und weiterverarbeitet. So entsteht ein ständiger Dialog – der Entwickler konzentriert sich stärker auf Architektur und kreative Aspekte, während die KI repetitives Codieren beschleunigt.

- **Logistik und Fertigung:** In Lagerhallen und Fabriken begegnen wir zunehmend **kollaborativen Robotern**, sogenannten *Cobots*. Diese Roboterarme und autonomen Fahrzeuge sind darauf ausgelegt, direkt neben dem Menschen zu arbeiten, ohne Schutzkäfig – möglich gemacht durch Sensoren und Sicherheitsfunktionen, die bei Gefahr sofort stoppen. Sie heben Lasten, führen monotone Montageschritte aus oder transportieren Waren, während menschliche Kollegen komplexe Montagegriffe erledigen und die Qualität überwachen. In der Industrie gelten Cobots bereits als „teamfähige" Maschinen: Sie packen Kisten, schweißen Bauteile oder übernehmen das Palettieren, und erweisen sich dabei als **verlässliche Teamkameraden** in der Produktion. Ein typisches Beispiel findet sich in Automobilfabriken: Dort arbeiten Arbeiter und Roboter Hand in Hand – etwa wenn ein Roboter präzise Schrauben anzieht, während ein Werker parallel Sensoren verkabelt. Auch in der Logistikplanung greifen Mensch und KI ineinander: Komplexe Routen- und Lieferplanungen erledigt eine KI mit Optimierungsalgorithmen in Minuten und schlägt dem menschlichen Disponenten einen Plan vor, den dieser anhand von Erfahrung und aktuellen Gegebenheiten (Wetter, Verkehr, Kundenprioritäten) anpasst. Auf diese Weise werden Lkw-Routen, Lagerbestände und Lieferketten durch **Mensch-KI-Teams** optimiert – der Rechner liefert datengetriebene Effizienz, der Mensch sorgt für praktische Plausibilität. Selbst in der **Instandhaltung**arbeiten Menschen mit KI: Intelligente Sensorsysteme überwachen Maschinen und warnen Techniker vor möglichen Ausfällen (Predictive Maintenance);

der Techniker entscheidet dann, ob tatsächlich eine Wartung nötig ist, und nutzt ggf. Augmented-Reality-Brillen, die ihm durch KI Analysedaten ins Sichtfeld einblenden.

- **Kundenservice und Verwaltung:** Wenn wir heute bei einer Hotline oder im Chat Unterstützung suchen, haben wir es oft zunächst mit einer KI zu tun – z.b. Chatbots, die häufige Kundenanliegen automatisiert beantworten. Diese Bots arbeiten **im Tandem mit menschlichen Servicekräften**: Routinefragen (etwa zum Kontostand oder zur Paketverfolgung) beantwortet der KI-Chatbot selbstständig. Stößt er auf komplexere oder emotionale Anliegen, leitet er an einen menschlichen Mitarbeiter weiter und übergibt dabei das bisherige Gesprächsprotokoll. So entsteht ein fließendes Zusammenspiel, bei dem die KI wie ein Filter und Vorarbeiter fungiert. In Callcentern unterstützen KI-Systeme die Mitarbeiter auch *während* des Gesprächs – durch Live-Transkription und Anzeige relevanter Wissensartikeln, oder Stimmungsanalyse, die anzeigt, ob der Kunde verärgert klingt. In der **Verwaltung** und Sachbearbeitung übernehmen KI-Anwendungen die Vorarbeit bei Entscheidungsprozessen: Ein Beispiel findet sich in städtischen Behörden, wo KI-Programme Anträge (etwa Wohnungsbauanträge oder Fördermittelanträge) vorsortieren und prüfen. Die KI kann Dokumente per Texterkennung (OCR) auslesen, mit Datenbanken abgleichen und sogar erste Entscheidungsvorschläge unterbreiten. Die finale Entscheidung trifft nach wie vor ein menschlicher Sachbearbeiter, doch die *Vorarbeit*wurde drastisch beschleunigt. Ähnliches gilt in der **Personalverwaltung**: KI-Tools scannen Bewerbungen, filtern Lebensläufe nach bestimmten Kriterien und schlagen Recruitern vielversprechende Kandidaten vor – umgekehrt warnen sie vor möglichen Bias bei der Vorauswahl. Hier zeigt sich ein wichtiges Prinzip: **KI erledigt die Fleißarbeit, der Mensch die Feinarbeit.**

- **Bildung:** Auch im Klassenzimmer und in Weiterbildungsumgebungen ziehen KI-Helfer ein. Lehrkräfte verwenden KI-gestützte Plattformen, die den Lernstand von Schülern analysieren und personalisierte Übungsaufgaben vorschlagen. So entsteht für jeden Schüler ein individueller Lernpfad, den der Lehrer im Blick behält. Ein Beispiel ist die Software *Khanmigo* der Khan Academy, ein auf GPT-4 basierender Tutor, der Schüler beim Lösen von Aufgaben interaktiv begleitet. Lehrer berichten, dass solche KI-Tutoren Standardfragen der Schüler beantworten oder weitere Erklärungen liefern können, während sie selbst mehr Zeit für die pädagogisch anspruchsvollen Aspekte gewinnen – etwa motivierende Gespräche oder die Förderung schwächerer Schüler. In der Hochschullehre helfen KI-Systeme Dozenten beim Korrigieren von Klausuren (z.B. indem sie erste Bewertungsvorschläge für offene Antworten geben) oder beim Verfassen von Unterrichtsmaterial (etwa automatische Zusammenfassungen von Fachtexten). **Die Zusammenarbeit in der Bildung** bedeutet hier: KI bietet rund um die Uhr individuelle Betreuung und Auswertung, der menschliche Pädagoge setzt den Rahmen, interpretiert die Ergebnisse und bleibt als empathischer Mentor unersetzlich.

Diese Beispiele machen deutlich, wie **flexibel** sich die Rollen von Mensch und KI je nach Branche verteilen. Mal agiert die KI als Assistent im Hintergrund, mal als aktiver Partner im Arbeitsprozess. **Gemeinsam ist all**

diesen Szenarien jedoch, dass KI und Mensch
unterschiedliche Stärken einbringen:
Routinetätigkeiten, hohe Rechenvolumen und
Mustererkennung übernimmt bevorzugt die KI,
während der Mensch dort gefragt bleibt, wo Erfahrung,
kontextuelles Verständnis oder Einfühlungsvermögen
nötig sind. Ein Forscherteam der MIT Sloan School
fasste es so zusammen: *„Wir fanden, dass Menschen
bei Aufgaben glänzen, die **kontextuelles Verständnis**
und **emotionale Intelligenz** erfordern, während KI-
Systeme bei repetitiven, hochvolumigen oder
datengetriebenen Aufgaben brillieren."* Mit anderen
Worten: **Mensch und Maschine sollten jeweils „das
tun, was sie besser können als der andere"** Gelingt
diese klare Arbeitsteilung, erhöht die Partnerschaft
tatsächlich die Effizienz. So erzielte z.B. ein Team aus
Vogel-Experten *plus* Bild-KI in einem Experiment
90 % Trefferquote beim Bestimmen von Vogelarten –
weit mehr als Mensch (81 %) oder KI (73 %) allein.
Hier konnte die KI blitzschnell tausende Bilddetails
vergleichen, während die menschlichen Experten bei
Unsicherheiten der KI intuitiv die richtige
Entscheidung trafen. **Dieses Prinzip der Ergänzung**
ist der Schlüssel zum Erfolg: Der Alltag zeigt
allerdings, dass es nicht trivial ist, solche optimalen
Teams zu formen. Oft müssen Prozesse neu gestaltet
werden, damit Mensch und KI wirklich *synergetisch*

statt nur nebeneinander arbeiten. Genau an dieser Stelle kommen die organisatorischen und sozialen Faktoren ins Spiel.

Soziale Dynamiken: Teamarbeit mit KI als „Kollegen"

Wenn ein KI-System ins Team kommt, ändert sich mehr als nur ein Prozessablauf – es verändern sich **zwischenmenschliche Dynamiken** (selbst wenn das „Wesen" gar kein Mensch ist). Plötzlich haben Teams einen *neuen Agenten*, der weder Gefühle hat noch in klassischen Hierarchien denkt, aber dennoch Entscheidungen beeinflusst. Wie also wirkt sich das auf Kommunikation, Vertrauen und Teamstrukturen aus?

Kommunikation und Rollenverteilung: Die Zusammenarbeit mit KI erfordert neue Kommunikationsformen. Statt sich im Meeting direkt auszutauschen, **kommunizieren Menschen oft über ein Interface mit der KI** – sei es per Chatfenster, Spracheingabe oder durch das Interpretieren von KI-Ausgaben. So kann es passieren, dass ein Teammitglied eine Frage nicht an den Kollegen am Schreibtisch gegenüber richtet, sondern an ein Sprachassistenzsystem: *„Hey KI, welche Zahlen hatten wir letztes Quartal?"* Die Antwort der KI fließt dann ins Teamgespräch zurück. KI-Systeme werden damit zu einer Art *stillem Teilnehmer*, der bei Bedarf Fakten beisteuert oder Aufgaben übernimmt. In manchen Unternehmen gibt man der KI sogar einen **Namen und eine Identität**, um die Akzeptanz zu erhöhen – z.B. den virtuellen Assistenten „Alex" in der Buchhaltung, der Rechnungen prüft, oder „Sara", die Personaler bei Bewerbungsgesprächen unterstützt, indem sie im Hintergrund Notizen und Analysen liefert. Diese **Vermenschlichung** kann helfen, Berührungsängste abzubauen, birgt aber zugleich die Gefahr, der KI *zu viel* Persönlichkeit zuzuschreiben. Letztlich bleibt sie ein Werkzeug, auch wenn sie im Team agiert.

Die **Teamstruktur** muss oft angepasst werden. Wiederkehrende Tätigkeiten wandern zur KI, während der Mensch mehr koordinierende oder überprüfende Aufgaben übernimmt. In Projekten entstehen neue Rollen wie der *KI-Koordinator* oder *AI Trainer*: Personen, die speziell dafür verantwortlich sind, die KI-Systeme zu überwachen, mit Daten zu füttern und die Ergebnisse zu interpretieren. Ein Datenanalyst wird z.B. zum *„AI-Editor"*, der die von der KI erstellten Berichte auf Plausibilität prüft und mit seinem Fachwissen anreichert. **Hierarchieverschiebungen** treten besonders dort auf, wo KI-Systeme Entscheidungen vorschlagen oder sogar automatisiert treffen. Ein extremes Beispiel ist die **algorithmische Personalsteuerung**: Beim Logistikriesen Amazon etwa überwachen KI-Systeme die Leistung von Lagerarbeitern bis ins Detail und können Abmahnungen oder sogar automatisierte Kündigungen auslösen, wenn Vorgaben nicht erfüllt werden. Plötzlich fühlen sich Mitarbeiter nicht mehr von einem menschlichen Vorgesetzten beurteilt, sondern von einer unbarmherzigen Software. Das erzeugt enorme Spannungen: Laut einer internationalen Befragung fühlten sich Amazon-Beschäftigte durch das permanente KI-Monitoring *„gestresst, unter Druck, ängstlich, wie ein Sklave, wie ein Roboter und für unwürdig befunden"*. Dieser Fall zeigt eine Schattenseite asymmetrischer Mensch-KI-Teams: Wenn die KI als **Kontrollinstanz** eingeführt wird, ohne menschliche Ansprechperson, leidet das Vertrauen und die Arbeitszufriedenheit dramatisch. Allgemein gilt: **Transparenz und menschlicher Kontakt** bleiben wichtig, selbst wenn eine KI formal die Auswertung übernimmt. Viele Unternehmen reagieren daher und stellen sicher, dass trotz KI-gestütztem Monitoring immer ein menschlicher Manager ansprechbar bleibt und die endgültigen Entscheidungen (etwa Kündigungen) nicht **blind der KI überlässt**.

Vertrauen und Akzeptanz: Vertrauen ist das A und O in jedem Team – doch wie vertraut man einem System, das keine Emotionen zeigt und dessen „Denken" oft einer Black Box gleicht? Studien zeigen, dass Menschen zu Beginn meist **weniger Vertrauen in einen neuen KI-Teamkollegen haben als in einen menschlichen Neuzugang.** Dieses Misstrauen ist verständlich: Die KI kann ihre Kompetenz nicht auf die herkömmliche Weise beweisen (etwa durch zwischenmenschliche Interaktion oder das Ansehen früherer Referenzen). Vertrauen muss sich hier durch konsistente Leistung und Transparenz aufbauen. Allerdings gibt es auch den gegenteiligen Effekt, die sogenannte **Automationsbias:** Menschen neigen dazu, den Vorschlägen der KI *zu sehr* zu vertrauen – insbesondere wenn sie wenig Expertise im betreffenden Bereich haben – und folgen der Maschine selbst dann, wenn diese offensichtlich falsch liegt. Dieses Übervertrauen wurde beispielsweise in Experimenten zur gemeinsamen Entscheidungsfindung festgestellt: Probanden, die mit einer KI diagnostische Entscheidungen trafen, ließen sich von falschen KI-Empfehlungen oft in die Irre führen, selbst wenn eine einfach zugängliche Erklärung der KI-Entscheidungsgrundlage vorlag. **Das ideale Vertrauen** in eine KI ist also *kalibriert*: Die Teammitglieder müssen lernen, wann die KI verlässlich ist und wann

Skepsis geboten bleibt. Dafür sind *Transparenz-Features* nützlich – etwa Anzeigen, mit welcher Sicherheit die KI eine Empfehlung gibt, oder kurze Erklärungen, wie es zu einem Vorschlag kam. Tatsächlich fanden Forscher heraus, dass **Interfaces mit KI-Vertrauensanzeigen** (z.B. einer prozentualen Sicherheitsangabe) und verständlichen Erklärungen die gemeinsame Leistung verbessern und das Vertrauen der Nutzer stärken. Wichtig ist, dass solche Erklärungen gut in den Arbeitsfluss integriert sind und nicht überfordern: Zu viele Rückfragen der KI an den Nutzer können z.B. kontraproduktiv sein und die Akzeptanz mindern.

Neben dem individuellen Vertrauen spielt auch die **Akzeptanzkultur im Unternehmen** eine Rolle. Fühlen sich Mitarbeiter durch KI eher bedroht oder unterstützt? Hier gibt es unterschiedliche Reaktionen. Einerseits sehen viele Beschäftigte KI positiv: In einer globalen Manager-Umfrage betrachteten 60 % KI nicht als Bedrohung, sondern als **Kollegen** – und dort, wo Firmen bereits viel Wert aus KI schöpfen, gaben sogar 85 % der Befragten an, **persönlich** von KI-Unterstützung zu profitieren. Andererseits herrscht verbreitet Verunsicherung: Laut einer LinkedIn-Studie aus 2024 gaben 53 % der Angestellten an, dass sie die Nutzung von KI-Tools lieber *verbergen*, aus Angst, sonst als ersetzbar zu gelten. Erschreckende 41 % der befragten Millennials und Gen Z sagten sogar, sie hätten aktiv KI-Initiativen im Unternehmen **sabotiert**, indem sie die bereitgestellten Tools absichtlich nicht. Solche Zahlen zeigen, wie **psychologisch sensibel** das Thema ist. Wenn Mitarbeiter befürchten, sich selbst überflüssig zu machen, indem sie KI einsetzen, entsteht ein gefährlicher Teufelskreis: Aus Angst wird KI boykottiert, dadurch bleibt die Produktivität hinter den Möglichkeiten zurück, was wiederum den Druck erhöht. Unternehmen müssen diesem Phänomen durch **offene Kommunikation und Weiterbildung** begegnen. Entscheidend ist die Botschaft: *KI soll dich unterstützen, nicht ersetzen.* Werden die Vorteile für den Einzelnen greifbar – etwa weniger lästige Routinearbeit und mehr Raum für kreative Aufgaben – steigt die Akzeptanz. Zudem helfen Schulungen, Berührungsängste abzubauen und Mitarbeitern das Gefühl zu geben, die Kontrolle über die Technik zu behalten. Ein transparenter Umgang mit Erfolgen und Misserfolgen der KI im Team schafft Vertrauen: Wenn Kollegen offen darüber sprechen können, wann die KI hilfreich war und wann sie Unsinn produziert hat, entsteht eine konstruktive Fehlerkultur im Umgang mit dem „elektronischen Kollegen".

Fallbeispiel Teamarbeit: Ein aufschlussreiches Experiment untersuchte, wie unterschiedlich Teams auf einen neuen Teamkollegen reagieren, je nachdem ob dieser ein Mensch oder eine KI ist. In kleinen Zweier-Teams wurde entweder eine zusätzliche Person oder ein KI-Agent eingeführt und die Vertrauensbildung beobachtet. Das Ergebnis: **Mensch-KI-Teams zeigten anfangs ein niedrigeres Grundvertrauen** als rein menschliche Teams – die Teammitglieder waren bei der KI zurückhaltender, bis sie deren Leistungsfähigkeit erlebt hatten. Interessanterweise normalisierte sich das Vertrauen, sobald die KI mehrfach nützliche Beiträge geliefert hatte. Doch ein Aspekt blieb verschieden: Die Kommunikation mit dem KI-Teampartner war sachlicher und zielgerichteter, während beim menschlichen Partner mehr Smalltalk und zwischenmenschliche Absprachen stattfanden. Dieses Ergebnis legt nahe, dass **KI-Integration auch die Kommunikationskultur verändert**: effizienter und faktenbezogener, aber möglicherweise auf Kosten informeller Bindungen. Teams müssen daher bewusster darauf achten, den *sozialen Kitt* nicht zu verlieren – beispielsweise indem sie trotz KI-Assistenz regelmäßig Teamrunden machen, in denen menschliche Mitglieder sich austauschen und gemeinsam reflektieren, welche Rolle die KI spielen soll.

Zusammenfassend erzeugt die Einführung von KI in Teams sowohl **Herausforderungen** als auch **neue Möglichkeiten** für die Teamdynamik. Vertrauen will neu definiert werden, Kommunikationswege ändern sich und die traditionelle Rollenverteilung verschiebt sich. **Wichtig ist, dass der Mensch im Team sich nicht als Untergebener eines algorithmischen „Chefs" fühlt**, sondern die KI als hilfreiches Werkzeug oder Partner auf Augenhöhe betrachtet. Gelingt dies, kann ein KI-System tatsächlich wie ein guter Kollege wirken: zuverlässig in seiner Aufgabe, ergänzend zu den Fähigkeiten der anderen, aber nicht als Konkurrent um Anerkennung. Das setzt jedoch voraus, dass Verantwortlichkeiten klar geregelt sind – ein Thema, dem wir uns als Nächstes widmen.

Verantwortung und Haftung: Wer steht gerade, wenn die KI irrt?

In klassischen Teams ist meist eindeutig, *wer* für bestimmte Entscheidungen oder Fehler die Verantwortung trägt. Doch was passiert, wenn ein KI-System in die Entscheidungsfindung eingebunden ist? Kann man eine KI zur Rechenschaft ziehen, wenn etwas schiefläuft? Die klare juristische Antwort lautet: **Nein, eine KI kann nicht haften**, denn sie ist kein

Rechtssubjekt. *Verantwortung muss also immer bei menschlichen oder juristischen Personen liegen.* Diese einfache Feststellung hat in der Praxis komplexe Implikationen. Es gilt nämlich zu klären, **wo** die Verantwortung im Mensch-KI-Team verortet wird: beim Nutzer, beim Unternehmen, beim Hersteller der KI? Und wie verhindert man, dass am Ende niemand die Verantwortung übernimmt, weil alle sich auf die KI herausreden?

Zunächst zur **rechtlichen Lage**: Als Betreiber eines KI-Systems trägt in der Regel das **Unternehmen** die Hauptverantwortung. Setzt ein Unternehmen KI in seinen Prozessen ein, haftet es für Schäden oder Fehler, die dabei entstehen – genau wie es für Fehler seiner menschlichen Mitarbeiter haften würde. Bei vertraglichen Leistungen bedeutet das: **Liegt die KI daneben, haftet derjenige, der die KI eingesetzt hat**. Ein Beispiel: Ein Finanzberater lässt Standardkundenanfragen von einem KI-Chatbot beantworten. Gibt der Chatbot einen falschen Börsentipp, der beim Kunden zu Verlusten führt, so haftet das Beratungsunternehmen, als hätte einer seiner Angestellten den Rat erteilt. Ebenso im deliktischen Bereich (also bei unerlaubten Handlungen): Verursacht der KI-Einsatz bei Dritten einen Schaden, muss das Unternehmen dafür einstehen. Man stelle sich eine KI in der medizinischen Diagnostik vor, die einen Tumor übersieht, woraufhin der Patient zu spät behandelt wird – hier würde das Krankenhaus bzw. der Arzt in der Verantwortung bleiben, nicht die KI.

Eine zweite Ebene ist die **Herstellerhaftung**. Wenn die Ursache eines Fehlers auf einen Mangel der Software zurückzuführen ist – also einen Bug oder ein schlecht konzipiertes Modell – kann der Hersteller der KI zur Rechenschaft gezogen werden. Diese **Produkthaftung** greift analog wie bei einem Fahrzeug mit Bremsdefekt: War die KI „fehlerhaft", können Geschädigte den Entwickler bzw. Anbieter belangen. Allerdings ist in der Praxis oft schwer abzugrenzen, ob ein schädlicher Fehler von der KI-Technologie an sich herrührt oder von der spezifischen Nutzung bzw. den Daten, mit denen sie gefüttert wurde. Hier werden in Zukunft Gerichte und der Gesetzgeber genau hinschauen müssen. In Europa ist man bereits dabei, die Rechtsrahmen anzupassen – u.a. durch eine Novellierung der Produkthaftungsrichtlinie, die ausdrücklich KI mit einbezieht.

Und die **Teammitglieder selbst**? Haften nun Sachbearbeiter oder Ärzte persönlich, wenn sie mit Hilfe einer KI eine falsche Entscheidung treffen? Im Normalfall nicht persönlich – solange sie nicht grob fahrlässig handeln. Der Jurist unterscheidet hier:

Befolgt der Mitarbeiter die üblichen Sorgfaltspflichten (z.B. überprüft er kritische KI-Ergebnisse nochmal selbst) und es passiert dennoch ein Fehler, haftet sein Arbeitgeber. Nur wenn ein Anwender die KI erkennbar unsachgemäß nutzt oder Warnungen ignoriert, könnte ihm persönlich ein Vorwurf gemacht werden. Allerdings entbindet Unwissenheit nicht von Verantwortung: **Unternehmen müssen dafür sorgen, dass ihre Mitarbeiter im Umgang mit KI ausreichend geschult sind.** Es reicht also nicht, eine KI einzuführen – man muss dem Team auch beibringen, wie man korrekt mit ihr umgeht, damit im Ernstfall niemand sagen kann, er habe den „Ratschlag der KI" eben blind übernommen.

Abseits juristischer Haftung stellt sich **organisatorisch** die Frage: Wer *trifft* im Team letztlich die Entscheidungen, wenn die KI involviert ist? Verlassen wir uns auf das Urteil der Maschine, oder bestätigt ein Mensch jeden Schritt? Viele Unternehmen definieren daher klare Prozesse der **Menschen-in-der-Schleife** (*Human-in-the-loop*): Kritische Entscheidungen – z.B. Kreditbewilligungen, Diagnosen, Personalentscheidungen – müssen von einem menschlichen Verantwortlichen freigegeben werden, selbst wenn eine KI sie vorbereitet hat. Damit bleibt die letzte Entscheidung beim Menschen, der damit auch bewusst Verantwortung übernimmt. Dieses Prinzip schiebt einem möglichen **„Verantwortungsdiffusions"-Effekt** einen Riegel vor. Denn ein großes Risiko in Mensch-KI-Teams ist die Versuchung zur gegenseitigen Verantwortungsabschiebung: Menschen könnten geneigt sein zu sagen, *„Die KI hat es ja so vorgeschlagen, ich habe nur befolgt"*, während andererseits Entwickler auf die Anwender verweisen könnten, *„Unsere KI gibt nur Empfehlungen, der Nutzer hat die Entscheidung getroffen"*. Ohne klare Regeln läuft man Gefahr, dass im Fehlerfall jeder auf den anderen – oder bequem auf einen stummen Dritten, die KI – zeigt. So ein **„KI-Sündenbock"-Szenario** ist nicht rein hypothetisch: Erste Untersuchungen in Unternehmen zeigen, dass bei Fehlschlägen gerne die Technologie verantwortlich gemacht wird (*„die Algorithmen waren schuld"*), was zu einer Entlastung der beteiligten Menschen führt. Um dem entgegenzuwirken, braucht es eine **Kultur der Verantwortlichkeit**: Teams müssen intern absprechen, wer welche Prüfschritte übernimmt, und Führungskräfte müssen klar kommunizieren, dass die Nutzung von KI nicht die persönliche Sorgfaltspflicht ersetzt. Oft wird empfohlen, in Projekten mit starker KI-Beteiligung einen *Verantwortlichen für KI-Ergebnisse* zu benennen – jemand, der auch dann den

Kopf hinhält, wenn die automatisierte Komponente versagt.

Ein weiterer Aspekt sind **ethische und regulatorische Leitplanken**, die Verantwortung proaktiv verorten. Die EU arbeitet mit Hochdruck an entsprechender Regulierung. Der **EU AI Act** – ein EU-Gesetz für KI, das voraussichtlich in Kraft tritt – schreibt für bestimmte (hochrisikoreiche) KI-Systeme strenge Auflagen vor, u.a. dass **menschliche Aufsicht** gewährleistet sein muss, Risiken laufend bewertet werden und die Systeme transparent funktionieren. So soll ausgeschlossen werden, dass etwa eine KI im medizinischen Bereich völlig autonom kritische Entscheidungen trifft, ohne dass ein Mensch eingreift. Auch müssen Betreiber offenlegen, *dass* ein KI-System eingesetzt wird – ein Gebot der Transparenz, das z.B. Chatbot-Interaktionen betrifft (der Gesprächspartner soll wissen, ob er mit einem Menschen oder einer KI spricht). Diese Regulierung setzt letztlich den Rahmen: Die Verantwortung bleibt beim Entwickler (für die Einhaltung technischer Standards) und beim Anwender/ Unternehmen (für den konkreten Einsatz). Eine KI kann man nicht verklagen – wohl aber die Firma dahinter, wenn sie ihre Aufsichtspflicht verletzt.

Für die Praxis in Mensch-KI-Teams ergeben sich daraus folgende **Leitlinien**: Erstens, die Rolle der KI im Team klar definieren (Werkzeug vs. Entscheidungsträger) und entsprechend Verantwortliche benennen. Zweitens, immer einen „Not-Aus"-Knopf bereithalten: Das Team muss die Möglichkeit haben, eine KI abzuschalten oder zu überstimmen, wenn sie offensichtlich falsch liegt oder unerwartet agiert. Drittens, Fehler der KI als Teamfehler behandeln – nicht als Gelegenheit, Schuld abzuwälzen. Wenn beispielsweise ein KI-gestütztes Prognosemodell falsche Zahlen geliefert hat, sollte das Team analysieren, *warum* die falschen Daten ungeprüft blieben, anstatt pauschal „der Algorithmus" verantwortlich zu machen. Dieses gemeinsame Lernen aus Fehlentscheidungen fördert eine gesunde Fehlerkultur und verhindert, dass das Team die KI entweder blindlings überschätzt oder sich im Krisenfall hinter ihr versteckt.

Zusammengefasst trägt in der neuen Zusammenarbeit Mensch-KI **weiterhin der Mensch die moralische und rechtliche Last der Verantwortung**. Die KI ist trotz aller Autonomie letztlich ein vom Menschen geschaffenes und eingesetztes Instrument. Diese Einsicht ist wichtig, um die Aufgaben- und Entscheidungsstrukturen im Team sinnvoll zu gestalten. Ist allen Beteiligten klar, wer wofür geradesteht, kann KI das Team bereichern, ohne dass

Verantwortlichkeiten im Nebel verschwinden. Und mit klarer Verantwortung geht auch die Frage einher, wie man die Zusammenarbeit technisch gestaltet – denn die beste Absicht nützt wenig ohne geeignete **Tools und Schnittstellen**, die Mensch und KI reibungslos verbinden.

Technologische Grundlagen: Tools, Architekturen und Schnittstellen für das Mensch-KI-Team

Damit Mensch und KI produktiv Hand in Hand arbeiten können, braucht es die richtigen **technischen Voraussetzungen**. Analog zu einem menschlichen Teammitglied muss die KI *eingearbeitet* werden – in ihr Arbeitsumfeld integriert, mit den nötigen Informationen versorgt und so gestaltet, dass ein effizienter Austausch stattfinden kann. Dieser Abschnitt beleuchtet die wichtigsten technischen Bausteine, die eine reibungslose Kollaboration ermöglichen: von speziellen Software-Tools über Systemarchitekturen bis hin zu intuitiven Benutzeroberflächen.

Schnittstellen und Benutzeroberflächen: Ein zentraler Erfolgsfaktor ist, *wie* die KI mit den Menschen interagiert. Die Schnittstelle – ob grafisch, sprachbasiert oder physisch – bestimmt, wie intuitiv und effizient der Austausch läuft. Moderne KI-Assistenten setzen vermehrt auf **natürliche Kommunikationsformen**: Chatbots beispielsweise verstehen und erzeugen natürliche Sprache, sodass Teammitglieder ihnen Fragen stellen können, als würden sie mit einem Kollegen chatten. Dieser Trend zu **Conversational Interfaces** (etwa in Form von ChatGPT-ähnlichen Systemen) senkt die Hürde, KI in die täglichen Abläufe einzubinden. In der Praxis bedeutet das: Ein Marketingspezialist kann einer generativen KI per Texteingabe beauftragen, „Schlage fünf Slogans für unser neues Produkt vor", anstatt selbst komplizierte Befehlszeilen zu programmieren. Auch **Sprachassistenten** im Büro – von Alexa bis zu spezialisierten KI-Sekretären – erlauben freihändige Interaktion: Man bittet z.B. im Meeting den Assistenten laut um eine bestimmte Statistik, und dieser liest die Zahl direkt vor. Visuelle Interfaces spielen ebenfalls eine Rolle: In Design-Teams werden KI-Systeme direkt in Kreativsoftware integriert (z.B. als Plugin in Photoshop), wo sie per Klick Varianten eines Entwurfs generieren, die der Designer dann bewertet. Wichtig bei all dem ist, dass die **Usability** stimmt: Die Oberfläche sollte Feedback geben, wenn die KI arbeitet, die Ergebnisse nachvollziehbar präsentieren und dem Nutzer Optionen zur Feinsteuerung geben. Forschung im Bereich *AI-Experience-Design* betont, dass **vertrauenswürdige, emotional stimmige Interfaces** entscheidend dafür sind, ob Nutzer die KI als Teampartner akzeptieren. Ein Beispiel guter Schnittstellengestaltung ist die Anzeige von **KI-Selbstvertrauen**: Wenn ein KI-System etwa in einer medizinischen Diagnose 95 % sicher ist, sollte dies in der UI sichtbar gemacht werden (etwa durch einen farbigen Indikator), damit der Arzt weiß, wann er besonders wachsam sein muss und wann die Empfehlung vermutlich zutreffend ist.

Tool-Integrationen: KI-Kollaboration gelingt am besten, wenn KI-Tools nahtlos in die bestehenden **Arbeitsplattformen** integriert sind. Deshalb setzen viele Unternehmen auf Erweiterungen und Plugins statt auf isolierte KI-Systeme. Beispiele dafür sind **KI-Erweiterungen in Office-Software**: Microsofts „Copilot" integriert ChatGPT-Funktionen in die Office Suite, sodass in Word, Excel oder Teams per Knopfdruck KI-Hilfe verfügbar ist – sei es zum Formulieren eines Textes, Zusammenfassen einer langen E-Mail-Korrespondenz oder Ziehen von Erkenntnissen aus einer Tabelle. In Videokonferenzen können KI-Assistenten live Protokolle schreiben und Action Items extrahieren. All das passiert im Hintergrund innerhalb der üblichen Programme, die das

Team ohnehin nutzt. Dadurch fühlt sich die KI weniger wie ein Fremdkörper an, sondern wie ein zusätzliches Feature der bekannten Werkzeuge. **API-Architekturen** spielen hierbei eine große Rolle: Viele KI-Dienste (etwa Sprach- oder Bilderkennungs-KIs) werden über APIs bereitgestellt und können so in eigene Anwendungen eingebettet werden. Ein Team könnte zum Beispiel seine Projektmanagement-Software mit einer KI-Schnittstelle ausstatten, die automatisch die Stimmung von Kundenfeedback analysiert oder Projektrisiken aus Fließtext erkennt. Diese *hintergründige* Integration erlaubt es, dass die KI **kontinuierlich im Teamkontext mitläuft** und bei Bedarf ihre Outputs an die richtigen Stellen liefert.

Mensch-in-der-Schleife-Architekturen: Technologisch muss oft definiert werden, wann die KI **autonom handelt** und wann sie auf menschlichen Input wartet. Man spricht hier von verschiedenen Graden der *Automatisierung*: In *hochautomatisierten Szenarien* trifft die KI Entscheidungen selbstständig und informiert die Menschen lediglich (Beispiel: ein System, das selbstständig Servertraffic umleitet, wenn ein Ausfall droht, ohne erst um Erlaubnis zu fragen). In *Mensch-in-der-Mitte*-Szenarien (human-in-the-loop) hingegen pausiert die KI an definierten Punkten und fordert eine menschliche Bestätigung oder Eingabe an, bevor es weitergeht. Moderne **Kollaborationsarchitekturen** setzen oft auf flexible Kombinationen: Routinefälle entscheidet die KI alleine, Spezialfälle werden an Menschen eskaliert. Entscheidungsbäume und Machine-Learning-Modelle werden daher so entworfen, dass sie **Unsicherheiten erkennen** und dann gezielt einen Menschen einbinden. Ein Beispiel: Eine KI prüft Versicherungsschäden – bei eindeutigen Fällen reguliert sie automatisch, aber sobald die Fotos vom Schaden ungewöhnliche Merkmale zeigen oder die Schadensumme sehr hoch ist, schlägt das System Alarm und ein Mensch übernimmt. Solche Architekturen erfordern natürlich, dass der Übergang fließend und *datenmäßig vollständig* erfolgt: Der Mensch muss alle nötigen Infos erhalten, warum die KI unsicher ist, und was bereits analysiert wurde. Wird das gut gelöst, können Mensch und KI wirklich **Hand in Hand** Entscheidungen treffen: Die Maschine bearbeitet mit Hochgeschwindigkeit den Standard, und der Mensch steigt genau dort ein, wo es knifflig wird.

Kollaborative Robotertechnik: In Teams, die nicht nur rein digital, sondern auch physisch zusammenarbeiten (etwa in Produktion oder Pflege), kommt es auf die **Hardware-Architektur** an. *Cobots* wurden bereits erwähnt – ihre Technologie ist darauf ausgelegt, **Sicherheit und Ergonomie** im gemeinsamen Arbeitsraum zu gewährleisten. Sie verfügen über Sensoren (Kameras, Kraftsensoren etc.), die die Präsenz und Position von Menschen erkennen, und über Steuersoftware, die schnelle Reaktionen ermöglicht (z.B. Stopp innerhalb von Millisekunden bei Berührung). Die *physische Schnittstelle* ist hier oft simpel: der Mensch führt eine Bewegung aus, der Roboter reagiert entsprechend. Einige Cobots kann man sogar durch direktes Führen programmieren – man zeigt dem Roboterarm per Handführung, welche Bewegung er ausführen soll, und die Steuerungs-KI lernt diese Abläufe. So wird das Programmieren einer Maschine für den Werker intuitiv und gleicht eher dem Einarbeiten eines neuen Kollegen an der Werkbank. Solche technischen Kniffe haben die Hürde, Roboter im Team einzusetzen, erheblich gesenkt. Heute gibt es zahlreiche **Beispiele für reibungslose Mensch-Roboter-Teams**: von der gemeinsamen Montage großer Maschinen, bei der Mensch und Roboter abwechselnd Teile einsetzen, bis zur Pflege, wo Roboter etwa in Altenheimen Bewohner aus dem Bett heben (Kraftarbeit) und Pfleger sich um medizinische und emotionale Bedürfnisse kümmern (Kompetenzarbeit). Wichtig ist stets, dass **technische Schutzmechanismen** dafür sorgen, dass kein Mensch gefährdet wird und dass der Roboter ausreichend flexibel ist, um sich dem menschlichen Tempo und Unvorhergesehenem anzupassen.

KI-Co-Kreation und generative Tools: Eine spannende technische Grundlage für Zusammenarbeit ist in jüngster Zeit die **Generative KI**. Systeme wie GPT-4, DALL-E oder andere generative Modelle erlauben eine *iterative Co-Kreation*: Der Mensch gibt eine Eingabe (Prompt), die KI generiert einen Entwurf, der Mensch gibt Feedback oder verfeinert, die KI verbessert daraufhin den Output, und so fort. Diese Schleife – zum Beispiel beim gemeinsamen Schreiben eines Textes oder Entwerfen einer Grafik – macht die KI zu einem echten kreativen Partner. Technologisch bedarf es dafür *Benutzeroberflächen*, die diesen ständigen Wechsel unterstützen. Textgenerierende KI werden oft in Form von Chatdialogen implementiert, damit man direkt auf vorherige Antworten Bezug nehmen kann. Bildgenerierende KI-Tools bieten GUI-Optionen an: Etwa Schieberegler, um Varianten zu erkunden, oder die Möglichkeit, bestimmte Bildbereiche auszuwählen und nur dort Variationen zu erzeugen. Dadurch entsteht ein **Gestaltungsraum**, in dem Mensch und KI simultan tätig sind. Ein praktisches Beispiel: In der Produktdesign-Phase nutzt ein Team eine spezielle Co-Design-Software, in der ein *Generative Design AI-Modul* integriert ist. Die

Designer skizzieren grob eine Idee, die KI schlägt auf Knopfdruck zehn Varianten vor, der Designer wählt zwei davon aus und markiert Elemente, die ihm gefallen, die KI generiert daraufhin nochmal neue Vorschläge, die diese Elemente kombinieren. Solche Tools – etwa in der Architektur gibt es Prototypen wie *GAI-A*, ein generativer KI-Partner für die frühe Entwurfsphase – **erweitern die kreativen Fähigkeiten** eines Teams beträchtlich. Technisch gesehen erfordert das eine starke **Backend-Infrastruktur** (die KI-Modelle müssen viel Rechenleistung haben, am besten in der Cloud) und vor allem ausgefeilte Algorithmen, die mit unstrukturiertem Feedback umgehen können. Hier hat die Forschung in den letzten Jahren große Fortschritte gemacht, sodass KI nicht mehr nur stur Resultate auswirft, sondern auch *lernt, auf die menschliche Reaktion einzugehen*. Generative KI zeigt exemplarisch, dass **Ko-Kreativität** die wohl fortgeschrittenste Form der Mensch-KI-Zusammenarbeit ist: Maschine und Mensch entwerfen gemeinsam etwas Neues, was keiner alleine so geschaffen hätte.

Dateninfrastruktur und Wissensmanagement: Nicht zu vergessen: Eine KI im Team ist nur so gut wie die Daten und das Wissen, das sie speist. Daher gehört zu den technologischen Grundlagen auch, das

Wissenskapital eines Teams in für KI nutzbare Form zu bringen. Unternehmen investieren in **Wissensdatenbanken, Ontologien und strukturierte Datenspeicher**, damit KI-Systeme darauf zugreifen können. Beispielsweise könnte ein Beratungsunternehmen alle bisherigen Projektberichte in einer Datenbank sammeln; eine KI wird darauf trainiert, diese Berichte zu verstehen, um neuen Projektteams Best Practices oder ähnliche Fallstudien auf Anfrage liefern zu können. Solche internen KI-Tools verhalten sich quasi wie erfahrene Teammitglieder, die aus dem Erfahrungsschatz der Firma schöpfen. Die Herausforderung ist hier, die Datenqualität sicherzustellen (Fehler oder Bias in den Daten würden sich in KI-Empfehlungen fortsetzen) und den Datenschutz zu wahren, wenn etwa sensible Informationen verarbeitet werden. Technisch werden hierfür oft **hybride Architekturen** eingesetzt: Ein Large Language Model (LLM) dient als *Basis-KI*, die Sprachfähigkeiten und allgemeines Weltwissen hat, und spezielle Module greifen auf die firmeneigene Wissensdatenbank zu. Im Zusammenspiel kann dann z.B. ein Vertriebsmitarbeiter die KI fragen: *„Hatten wir schon einmal einen Kunden aus der Automobilbranche mit Problem X? Wie haben wir das gelöst?"* – die KI durchsucht die interne Wissensbasis und formuliert eine Antwort mit den gefundenen Lösungsansätzen, die der

Mitarbeiter dann nachprüft und anpasst. Dieses Konzept wird auch als „**Digitaler Wissens-Kollege**" bezeichnet.

Abschließend lässt sich festhalten, dass die Technik für Mensch-KI-Kollaboration inzwischen **reif und vielfältig** ist. Von Hardware (Robotern) über Software (Integrationen, Interfaces) bis Dateninfrastruktur stehen alle Puzzleteile bereit. Allerdings müssen sie **sorgfältig orchestriert** werden: Eine noch so clevere KI nützt wenig, wenn die Mitarbeiter keine gute Möglichkeit haben, mit ihr zu interagieren oder wenn sie isoliert ohne Anschluss an die Arbeitsprozesse läuft. Unternehmen, die hier investieren, setzen oft auf ein Prinzip der *kontinuierlichen Verbesserung*: Sie starten mit einer Basiskonfiguration, beobachten dann, wo Reibungen in der Zusammenarbeit auftreten, und justieren nach – sei es durch UI-Anpassungen, weitere Trainings der KI oder Prozessänderungen So nähert man sich schrittweise dem Idealbild an, in dem die Technik fast unsichtbar im Hintergrund ihre Dienste tut und Mensch und KI **wirklich als Team funktionieren.**

Ethische Dimensionen: Macht, Transparenz und Bias im Mensch-KI-Team

Wo Mensch und KI eng zusammenwirken, stellen sich unausweichlich **ethische Fragen**. Es geht um nichts Geringeres als die *Spielregeln* dieser neuen Zusammenarbeit: Wie verhindern wir ungerechte oder unmenschliche Praktiken? Wie sichern wir Transparenz und Fairness? Und wer hat letztlich die Kontrolle, wenn es hart auf hart kommt? In diesem Abschnitt betrachten wir die wichtigsten ethischen Herausforderungen – Machtasymmetrien, Intransparenz, Vorurteile – und überlegen, wie ein Mensch-KI-Team gestaltet sein muss, damit es unseren Wertvorstellungen entspricht.

Machtasymmetrien vermeiden: Technik ist nie neutral – wer sie einsetzt, kann Macht ausüben. Im Arbeitskontext besteht die Gefahr, dass KI-Systeme zu einem Instrument werden, das Machtgefälle verstärkt. Ein Beispiel haben wir bereits gesehen: das algorithmische Überwachen und Steuern von Mitarbeitern (etwa bei Amazon), wo Beschäftigte einer unnachgiebigen KI-Kontrolle unterworfen sind. Hier entsteht ein eklatantes Machtungleichgewicht: Die Entscheidungsmacht liegt faktisch beim System bzw. bei denjenigen, die es betreiben, während die betroffenen Menschen kaum Mitspracherecht haben. **Ethisch geboten** ist dagegen, KI so einzusetzen, dass sie *unterstützt* statt *unterdrückt*. Das bedeutet: Mitarbeiter sollten in den Auswahl und die Einführung von KI-Lösungen einbezogen werden, und es sollten **Mitbestimmungsrechte** verankert sein. In vielen Ländern, darunter Deutschland, pochen Betriebsräte bereits darauf, bei KI-Systemen, die Arbeitnehmer betreffen, mit am Tisch zu sitzen. So kann vereinbart werden, dass eine KI zwar Leistung auswertet, aber keine endgültigen personellen Maßnahmen ohne menschliche Prüfung erfolgen. Auch sollte für Mitarbeiter nachvollziehbar sein, nach welchen Kriterien die KI bewertet – hier schlägt die Brücke zur Transparenz. Ein weiterer Aspekt ist die **Zugangsgerechtigkeit**: Alle Teammitglieder sollten vom KI-Einsatz profitieren, nicht nur eine Elite. Wenn z.B. nur das Management Zugang zu einem mächtigen KI-Analysetool hat, die Sachbearbeiter aber nicht, verstärkt das eine Wissensasymmetrie. Besser ist, die Tools breiter verfügbar zu machen und Schulungen für alle anzubieten, damit nicht ein Teil des Teams vom anderen technologisch abgehängt wird. *Empowerment* lautet das Stichwort: KI sollte Macht **teilen**, indem sie mehr Menschen befähigt, fundierte Entscheidungen zu treffen, statt Macht zu konzentrieren.

Transparenz und Erklärbarkeit: Eine häufige Kritik an KI-Systemen – gerade solchen mit neuronalen Netzen – ist ihre **Black-Box-Natur**. Selbst Experten können nicht immer nachvollziehen, warum ein komplexes Modell eine bestimmte Entscheidung trifft. In einer Teamumgebung ist das problematisch: Wie soll ich meinem „KI-Kollegen" vertrauen oder seine Vorschläge beurteilen, wenn ich nicht verstehe, wie er denkt? Daher ist **Erklärbarkeit**(Explainable AI, XAI) ein zentrales ethisches Gebot. Für den praktischen Teamalltag heißt das: KI-Systeme sollten ihre *Gründe* offenlegen können, zumindest bis zu einem gewissen Grad. Einige moderne Ansätze liefern z.b. **saliente Highlights**: Ein KI-Bildklassifikator könnte auf dem Bild markierten, welche Regionen ihn zu der Annahme verleitet haben, es handle sich um z.B. einen Tumor oder einen defekten Fahrzeugteil. Ein Empfehlungsalgorithmus in der Personalabteilung könnte angeben, welche Qualifikationen und Erfahrungen eines Bewerbers besonders zu seiner Einschätzung beigetragen haben. Solche Transparenz schafft **Nachvollziehbarkeit** und ermöglicht dem Team, gemeinsam über KI-Entscheidungen zu diskutieren. Gleichzeitig muss man realistisch bleiben: Nicht jede hochentwickelte KI lässt sich in einfachen Worten erklären. Hier ist zu überlegen, wie viel Intransparenz tolerierbar ist. Eine Faustregel könnte sein: **Je folgenschwerer die Entscheidung, desto höher die Anforderungen an die Erklärbarkeit.** Bei einer KI, die nur Meeting-Termine vorschlägt, mag es egal sein, welches heuristische Verfahren dahintersteckt. Aber bei einer KI, die Kredite ablehnt oder medizinische Diagnosen stellt, sind *ex post* zumindest Prüfmöglichkeiten unerlässlich. Ethisch geboten ist auch die **Transparenz gegenüber Betroffenen**: Kunden, Patienten, Bürger – alle, die indirekt von den Entscheidungen eines Mensch-KI-Teams betroffen sind – haben ein Recht zu erfahren, wenn KI im Spiel war und wie das Team zu seinem Ergebnis kam. Das knüpft an die Prinzipien von Verantwortlichkeit an und stärkt insgesamt das Vertrauen in die neue Zusammenarbeit.

Bias und Diskriminierung verhindern: KI-Systeme übernehmen die Verzerrungen der Daten, mit denen man sie trainiert. Wenn in der Vergangenheit z.B. überwiegend Männer für eine Stelle eingestellt wurden, könnte ein Recruiting-Algorithmus weibliche Bewerber systematisch schlechter bewerten – ein klassischer **Datenbias**. Im Team kann das zu **unfairen Ergebnissen** führen, die von den menschlichen Mitgliedern vielleicht gar nicht bemerkt werden, wenn sie der KI vertrauen. Es ist ethisch daher unabdingbar, **Voreingenommenheiten aktiv zu adressieren.** Das beginnt schon bei der Entwicklung der KI: diverse und repräsentative Trainingsdaten, Bias-Tests und -Korrekturen, und bewusste Entscheidungen, welche Merkmale die KI *nicht* berücksichtigen darf (z.B.

Geschlecht, Ethnie in Bewerbungs-KIs). Doch auch im laufenden Betrieb eines Mensch-KI-Teams sollte man wachsam sein. Ein hybrides Team hat theoretisch sogar die Chance, Bias *gegenseitig zu korrigieren*: Der Mensch kann KI-Bias erkennen (z.B. merkt ein Personaler, dass die KI auffällig oft Kandidaten aus bestimmten Hochschulen bevorzugt – möglicherweise ein Proxy-Bias für sozioökonomischen Hintergrund) und gegensteuern. Umgekehrt kann die KI menschliche Bias kompensieren: Studien haben gezeigt, dass eine akkurate KI menschliche Urteilsfehler reduzieren kann – etwa könnte ein KI-System im Polizeibereich Entscheidungen von Beamten dahingehend prüfen, ob unbewusste Vorurteile mitspielen, und Alarm schlagen. Allerdings wurde auch beobachtet, dass **Mensch-KI-Zusammenarbeit Bias potenziell verstärken kann**, wenn beide dieselben Vorurteile teilen oder der eine den anderen darin bestärkt. Ein verzerrtes KI-Modell, das in einem Team unkritisch genutzt wird, kann den gesamten Entscheidungsprozess stärker verzerren, als es ein menschliches Team allein getan hätte. Diese Gefahr eines **Bias-Feedback-Loops** (die KI amplifiziert gruppenintern vorhandene Vorurteile) muss aktiv vermieden werden. Praktische Maßnahmen sind regelmäßige Audits der KI-Entscheidungen auf diskriminierende Muster, gemischte Teams (diverse Hintergründe, um blinde Flecken aufzudecken) und ggf. die Einbindung externer Prüfer oder Ethikräte bei sensiblen Anwendungen.

„Wer hat das Sagen?" – Die letzte Entscheidungsinstanz: Eine der tiefgreifendsten ethischen Fragen ist, ob wir bereit sind, Maschinen *final* über Menschen entscheiden zu lassen. Bisher lautet in fast allen Bereichen der Konsens: **Der Mensch muss letzte Instanz bleiben.** In „fast jeder Mensch-KI-Zusammenarbeit wird die endgültige Entscheidung von einem Menschen getroffen – und das ist nicht nur aus Haftungsgründen so, sondern spiegelt ein moralisches Prinzip wider. Menschen besitzen Würde und Rechte, Maschinen nicht. Es wäre ethisch höchst problematisch, wenn z.B. ein vollautomatisiertes Gerichtsurteil ohne menschlichen Richter ergeht oder ein medizinisches System eigenständig entscheidet, wer welche Behandlung bekommt. Der Mensch bringt Werteabwägungen und moralisches Urteilsvermögen ein, was eine KI (als heutiges rein datengetriebenes System) nicht hat. Daher formulieren Ethik-Leitlinien weltweit, dass es **„meaningful human control"** geben muss – also eine sinnvolle, nicht nur pro-forma Aufsicht des Menschen über KI-Systeme, vor allem in sicherheitskritischen und menschenbezogenen Bereichen. In der Praxis bedeutet das: Das Team sollte vereinbaren, welche Entscheidungen niemals autonom von der KI getroffen werden. Beispielsweise kann ein Unternehmen festlegen, dass zwar die Produktionsanlage mithilfe von KI gesteuert wird, aber im Krisenfall (etwa Gefahr für Mitarbeiter) ein Mensch jederzeit eingreifen kann und soll. Oder ein Arzt delegiert vielleicht viel Diagnostik an KI, behält aber das letzte Wort, ob und wie eine Therapie erfolgt. **Die Autorität bleibt beim Menschen**, weil nur er verantwortlich gemacht werden kann (wie im vorherigen Abschnitt diskutiert) und weil wir ethisch davon ausgehen, dass nur Menschen moralische Entscheidungen legitim fällen können.

Allerdings gibt es auch **Grauzonen** und Diskussionen: Was ist, wenn KI nachweislich objektiver oder sicherer entscheidet als ein Mensch? Darf man dann die Maschine entscheiden lassen, um des besseren Ergebnisses willen? Einige argumentieren, dass z.B. im Straßenverkehr autonome Fahrzeuge irgendwann *ethisch geboten* sein könnten, wenn sie deutlich weniger Unfälle verursachen als menschliche Fahrer – selbst wenn damit die Kontrolle abgegeben wird. Solche Debatten zeigen, dass „wer hat das Sagen" kein statisches Dogma ist, sondern immer neu abgewogen werden muss. Im Kontext der beruflichen Identität – dem Thema dieses Buches – spielt aber auch eine Rolle, dass Menschen das **Bedürfnis nach Autonomie** haben. Wer im Job nur noch ausführende Marionette eines KI-Systems wäre, verliert an Motivation und Sinnempfinden. Daher ist es auch aus dieser psychologisch-ethischen Sicht richtig, den Menschen die Zügel in der Hand zu lassen. **KI sollte wie ein Copilot fungieren, nicht wie ein Autopilot ohne Aufsicht.**

Werte und Unternehmensethik: Schließlich sei erwähnt, dass jedes Mensch-KI-Team innerhalb eines Wertekanons operieren sollte, der idealerweise im Unternehmen verankert ist. Viele Firmen entwickeln derzeit **AI-Ethik-Richtlinien**, in denen sie festhalten, wofür und wie sie KI einsetzen wollen. Darin finden sich Prinzipien wie Fairness, Transparenz, Datenschutz, aber auch Hinweise auf menschliche Übersichtsrollen. Wenn solche Leitplanken vorhanden sind und aktiv gelebt werden, haben es die einzelnen Teams leichter, sich im Alltag daran zu orientieren. Ein Team könnte z.B. in sein „Team Charter" aufnehmen, dass KI-Vorschläge immer diskutiert werden müssen und kein Teammitglied sich auf die KI berufen darf, um eine Entscheidung zu rechtfertigen, ohne eigene Begründung. Oder man legt fest, dass die KI *niemals* zur reinen Überwachung von Leistung eingesetzt wird, sondern nur zur Unterstützung. **Ethik muss im Kleinen gelebt werden** – das beste Regelwerk nützt nichts, wenn die Teammitglieder nicht dahinterstehen. Daher gehört zur ethischen Dimension auch die ständige Reflexion im Team: *Tun wir das Richtige mit und durch die KI?* Diese Frage sollte Platz haben, z.B. in Retrospektiven oder Workshops, in denen Erfahrungen ausgetauscht und ggf. Probleme angesprochen werden können (etwa: Fühlt sich jemand durch die KI-Feedbacks unfair behandelt? Gibt es Bedenken, dass die KI etwas Wichtiges nicht „versteht", was ein Mensch verstehen würde?).

Die **ethische Verantwortung** zieht sich damit wie ein roter Faden von der Organisation bis ins kleinste Team. Technologie bietet Werkzeuge an – was wir daraus machen, liegt an uns. Mensch-KI-Zusammenarbeit muss aktiv gestaltet werden, um human, gerecht und vertrauenswürdig zu bleiben. Die gute Nachricht ist: Wenn wir diese ethischen Aspekte berücksichtigen, erhöhen wir nicht nur die moralische Qualität der Zusammenarbeit, sondern meist auch deren Effektivität – ein fair genutztes, transparentes KI-System gewinnt eher das Vertrauen der Nutzer und führt zu besseren Entscheidungen. Im abschließenden Teil dieses Kapitels wollen wir nun resümieren, **wo die Zusammenarbeit von Mensch und KI besonders glänzt und wo sie an ihre Grenzen stößt**, und welche

Lehren wir daraus für unsere berufliche Identität ziehen können.

Kritische Reflexion: Wo Zusammenarbeit gelingt – und wo ihre Grenzen liegen

Die Reise durch die **neue Zusammenarbeit von Mensch und KI** hat gezeigt: Dieses Teamwork birgt ein enormes Potenzial, aber es ist kein Selbstläufer. **Wo funktioniert die Kooperation also besonders gut, und wo sehen wir bislang die größten Hürden?** Eine reflektierte Betrachtung dieser Frage hilft uns, realistische Erwartungen an die Zukunft zu formulieren.

Chancen und Erfolge: Überall dort, wo Mensch und KI **komplementäre Stärken** einbringen, entfaltet sich der größte Nutzen. Wenn Routine und Präzision der Maschine auf Kreativität und Kontextverständnis des Menschen treffen, entsteht oft mehr als die Summe der Teile. Beispiele wie die *90 %* Trefferquote beim gemeinsamen Bestimmen von Vogelarten oder die beschleunigte Softwareentwicklung mit KI-Pair-Programmingillustrieren, dass **Effizienz und Qualität steigen können**, wenn jeder – Mensch wie KI – das tut, was er am besten kann. Besonders **generative KI** hat jüngst gezeigt, wie fruchtbar eine solche Kooperation sein kann: Designer, Texter oder Musiker, die KI als Sparringspartner nutzen, berichten von gesteigerter Produktivität und neuen Ideen, die sie alleine nicht gehabt hätten. Im Bereich der **Inhaltserstellung** fanden Studien in der Tat einen positiven Synergieeffekt: Mensch-KI-Teams übertrafen hier sowohl reine Mensch- als auch reine KI-Leistungen. Das iterative Hin und Her – die KI schlägt vor, der Mensch lenkt, die KI verbessert – scheint kreatives Potential freizusetzen, das weder der menschlichen noch der künstlichen Seite allein zugänglich war. Auch in der Medizin deuten sich echte Fortschritte an: Kombiniert man die *schnelle Mustererkennung* moderner Diagnostik-KIs mit der *klinischen Erfahrung* von Ärzten, können Krankheiten teils früher und sicherer erkannt werden als zuvor. Ein weiterer Erfolgspunkt ist die **Entlastung von monotoner Arbeit**: Viele Berufstätige erleben bereits heute, dass sie dank KI weniger Zeit mit ermüdenden Routineaufgaben verbringen und sich mehr den interessanten Teilen ihrer Arbeit widmen können – das steigert die Zufriedenheit und letztlich auch die Qualität der Arbeit. Es lässt sich daher mit Fug und Recht sagen: **Wo Zusammenarbeit funktioniert, dort wird der Mensch *verstärkt*,** nicht ersetzt. Die eigene berufliche Identität kann sich sogar stärken, weil man sich auf höherwertige Tätigkeiten konzentriert und dabei von der KI unterstützt wird. Aus dem Arzt wird ein „Data-augmented Doctor", aus dem Handwerker ein „Smart Worker", aus dem Journalisten ein „Storyteller mit KI-Rechercheur" an seiner Seite. Viele, die diese Vorteile einmal kennengelernt haben, möchten die „KI-Kollegen" nicht mehr missen.

Grenzen und Lernfelder: Trotz aller Erfolgsgeschichten gibt es ebenso Bereiche, in denen die Zusammenarbeit (noch) **enttäuschende Ergebnisse** liefert oder auf fundamentale Grenzen stößt. Ein überraschender Befund kam von einer umfangreichen Analyse von 106 Studien: **Im Durchschnitt übertrafen Mensch-KI-Teams nicht die Leistung der jeweils besten Einzelakteure (sei es Mensch oder KI).** Oft war sogar die Kombination etwas schlechter als der beste allein arbeitende Mensch oder die beste allein laufende KI. Warum? Ein Hauptgrund ist die bereits diskutierte *Vertrauens- und Abstimmungsproblematik.* Wenn Menschen nicht wissen, wann sie der KI trauen können, entstehen Fehlentscheidungen – entweder man ignoriert gute KI-Vorschläge unnötig (Untervertrauen) oder folgt schlechten Vorschlägen blind (Übervertrauen). Dieses **Kalibrierungsproblem** ist eine zentrale Grenze: Es erfordert Training und Erfahrung auf Seiten der

Menschen, um KI richtig einzuschätzen, und zugleich technische Verbesserungen, damit KI ihre Unsicherheit besser kommuniziert. Bis dieses blinde Verständnis entwickelt ist, kann es passieren, dass ein sehr fähiges KI-System allein besser fährt als in der aktuellen Interaktion mit einem Menschen, der es nicht optimal nutzt. Ein Beispiel ist die erwähnte Erkennung gefälschter Hotelbewertungen: Die KI alleine erreichte 73 % Genauigkeit, aber in Kombination mit Menschen sank die Quote auf 69 % – die Menschen verschlechterten also das Ergebnis, vermutlich weil sie in manchen Fällen der KI misstrauten, wo sie richtig lag, und in anderen Fällen auf sie hörten, wo sie falsch lag. Hier zeigt sich: **Zusammenarbeit will gelernt sein**, auch mit einer Maschine. Es reicht nicht, KI einfach hinzuzuschalten; Teammitglieder müssen erst ein Gespür entwickeln, wie sie mit den KI-Empfehlungen umgehen.

Eine weitere Grenze liegt in den **menschlichen Fähigkeiten selbst**: Es gibt Tätigkeiten, in denen KI derzeit wenig ausrichten kann, sodass der Mensch nach wie vor *alleine* besser ist. Überall da, wo es um komplexe zwischenmenschliche Interaktion, Leadership, Empathie oder wirklich neuartiges abstraktes Denken geht, hat KI – Stand heute – keine eigenen Stärken. Versucht man trotzdem zwanghaft, KI einzubinden, kostet das mehr Zeit und Mühe, als es nützt. Man denke etwa an **Konfliktmoderation im Team**: Eine KI könnte vielleicht Gesprächszeiten messen oder neutrale Protokolle schreiben, aber das eigentliche Vermitteln zwischen zwei streitenden Kollegen erfordert emotionales Fingerspitzengefühl, das (noch) kein Algorithmus besitzt. Wenn man nun in jedem Konfliktmeeting zusätzlich einen KI-Analysten konsultieren wollte, würde das wohl eher ablenken. Ähnlich in **kreativen Strategieprozessen**: KI kann viele Daten liefern, aber welche Vision ein Unternehmen verfolgt, welche Kultur es prägen will – das sind zutiefst menschliche Wertentscheidungen. Es gibt also Domänen, wo **Zusammenarbeit derzeit an natürlichen Grenzen stößt**, weil die KI-Komponente nicht viel wertvolles beitragen kann. In solchen Fällen ist es manchmal besser, die KI *auszuschalten* und dem menschlichen Team freien Lauf zu lassen, anstatt krampfhaft eine „Teamarbeit" herzustellen, die ineffizient wäre.

Auch aus einigen **fehlgeschlagenen Projekten** lassen sich Lehren ziehen. So gab es beispielsweise Versuche, hochambitionierte KI-Systeme ohne ausreichende Einbindung der Anwender einzuführen – etwa IBMs Watson im medizinischen Bereich, das in der Onkologie letztlich scheiterte, weil es sich nicht gut in den Klinikalltag integrieren ließ und teils fragwürdige Therapieempfehlungen gab. Hier war nicht die KI-Technik an sich das Problem, sondern dass man ihre Fähigkeiten **überschätzt** und die nötige Zusammenarbeit mit den Ärzten **unterschätzt** hatte. Die Lektion: **Überzogene Erwartungen** können zu Enttäuschung führen. Man darf von einem KI-Assistenten nicht verlangen, ein perfekter Übermensch zu sein. Besser ist, klar einzugrenzen, wofür die KI da ist und wofür nicht. Eine gut funktionierende Mensch-KI-Zusammenarbeit zeichnet sich oft durch *Bescheidenheit* aus: Das Team weiß, wann es lieber auf KI-Unterstützung verzichtet und wann sie Gold wert ist.

Ein weiterer kritischer Punkt sind die **emotionalen und identitären Aspekte** für den Menschen. Wir dürfen nicht vergessen, dass Arbeit für viele Menschen mehr ist als Broterwerb – sie stiftet Identität, Selbstwert und soziale Kontakte. Wenn nun ein Teil der Arbeit an KI delegiert wird, kann das ambivalente Gefühle auslösen: Erleichterung einerseits, aber vielleicht auch das Gefühl, weniger gebraucht zu werden, andererseits. Einige Menschen könnten sich fragen: *„Was bleibt von mir übrig, wenn die KI alles Fachliche erledigt? Bin ich dann nur noch Aufpasser für die Maschine?"* Diese Ängste gilt es ernst zu nehmen. Die Zusammenarbeit funktioniert dort gut, wo Menschen das Gefühl haben, **dazuzulernen und zu wachsen** durch die KI – wo also der Mensch ebenfalls *aufgewertet* wird. Wo hingegen jemand erlebt, dass ihm stetig mehr Verantwortung entzogen und von der KI übernommen wird, kann ein Identitätsknick auftreten. Die bislang zititierten Befragungen – etwa die Zahlen zu Sabotage von KI-Tools– zeigen, dass solche Sorgen real sind. Die Grenze der Zusammenarbeit ist dort erreicht, wo der Mensch seine *Sinnhaftigkeit* im Team verloren glaubt. Dann wird KI nicht mehr als Hilfe, sondern als Störfaktor oder gar Bedrohung gesehen, und echte Kooperation ist kaum möglich. Daher ist ein Fazit: **Technische Integration allein genügt nicht, es braucht auch kulturelle Integration.** Die Teammitglieder müssen ihren Platz neben der KI (neu) definieren können. Idealerweise entsteht das Gefühl, gemeinsam mit der KI etwas zu erreichen, was man alleine nicht geschafft hätte – *nicht* das Gefühl, von der KI an den Rand gedrängt zu werden.

Ausblick: Wie wird sich diese Zusammenarbeit weiterentwickeln? Die Erfahrung lehrt, dass Mensch-KI-Teams besser werden, je länger sie zusammenarbeiten. Genau wie ein neues menschliches Team sich erst finden muss, gilt das auch mit KI. Wir stehen noch am Anfang einer Lernkurve. **Mit jeder**

Generation von KI-Systemen werden die Schnittstellen geschmeidiger, die Modelle erklärbarer und die Fähigkeiten breiter – was neue Formen der Kooperation erlaubt. Zugleich lernen immer mehr Berufstätige, wie man mit KI effizient umgeht (Stichwort *AI Literacy*). Möglicherweise werden künftige Teams eine noch selbstverständlichere Arbeitsteilung praktizieren, bei der KI wirklich wie ein Kollege mit definierter „Stellenbeschreibung" behandelt wird. Man spricht in diesem Zusammenhang vom Konzept der **Hybrid Intelligence**: die bewusste Kombination von menschlicher und künstlicher Intelligenz, sodass Schwächen ausgeglichen und Stärken potenziert werden. Unternehmen, die dies meistern, könnten einen echten Wettbewerbsvorteil erlangen. Und für Individuen heißt es, die eigene berufliche Identität so zu gestalten, dass sie KI nicht als Bedrohung empfindet, sondern als Bestandteil der eigenen Professionalität. Der Fiverr-CEO Micha Kaufman, dessen dramatische Worte dieses Kapitel eingangs eröffnet haben, formulierte letztlich einen positiven Aufruf: sich neue Fähigkeiten anzueignen, wie z.B: den effektiven Umgang mit *Prompting*, und die KI aktiv zu nutzen, um **„mehr zu erreichen mit dem, was wir haben"** Darin steckt die Vision eines Menschen, der *gemeinsam mit KI* wächst und seine Möglichkeiten erweitert.

Dennoch wird es weiterhin Aufgaben geben, in denen wir die KI lieber *ausschalten*. Und das ist in Ordnung. Zusammenarbeit bedeutet nicht, überall und um jeden Preis alles gemeinsam zu tun. Es bedeutet, **dort zusammenzuspielen, wo es sinnvoll ist**, und die Freiheit zu haben, getrennt zu agieren, wo es nötig ist. Unsere berufliche Identität in der Ära der KI wird davon geprägt sein, wie gut wir diese Balance finden. Der Mensch bleibt letztlich der Dirigent – die KI ein neues, mächtiges Instrument im Orchester. Die beste Musik entsteht, wenn jeder im Ensemble seine Rolle kennt und ausfüllt. Genau daran arbeiten wir: die Noten und Einsätze so zu verteilen, dass aus der neuen Zusammenarbeit eine harmonische und produktive Symphonie wird.

Kapitel 6: Der KI-Kompass – Wie wir Entscheidungen im digitalen Zeitalter treffen

Stellen wir uns eine Führungskraft an einem Montagmorgen vor. Auf ihrem Schreibtisch liegen

Berge von Daten, und ein KI-System präsentiert ihr eine Empfehlung: In welche Richtung soll das Unternehmen investieren? Die Entscheidung scheint klar – schließlich hat die KI Millionen von Datensätzen analysiert und eine Antwort errechnet. Doch die Managerin zögert. Verlässt sie sich auf ihr Bauchgefühl oder vertraut sie dem digitalen Kompass, der ihr den Weg weisen will? Dieser **KI-Kompass** ist zu einem festen Bestandteil moderner Entscheidungsfindung geworden. Im digitalen Zeitalter zeigt er uns die Richtung in einem Meer aus Informationen. Aber auch mit dem besten Kompass bleibt es letztlich der Mensch, der den Kurs bestimmen muss.

Entscheidungen sind das Herzstück unserer Arbeitswelt. Ob in der Chefetage, auf dem Fabrikboden oder im Kundendienst – täglich müssen unzählige Fragen beantwortet und Weichen gestellt werden. Traditionell basierten viele dieser Entscheidungen auf Erfahrung, Intuition und begrenzten Informationen. Doch nun, im Zeitalter von Big Data und künstlicher Intelligenz (KI), verändert sich die Art und Weise, wie wir zu unseren Entscheidungen gelangen, grundlegend. Datenanalyse-Tools und lernende Algorithmen versprechen eine neue Klarheit: Sie können in Sekundenbruchteilen Muster erkennen, Trends vorhersagen und Optionen durchrechnen, für die ein

Mensch Wochen bräuchte. Das verändert nicht nur die Geschwindigkeit der Entscheidungsfindung, sondern auch deren Logik und Dynamik. Wie wirkt sich das auf unseren Berufsalltag aus? Wie verändert KI die Entscheidungen von Managerinnen, Produktionsleitern oder Kundenberaterinnen? Und was bedeutet es für uns persönlich, wenn Maschinen mitentscheiden?

In diesem Kapitel gehen wir diesen Fragen auf den Grund. Wir untersuchen, welche Rolle Datenanalyse und KI heute bei strategischen wie operativen Entscheidungen spielen. Wir schauen uns an, wie sich Entscheidungslogiken in unterschiedlichen Bereichen – vom Management über die Produktion bis zum Kundenservice – wandeln. Dabei verlieren wir den Menschen nicht aus dem Blick: Was macht es mit unserem Gefühl von Autonomie und Verantwortung, wenn Entscheidungen zunehmend an intelligente Systeme delegiert werden? Empfinden wir Erleichterung, weil Routineentscheidungen abgenommen werden – oder fühlen wir uns entmündigt? Wir beleuchten neue Modelle der Entscheidungsfindung, in denen Mensch und KI jeweils unterschiedliche Rollen einnehmen, und fragen nach den Risiken, etwa wenn der Mensch nur noch scheinbar entscheidet und in Wahrheit die Maschine den Ton angibt. Natürlich betrachten wir auch die Chancen:

Bietet KI eine datenbasierte Klarheit, die uns voranbringt? Und wie gehen wir mit der Gefahr um, dass Algorithmen einseitig oder voreingenommen sein können? Ein Blick in die Geschichte zeigt zudem, dass technologische Umbrüche schon früher Entscheidungsprozesses verändert haben – was können wir daraus für die KI-Ära lernen? Schließlich geht es um uns: Welche Kompetenzen brauchen wir, um im KI-Zeitalter kluge und verantwortungsvolle Entscheidungen zu treffen?

Der **KI-Kompass** soll uns durch dieses Kapitel führen. Er steht sinnbildlich für die Hilfsmittel, die uns die künstliche Intelligenz an die Hand gibt. Doch wie bei einem echten Kompass gilt: Er kann die Richtung weisen, aber gehen müssen wir den Weg noch immer selbst.

Datengetriebene Entscheidungen: Strategie und Alltag im Wandel

Die Verfügbarkeit riesiger Datenmengen und leistungsfähiger KI-Systeme hat eine neue Ära des **evidenzbasierten Entscheidens** eingeläutet. Wo früher in Vorstandsetagen oft das Bauchgefühl oder die Erfahrung ausreichte, stützen sich Führungskräfte heute zunehmend auf datengestützte Analysen. Strategische

Entscheidungen – etwa die Erschließung neuer Märkte, Investitionen in Produkte oder langfristige Planungen – können mit KI-Unterstützung fundierter getroffen werden. Moderne Algorithmen durchforsten in Sekunden globale Marktdaten, Kundenpräferenzen und Trends. Sie erstellen Prognosen über mögliche Zukunftsszenarien: Wie entwickelt sich die Nachfrage im nächsten Jahr? Welche Risiken zeichnen sich am Horizont ab? Anstatt nur auf Intuition zu vertrauen, kann das Management verschiedene **Was-wäre-wenn-Szenarien** durchspielen, die von der KI simuliert werden. Eine internationale Umfrage aus jüngster Zeit zeigt, dass bereits fast die Hälfte aller Unternehmensleitungen KI-Tools in strategischen Planungsprozessen einsetzt – Tendenz steigend. Kein Wunder: Wenn KI-Analysen etwa voraussagen, dass ein bestimmter Markt zweistellig wächst oder dass ein Produkt in einer Region floppt, beeinflusst das die strategische Marschrichtung erheblich.

Doch nicht nur in der Chefetage, auch im operativen Alltag hat die Datenrevolution die Entscheidungsfindung verändert. In der Produktion zum Beispiel optimieren KI-Systeme die Abläufe in Echtzeit. Sensoren und Maschinen liefern kontinuierlich Daten über Temperaturen, Durchlaufzeiten oder Materialverschleiß. Eine KI kann auf Basis dieser Daten Entscheidungen treffen, die früher ein Schichtleiter per Sichtprüfung oder Routine entschieden hätte – etwa wann eine Maschine gewartet werden sollte oder wie die Fertigungskette bei Engpässen umgelenkt wird. Diese **operativen Mikroentscheidungen**, die im Sekundentakt gefällt werden, laufen heute oft automatisiert im Hintergrund. Ein Beispiel: Ein großer Automobilhersteller nutzt KI, um in der Montagelinie auftretende Qualitätsabweichungen sofort zu erkennen und Gegenmaßnahmen einzuleiten. Das System analysiert Kamerabilder und Sensordaten von jedem gefertigten Teil. Entdeckt es ein Muster, das auf einen beginnenden Fehler hindeutet, justiert es die Maschinen oder alarmiert Techniker – noch bevor der Ausschuss sich häuft. Dadurch sinken Fehlerquoten und Stillstandszeiten deutlich. Solche datengestützten Entscheidungen in Echtzeit wären einem menschlichen Entscheidungsträger allein weder in der Geschwindigkeit noch in der Präzision möglich.

Ähnlich revolutionär wirkt KI im Bereich der **Logistik und Planung**. Komplexe Lieferketten, bei denen Tausende von Aufträgen, Routen und Lagerbeständen koordiniert werden müssen, lassen sich mit KI-Algorithmen effizienter steuern. Systeme zur **optimierten Routenplanung** entscheiden etwa fortlaufend neu, welche LKW welche Strecke nehmen sollen, um Staus zu vermeiden und Lieferzeiten einzuhalten – dynamisch angepasst an Wetterdaten oder Verkehrsmeldungen. Im E-Commerce treffen Algorithmen Mikroentscheidungen über Preise und Produktempfehlungen: Ein Online-Shop kann mithilfe von KI sein Preisniveau mehrmals täglich automatisch justieren, je nach Nachfrage, Lagerbestand oder Konkurrenzangeboten. Solche operativen Entscheidungen sind klein und häufig, aber in ihrer Summe geschäftskritisch. KI ermöglicht es, diese Fülle an kleinen Stellschrauben kontinuierlich optimal einzustellen, während der Mensch den Überblick behält und nur noch eingreift, wenn nötig.

Wir sehen also: Von der großen Strategie bis zum Tagesgeschäft durchdringt datengetriebene Entscheidungsfindung unsere Arbeitswelt. **Strategische Entscheidungen** gewinnen an Tiefe, weil KI gewaltige Informationsmengen durchkämmt und Zusammenhänge aufzeigt, die dem Menschen verborgen geblieben wären. **Operative Entscheidungen** gewinnen an Tempo und Präzision, weil KI in Sekundenbruchteilen reagieren kann. Dadurch verschiebt sich die Rolle des Menschen: vom alleinigen Entscheider hin zum Kurator und Überwacher der KI-gestützten

Entscheidungsvorschläge. Führungskräfte sprechen heute vom „Augmented Decision Making" – dem erweiterten Entscheiden, bei dem menschliche Erfahrung und künstliche Intelligenz Hand in Hand gehen. Doch wie genau verändert sich das in den verschiedenen Bereichen eines Unternehmens?

Veränderte Entscheidungslogiken in verschiedenen Bereichen

Die Auswirkungen von KI auf Entscheidungsprozesse zeigen sich in nahezu allen Unternehmensbereichen. Drei Beispiele – **Management**, **Produktion** und **Kundenservice** – illustrieren, wie unterschiedlich die Veränderungen ausfallen können und wie tiefgreifend sie jeweils wirken.

Management: Algorithmische Führung und datengestützte Entscheidungen

Im Management vollzieht sich ein Wandel von der intuitiven zur **algorithmischen Entscheidungsfindung**. Führungskräfte haben heute Zugriff auf Dashboards und KI-Systeme, die Unternehmenskennzahlen in Echtzeit analysieren und Handlungsempfehlungen geben. Entscheidungen über

Budgetverteilungen, Projektpriorisierungen oder Personalplanung werden durch Daten untermauert: Wenn ein KI-System vorhersagt, dass in zwei Monaten die Verkaufszahlen einbrechen könnten, stellt sich für das Management nicht mehr die Frage *ob* reagiert werden muss, sondern nur noch *wie*. Die logische Konsequenz: Managerinnen und Manager beziehen in ihre Beschlüsse systematisch die Erkenntnisse aus Datenanalysen ein.

Gleichzeitig hält die **algorithmische Führung** Einzug. Dieser Begriff beschreibt, wie Computerprogramme inzwischen gewisse Führungsaufgaben übernehmen. In der sogenannten Gig Economy – etwa bei Fahrdienstleistern oder Lieferdiensten – werden Aufträge nicht mehr von Disponenten an Mitarbeiter vergeben, sondern von Algorithmen direkt an die App der Beschäftigten. Ein Beispiel: Bei einem Fahrdienst wie Uber entscheidet ein Algorithmus binnen Millisekunden, welcher Fahrer welchen Fahrgast als nächstes aufnimmt. Faktoren wie die Entfernung, die bisherige Auslastung oder Kundenbewertungen fließen in diese Entscheidung ein. Dem Fahrer erscheint die Zuteilung auf dem Smartphone, ohne dass ein menschlicher Vorgesetzter eingreifen würde. Ähnlich überwacht Amazon in seinen Logistikzentren die Leistung der Beschäftigten mittels KI: Systeme messen, wie viele Pakete pro Stunde gepackt werden, und können sogar automatisch Verwarnungen oder Pausenempfehlungen aussprechen. **Algorithmisches Management** dieser Art kann effizient sein und menschliche Vorgesetzte entlasten, birgt jedoch auch die Gefahr eines entmenschlichten Führungsstils. Mitarbeiter spüren manchmal nur noch die anonyme Hand des Algorithmus, der Takt und Zielvorgaben diktiert, was Fragen nach Transparenz und Fairness aufwirft.

Dennoch bieten KI-gestützte Entscheidungshilfen im Management große Chancen. Sie erlauben es, komplexe Zusammenhänge besser zu verstehen. So kann eine Führungskraft mithilfe einer KI erkennen, dass ein leichter Rückgang in der Kundenzufriedenheit heute sich in drei Monaten deutlich auf den Umsatz auswirken wird – eine Einsicht, die zuvor vielleicht im Datendschungel verborgen geblieben wäre. Die Entscheidungslogik im Management wird damit proaktiver und vorausschauender: Anstatt nur auf Probleme zu reagieren, können Manager dank KI Entwicklungen antizipieren und frühzeitig gegensteuern. Wichtig bleibt aber, dass die letzte Entscheidung – besonders bei strategischen Fragen oder in Personalangelegenheiten – weiterhin bewusst vom Menschen getroffen wird. KI liefert die

Kompassnadel, doch welcher Richtung letztlich gefolgt wird, sollte eine Abwägung bleiben, die menschliche Werte und Erfahrungen mit einbezieht.

Produktion: Selbstoptimierende Fabriken und autonome Steuerung

In Fabrikhallen und Werkstätten zeigt sich der Einfluss von KI vielleicht am deutlichsten in der veränderten Entscheidungslogik. Früher verließ man sich auf erfahrene Meister, die „im Gefühl" hatten, wann eine Maschine anders klingt und justiert werden muss. Heute sind Produktionsanlagen mit Sensoren gespickt, und eine KI überwacht permanent den **Zustand der Maschinen**. Das Konzept der **vorausschauenden Wartung** (Predictive Maintenance) ist ein anschauliches Beispiel: Anstatt in festen Intervallen zur Wartung zu schreiten oder erst nach einem Ausfall einzugreifen, entscheidet ein KI-System anhand von Vibrationsmustern, Temperaturdaten oder Leistungsabfällen eigenständig, wann der richtige Zeitpunkt für einen Komponentenwechsel gekommen ist. Diese Entscheidung fällt nicht mehr ein menschlicher Techniker allein – die KI gibt den Anstoß. Das Ergebnis: seltener unerwartete Stillstände und eine längere Lebensdauer der Anlagen.

Auch die Produktionssteuerung selbst wird zunehmend autonom. **Selbstoptimierende Fabriken** passen Parameter wie Produktionsgeschwindigkeit, Energieverbrauch oder Materialeinsatz automatisch an wechselnde Bedingungen an. Bemerkt das System etwa, dass sich in einem Produktionsschritt ein Rückstau bildet, entscheidet es, kurzfristig zusätzliche Ressourcen dorthin zu lenken oder den Output vorübergehend zu drosseln, um die Qualität zu sichern. Ein menschlicher Produktionsleiter fungiert immer mehr als Supervisor, der eingreift, wenn das System an seine Grenzen stößt oder wenn es Zielkonflikte gibt, die eine menschliche Abwägung erfordern (zum Beispiel Qualitätsanspruch vs. Stückzahlvorgabe bei Lieferdruck). Die klassische Entscheidungskette – Problem erkennen, Daten sammeln, Lösung auswählen – läuft in der smarten Fabrik größtenteils maschinell ab, und das in atemberaubendem Tempo.

Diese neue Entscheidungslogik in der Produktion hat Vorzüge: Sie reagiert schneller, oft rund um die Uhr, und kann viel mehr Informationen gleichzeitig verarbeiten als ein Mensch. Allerdings verlangt sie auch ein Umdenken vom Personal. Wo früher Erfahrung und Intuition zählten, sind heute **Datenkompetenz und technisches Verständnis** gefragt, um die Entscheidungen der KI nachzuvollziehen. Die

Belegschaft muss darauf vertrauen können, dass die automatischen Entscheidungen sinnvoll sind – und im Zweifel eingreifen dürfen. Insgesamt entsteht ein Zusammenspiel: Mensch und Maschine entscheiden gemeinsam über den Produktionsprozess, jeder mit seinen Stärken – der Mensch mit Überblick und Verantwortungsbewusstsein, die Maschine mit Geschwindigkeit und Präzision.

Kundenservice: Personalisierte Empfehlungen und automatisierte Helfer

Im Kundenservice stehen tagtäglich zahllose **kleine Entscheidungen** an: Welche Antwort erhält ein Kunde auf seine E-Mail-Anfrage? Wie priorisiert ein Call-Center-Mitarbeiter die Warteschlange? Welches Angebot macht man einem unzufriedenen Kunden zur Wiedergutmachung? KI-Systeme haben in diesem Bereich schnell Fuß gefasst, weil sie helfen, solche Entscheidungen konsistent und schnell zu treffen. Ein prominentes Beispiel sind **Chatbots**: Diese digitalen Assistenten entscheiden in Sekunden, welche Antwort aus einer Wissensdatenbank am besten zur Frage des Kunden passt. Fragt ein Kunde im Chat nach dem Stand seiner Bestellung, durchsucht der KI-basierte Bot die Datenbank und liefert autonom eine Antwort – ohne dass ein Mensch eingreifen musste. Erst wenn die

Anfrage zu komplex ist oder der Bot unsicher wird, wird ein menschlicher Serviceagent hinzugeschaltet. Hier erleben wir ein Entscheidungsmodell, in dem die Maschine vorentscheidet und der Mensch in Sonderfällen übernimmt.

Auch bei der **Personalisierung** von Kundeninteraktionen spielt KI eine Schlüsselrolle. Unternehmen sammeln Unmengen an Informationen über das Verhalten und die Vorlieben ihrer Kundschaft – sei es durch frühere Käufe, durch Nutzungsdaten einer App oder via Social Media. KI-Systeme werten diese Daten aus und treffen darauf basierend mikrofeine Entscheidungen: Welches Produkt schlägt man einem bestimmten Kunden heute auf der Startseite vor? Welche Formulierung einer Antwortmail dürfte bei diesem Gegenüber am besten ankommen? Sogar im Beschwerdemanagement helfen Algorithmen, indem sie zum Beispiel die Tonalität einer Kundenbeschwerde analysieren (Stichwort **Sentiment-Analyse**) und dem Servicemitarbeiter eine Entscheidungshilfe geben, ob ein Gutschein angebracht wäre oder ob eine Entschuldigung genügt. So werden Serviceentscheidungen gezielter und oft auch kundenindividueller.

Die Entscheidungslogik im Kundenservice verschiebt sich damit hin zu einer **Mensch-KI-Kollaboration**:

Routinefragen werden automatisiert entschieden, während Menschen sich verstärkt um Sonderfälle und zwischenmenschlich anspruchsvolle Situationen kümmern. Das erhöht die Effizienz – ein Chatbot kann gleichzeitig Tausende Anfragen beantworten, etwas, das ein menschliches Team nie schaffen würde. Gleichzeitig müssen Unternehmen darauf achten, dass durch automatisierte Entscheidungen nicht die Empathie verloren geht. Ein Algorithmus mag entscheiden, dass ein Kunde formal keinen Anspruch auf Kulanz hat; ein menschlicher Mitarbeiter könnte aber erspüren, dass hier aus Kulanz trotzdem ein kleines Entgegenkommen sinnvoll ist, um die Beziehung zum Kunden zu erhalten. Die Kunst wird darin liegen, automatisierte Service-Entscheidungen mit menschlichem Feingefühl zu verbinden. Kundenservice-Teams der Zukunft brauchen deshalb die Kompetenz, KI-Ausgaben richtig zu interpretieren und bei Bedarf mit emotionaler Intelligenz zu ergänzen.

Über alle Bereiche hinweg zeigt sich: KI verändert nicht monolithisch „die eine" Entscheidungslogik, sondern passt sich den Anforderungen des jeweiligen Feldes an. Ob Führung, Fertigung oder Kundenkontakt – überall dort, wo Entscheidungen zu treffen sind, unterstützt die Technologie, hat aber auch eigene Grenzen. Dies führt uns zur Frage, wie die Menschen, die mit diesen Systemen arbeiten, die Verlagerung von Entscheidungskompetenz eigentlich wahrnehmen.

Psychologische Perspektiven: Autonomie, Verantwortung und Sinn

So hilfreich KI-Unterstützung auch ist – für die Menschen, die tagtäglich mit diesen Systemen arbeiten, wirft sie tiefe **psychologische Fragen** auf. Eine der drängendsten ist die nach der **Autonomie**: Wie frei fühlen wir uns noch in unseren Entscheidungen, wenn ein Algorithmus mit am Tisch sitzt? Viele Beschäftigte erleben den Einsatz von KI zweischneidig. Auf der einen Seite kann es als Entlastung empfunden werden, wenn Routineentscheidungen abgenommen werden. Ein Kundenberater etwa muss nicht mehr selbst stundenlang Daten auswerten, um einem Kunden das passende Produkt anzubieten – diese Vorarbeit erledigt die KI, und er kann sich auf das Gespräch konzentrieren. Auf der anderen Seite berichten manche von einem Gefühl der Entmündigung: Wenn jede Handlung vom System vorgegeben wird („Nimm jetzt Paket A, bring es zu Regal B, du hast dafür 30 Sekunden"), schwindet das Gefühl, selbst zu gestalten. Psychologen wissen, dass **Autonomie ein**

Grundpfeiler der Arbeitszufriedenheit ist. Wenn Menschen das Gefühl haben, nur noch Befehlsempfänger einer Maschine zu sein, kann das zu Frustration, innerer Kündigung oder Widerstand führen. Man denke an die Warehouse-Mitarbeiter, deren Arbeitsschritte lückenlos von Algorithmen überwacht werden – nicht wenige empfinden das als übermäßige Fremdsteuerung.

Mit der Autonomiefrage eng verknüpft ist das Thema **Verantwortung**. In klassischen Entscheidungsprozessen war klar, wer die Verantwortung trug: der Mensch, der die Entscheidung getroffen hat. Doch was passiert, wenn die Entscheidung de facto von einer KI vorbereitet oder sogar vollzogen wurde? Viele fühlen sich auf der einen Seite *entlastet*: Die Verantwortung scheint geteilt oder verschleiert. Ein Bankangestellter könnte sagen: „Nicht ich habe den Kredit abgelehnt – das Scoring-System hat es so ausgespuckt." Diese Verschiebung kann aber eine gefährliche **Verantwortungsdiffusion** erzeugen. Wenn alle sich auf das Urteil der Maschine berufen, fühlt sich am Ende vielleicht niemand verantwortlich – besonders im Falle eines Fehlers. Gleichzeitig entsteht ein paradoxes Empfinden: Obwohl die KI entscheidet, bleibt oft der Mensch formal verantwortlich. Dieses Spannungsfeld kann zu Unsicherheit führen: Soll man lieber der KI folgen, um auf der sicheren Seite zu sein, oder sie überstimmen und dann das Risiko allein tragen? Einige Führungskräfte berichten, dass sie eher geneigt sind, riskante Entscheidungen zu treffen, wenn die KI eine positive Prognose liefert – im Glauben, später argumentieren zu können, man habe ja auf „wissenschaftliche Empfehlungen" gebaut. Doch was, wenn die KI falsch lag? Juristisch und moralisch ist bislang der Mensch am Drücker. Das kann zu einem Gefühl der Unfairness führen: Man folgt brav dem System, aber im Ernstfall haftet man allein.

Ein weiterer Aspekt ist die **Sinnhaftigkeit** der eigenen Arbeit. Entscheidungen zu treffen, Probleme zu lösen – das sind Tätigkeiten, aus denen viele Menschen Sinn und Selbstwirksamkeit schöpfen. Wenn diese Tätigkeiten immer häufiger an Maschinen delegiert werden, kann sich die Frage aufdrängen: „Wozu bin ich überhaupt noch da?" Ein erfahrener Diagnostiker könnte hadern, wenn eine KI schneller und vielleicht sogar präziser Krankheiten erkennt als er. Fühlt er sich entwertet oder befreit? Die Antworten fallen individuell verschieden aus. Manche freuen sich, dass sie durch KI-Unterstützung mehr Zeit für die zwischenmenschlichen oder kreativen Aspekte ihrer Arbeit haben. Andere beklagen, dass ihr Job an Substanz verliert, wenn die herausfordernden

Entscheidungen wegfallen und sie nur noch die Rolle eines Kontrolleurs oder Ausführenden einnehmen. Das **Erleben von Sinn** in der Arbeit hängt stark davon ab, ob man das Gefühl hat, etwas beitragen zu können, was zählt. Hier besteht die Gefahr, dass bei vollautomatisierten Abläufen das Gefühl für den eigenen Beitrag schwindet. Gleichzeitig entsteht aber auch neues Sinnpotenzial: Zum Beispiel in der Rolle als „Übersetzer" zwischen KI-System und Kunde oder als *Hüter* der ethischen Standards im Entscheidungsprozess. Diese neuen Aufgabenfelder können durchaus sinnstiftend sein, setzen aber voraus, dass Unternehmen sie anerkennen und fördern.

Interessant ist, wie unterschiedlich Menschen auf die Zusammenarbeit mit KI reagieren. Psychologen unterscheiden Phänomene wie den **Automatisierungs-Bias** und die **Algorithmus-Aversion**. Ersterer beschreibt die Tendenz, automatischen Empfehlungen vielleicht *zu* sehr zu vertrauen: Weil die KI angeblich objektiv und allwissend ist, werden ihre Entscheidungen seltener hinterfragt. Das kann dazu führen, dass Menschen in eine Art passive Rolle verfallen und Warnsignale übersehen. Ein berühmtes Beispiel sind Piloten, die im Zeitalter des Autopiloten verlernten, im Notfall selbst zu steuern – sie verließen sich zu lange auf die Technik. Übertragen auf den

Büroalltag: Wenn das KI-System immer die richtigen Trends vorhergesagt hat, neigt man dazu, irgendwann blind jeden Vorschlag abzunicken. Das Gegenteil, die Algorithmus-Aversion, tritt oft ein, wenn Menschen erleben, dass eine KI auch Fehler macht. Studien haben gezeigt, dass wir Maschinenfehler mit weniger Nachsicht begegnen als menschlichen Fehlern. Wenn ein Empfehlungsalgorithmus ein paar Mal unsinnig erschien, neigen manche Nutzer dazu, ihn komplett abzuschalten und wieder alles in Handarbeit zu machen – selbst wenn die Gesamtleistung der KI eigentlich gut ist. Beide Extreme sind problematisch: Sowohl blindes Vertrauen als auch generelles Misstrauen gegenüber KI-Entscheidungen können die Qualität der Zusammenarbeit zwischen Mensch und Maschine schmälern.

Letztlich sind **Autonomie, Verantwortung und Sinn** zentrale Dimensionen, die darüber entscheiden, ob wir KI als Bereicherung oder als Bedrohung in unserem Arbeitsleben empfinden. Unternehmen stehen vor der Aufgabe, hier ein Gleichgewicht zu schaffen: Den Menschen genug Freiraum zu lassen, damit sie sich nicht als Rädchen im Getriebe fühlen; klare Verantwortlichkeiten zu definieren, damit niemand in der Grauzone zwischen Mensch und Maschine verloren geht; und Aufgaben so zuzuschnüren, dass auch im KI-

Zeitalter jeder das Gefühl haben kann, etwas Bedeutsames zu tun. Dieser menschliche Blickwinkel ist unverzichtbar, wenn wir über neue Entscheidungsmodelle sprechen, in denen mal der Mensch, mal die Maschine – oder beide gemeinsam – das Sagen haben.

Neue Entscheidungsmodelle im Zusammenspiel von Mensch und KI

In der Praxis haben sich inzwischen verschiedene **Modelle der Zusammenarbeit** zwischen Mensch und KI bei Entscheidungen herausgebildet. Je nach Branche, Aufgabentyp und Risikolevel variiert der Grad, in dem die Maschine autonom entscheidet oder der Mensch das letzte Wort hat. Grob lassen sich drei Idealtypen unterscheiden:

1. **Der Mensch entscheidet auf Basis von KI-Informationen:** In diesem Modell fungiert die KI als Beraterin oder als intelligente Assistentin. Sie sammelt Daten, analysiert Optionen und präsentiert dem Menschen ihre Ergebnisse – doch die eigentliche Entscheidung trifft der Mensch bewusst selbst. Dieses Vorgehen findet

man zum Beispiel in der Medizin: Ein KI-System kann einem Arzt diagnostische Vorschläge machen oder auf bestimmte Muster in Röntgenbildern hinweisen, aber ob und welche Therapie eingeleitet wird, entscheidet der Arzt nach wie vor eigenständig. Ähnlich im Management: Die KI liefert Marktdaten und Prognosen, doch welche Strategie eingeschlagen wird, bestimmt das Führungsteam, oft unter Abwägung weiterer Gesichtspunkte (wie Firmenkultur oder Werte), die eine KI nicht erfassen kann. Man kann sich das Bild eines Piloten vorstellen, der modernste Navigationsgeräte nutzt – am Ende lenkt jedoch er das Flugzeug.

2. **Die KI trifft eine Vorentscheidung, der Mensch nickt ab:** Hier verschiebt sich die Balance ein Stück weiter zur Maschine. Die KI wertet nicht nur Daten aus, sondern gibt eine klare Empfehlung oder führt einen Schritt automatisch aus, und der Mensch hat primär eine Kontroll- oder Absegnungsfunktion. In einigen Fällen geschieht diese Absegnung routinemäßig, fast schon formal. Beispiel Finanzwesen: Eine Software stuft Kreditkunden anhand zahlreicher Merkmale als kreditwürdig

oder nicht ein. Der Sachbearbeiter sieht dann oft nur noch das Rating „grün" oder „rot" und bestätigt die Kreditvergabe oder -ablehnung entsprechend – es sei denn, ihm fällt ein grober Fehler auf. Ein anderes Beispiel ist die automatisierte Personalvorauswahl: Die KI filtert von hundert Bewerbungen die zehn vielversprechendsten heraus, der Personaler schaut sich diese zehn an und bestätigt in der Regel die Auswahl, eventuell mit kleinen Korrekturen. Dieses Modell spart enorm Zeit, birgt aber das Risiko, dass der menschliche Part zunehmend zur Formalität wird. Der Mensch agiert hier wie ein Zugführer auf einer automatisierten Strecke: Er ist noch im Führerhaus, greift aber nur ein, wenn das System ausfällt oder ein Notfall eintritt.

3. **Vollautomatische Entscheidungen ohne menschlichen Eingriff:** In diesem Szenario gibt der Mensch die Zügel nahezu vollständig aus der Hand. Die KI-Systeme treffen Entscheidungen eigenständig und führen sie auch aus, der Mensch setzt höchstens noch die Rahmenparameter und überwacht indirekt. Solche vollautomatischen Prozesse finden sich vor allem dort, wo Entscheidungen in

Sekundenschnelle und in großer Zahl erforderlich sind – etwa in der Hochgeschwindigkeitsbörse (Algorithmic Trading), wo Computerprogramme millionenfach Kauf- oder Verkaufsentscheidungen treffen, viel schneller als ein Mensch es je könnte. Ein anderes Feld ist die Steuerung von Stromnetzen: KI-Systeme balancieren Angebot und Nachfrage im Netz kontinuierlich aus, schalten dezentral Kraftwerke hoch oder runter, ohne dass jedes Mal ein Netzingenieur manuell eingreifen würde. Vollautomatisiert funktioniert auch manch ein Kundenservice-Vorgang: Etwa wenn ein Online-Dienst bei bestimmten Support-Anfragen automatisch einen Refund auslöst, sobald die KI bestimmte Schlüsselwörter erkennt – ganz ohne menschliche Bearbeitung. Dieses Modell erzielt maximale Effizienz und Reaktionsgeschwindigkeit, wirft aber die Frage auf, wie viel Kontrolle der Mensch noch behält und ob er im Ernstfall eingreifen kann.

Natürlich sind diese drei Modelle in der Realität keine strikt getrennten Schubladen, sondern Endpunkte eines **Kontinuums**. Viele Lösungen setzen auf einen abgestuften Ansatz: Zum Beispiel kann ein selbstfahrendes Transportsystem in einer Fabrik zu 99% autonom navigieren, aber bei bestimmten Markierungen auf dem Boden zwingend einen Menschen um Bestätigung bitten (etwa beim Überqueren eines Gefahrbereichs). Entscheidend ist, wie kritisch die Entscheidung ist und welches Risiko ein Fehlurteil birgt. Je höher das Risiko, desto eher wird man den Menschen in der Schleife behalten – zumindest als Backup. Diese neuen Entscheidungsmodelle zeigen, wie flexibel die Zusammenarbeit von KI und Mensch gestaltet werden kann. Sie funktionieren allerdings nur dann gut, wenn klar definiert ist, wer wann das Sagen hat. Ansonsten drohen Missverständnisse oder das berüchtigte „Hände-in-den-Schoß"-Phänomen: der Mensch verlässt sich darauf, dass die KI es schon richten wird, während die KI davon ausgeht, der Mensch passe schon auf. Damit sind wir bei den Risiken und Illusionen, die in solchen gemischten Entscheidungsprozessen lauern.

Die Illusion der Entscheidungshoheit

Ein besonders heikles Risiko im Umgang mit KI-gestützten Entscheidungen ist die **Illusion der Kontrolle** – das Gefühl auf Seiten der Menschen, sie würden noch entscheiden, obwohl längst der Algorithmus den Takt vorgibt. Dieses Phänomen schleicht sich oft unbemerkt ein. Nehmen wir das Szenario einer KI, die für einen Online-Händler den Lagerbestand verwaltet und Bestellungen bei Lieferanten auslöst. Offiziell hat der Einkaufsleiter „jederzeit die Hoheit" und kann Bestellungen manuell ändern. Praktisch aber verlässt er sich fast immer auf die automatischen Vorschläge, da diese in 99% der Fälle sinnvoll sind und es mühsam wäre, jede einzeln zu prüfen. So segnet er am Ende nur noch ab, was die KI vorschlägt – ein **Abnicken**, das zur Routine wird. Die tatsächliche Entscheidungsfindung hat sich faktisch voll in das System verlagert, doch es gibt eine trügerische menschliche Absegnung als Feigenblatt.

Warum ist das problematisch? Vor allem, weil es die Vorteile beider Seiten untergräbt: Die Maschine arbeitet zwar autonom, aber ohne echte menschliche Qualitätskontrolle, und der Mensch ist formal beteiligt, ohne wirklich etwas beizutragen. Fehler können so durchrutschen. Wenn etwa ein Algorithmus durch einen technischen Defekt plötzlich unsinnige Empfehlungen gibt, besteht die Gefahr, dass der zuständige Mitarbeiter es zunächst gar nicht merkt – zu sehr hat er sich daran gewöhnt, dem System zu vertrauen. Die **Aufmerksamkeit** des Menschen sinkt, sobald er annimmt, die KI werde schon richtig liegen. Man kennt das von erfahrenen Autofahrerinnen mit Navigationsgerät: Viele folgen blind dem Navi, selbst wenn es sie im Kreis führt, weil sie gar nicht mehr damit rechnen, dass die Technik irren könnte.

Eine weitere Gefahr der Entscheidungsillusion ist die oben erwähnte **Kompetenzverlust**-Spirale. Wer nur noch abnickt, verliert nach und nach die Fähigkeit, eigenständig zu entscheiden. Junge Ärztinnen beispielsweise, die sich stark auf Diagnose-KIs stützen, könnten verlernen, subtile Symptome selbst zu deuten. Wenn die KI dann einmal falsch liegt oder ausfällt, stehen sie unsicher da. Ähnliches in Unternehmen: Wenn Generationen von Analysten nur noch den automatischen Reports folgen, geht die Kunst verloren, aus rohen Daten eigenständig Schlüsse zu ziehen. Langfristig kann die Organisation dadurch an Widerstandsfähigkeit einbüßen – sie wird abhängig von der Maschine, ohne unabhängiges Back-up.

Interessanterweise entsteht die Illusion der Entscheidungshoheit oft aus **guter Absicht**. Viele Firmen sagen: „Keine Sorge, wir haben immer einen Menschen im Loop, der überwacht das." Damit sollen Bedenken vor einer Entmenschlichung zerstreut werden. Doch wenn dieser Mensch im Loop keine echte Gestaltungsmacht hat – sei es aus Zeitmangel, aus

Routine oder weil die KI-Entscheidung längst firmenpolitisch zum Standard geworden ist – dann ist die menschliche Kontrolle nur noch symbolisch. Regulatoren erkennen dieses Problem: Die EU etwa fordert bei bestimmten Hochrisiko-KI-Anwendungen (wie z.B. bei automatisierter Kreditvergabe oder Bewerberauswahl) eine „**menschliche Aufsicht mit wirklicher Eingriffsmöglichkeit**". Damit soll genau verhindert werden, dass Unternehmen sagen „der Mensch war ja beteiligt", obwohl dieser faktisch nie entgegen dem System entscheidet. Die Illusion der Kontrolle wird so zu einer rechtlichen Grauzone.

Für die Praxis bedeutet das: Unternehmen und Teams müssen bewusst **Gegenstrategien** entwickeln. Zum Beispiel kann man Rotationsprinzipien einführen, bei denen Mitarbeiter gelegentlich die KI-Empfehlungen stichprobenartig auf Plausibilität prüfen, um im Training zu bleiben. Oder man legt fest, dass bei jedem x-ten Fall die menschliche Entscheidungskraft aktiv eingesetzt wird, selbst wenn kein Fehler erkennbar ist – einfach, um wachsam zu bleiben. Wichtig ist, dass der Mensch im Zusammenspiel mit KI nicht zum passiven Abnicker verkommt. Ansonsten geht genau das verloren, was den Einsatz von KI eigentlich begleiten sollte: die kritische menschliche Urteilsfähigkeit als Sicherheitsnetz und Qualitätsgarant.

Chancen und Gefahren: Datenbasierte Klarheit vs. algorithmische Einseitigkeit

Betrachten wir zum Abschluss die **Balance von Chancen und Risiken**, die KI in Entscheidungsprozessen mit sich bringt. Auf der einen Seite steht die Verheißung einer **datenbasierten Klarheit**. Entscheidungen, die früher im Nebel unvollständiger Informationen getroffen wurden, können heute mit einer Fülle von Fakten untermauert werden. Das kann zu objektiveren, nachvollziehbareren Ergebnissen führen. Beispielsweise ließ sich in der Personalplanung lange nur schwer quantifizieren, welcher Bewerber der „Beste" ist – es blieb subjektiv. KI-gestützte Analysen können hier klare Scoring-Systeme liefern, die auf messbaren Kriterien beruhen. In Bereichen wie der Kreditvergabe oder der medizinischen Diagnose haben algorithmische Systeme bereits gezeigt, dass sie in mancher Hinsicht konsistenter entscheiden als Menschen: Sie werden nicht müde, lassen sich nicht von Launen oder Vorurteilen leiten, und sie können aus tausenden Fällen lernen, was funktioniert und was nicht. Mit KI kann man außerdem Szenarien durchspielen, die vorher unvorstellbar waren – das erhöht die **Transparenz von Folgen**: Man sieht klarer, welche Konsequenzen Option A vs. Option B wahrscheinlich hätten.

Gleichzeitig lauert auf der anderen Seite die **Gefahr der algorithmischen Einseitigkeit**. „Objektiv" ist eine KI-Entscheidung nur so weit, wie die Daten und Algorithmen dahinter frei von Verzerrungen sind. Doch genau da liegt der Haken: Daten spiegeln oft vergangene Ungleichheiten und Systematiken wider. Ein berüchtigtes Beispiel: Ein Unternehmen entwickelte eine KI, um Bewerbungen zu filtern. Später stellte sich heraus, dass das System bei hoch dotierten Positionen systematisch Männer gegenüber Frauen bevorzugte. Warum? Nicht, weil der Algorithmus an sich „sexistisch" programmiert war, sondern weil er aus Daten der Vergangenheit lernte – und in diesen historischen Einstellungsdaten waren nun mal mehr Männer in Top-Positionen eingestellt worden. Die KI reproduzierte also unbewusst das Vorurteil „Männer sind wohl besser geeignet". Solche Fälle von **Algorithmic Bias** – algorithmischer Voreingenommenheit – sind keine theoretische Gefahr, sondern in vielen Bereichen dokumentiert, von automatischen Übersetzungen bis zur Kreditprüfung.

Die Gefahr besteht darin, dass eine vermeintlich neutrale Maschine Vorurteile verstärken kann, gerade weil man ihr unreflektiert vertraut. Wenn ein Algorithmus sagt „Kandidat X ist ungeeignet" und wir an die Neutralität der Technik glauben, haken wir womöglich gar nicht mehr nach – selbst wenn X vielleicht aus einem trivialen Grund aussortiert wurde, der mit der Eignung nichts zu tun hat (z.B. ein bestimmtes Hobby im Lebenslauf, das zufällig mit früheren schlechten Erfahrungen korrelierte).

Einseitigkeit kann auch bedeuten, dass Algorithmen sehr eindimensional optimieren. Ein KI-System im Lager könnte beispielsweise so auf Effizienz getrimmt sein, dass es die Pausen der Mitarbeiter minimal hält – aus Sicht der Produktivität optimal, aus menschlicher Sicht problematisch. Oder ein Empfehlungsalgorithmus in sozialen Netzwerken entscheidet sich immer für die aufsehenerregendsten Inhalte, um Engagement zu steigern, und fördert damit extreme Meinungen. In der Arbeitswelt könnte eine KI, die über Beförderungen mitentscheidet, vielleicht ungewollt Mitarbeiter bevorzugen, die einem bestimmten „Profil" entsprechen, weil dieses Profil historisch erfolgreich war – Vielfalt und Querdenker hätten es dann schwerer.

Neben Bias ist auch die **Nachvollziehbarkeit** (Stichwort Blackbox) ein Thema: Datenbasierte Klarheit nützt wenig, wenn die Entscheidung für Betroffene nicht nachvollziehbar kommuniziert werden kann. Es ist toll, wenn eine KI eine klare Empfehlung ausspricht, aber wenn niemand im Team den Grund versteht, kann das Akzeptanzprobleme schaffen. Daher fordern Experten immer öfter **Erklärbarkeit**: KI-Systeme sollten idealerweise begründen können, warum sie eine bestimmte Option gewählt haben. Das stärkt das Vertrauen und hilft, Einseitigkeiten aufzudecken.

Die Chancen der KI liegen darin, dass wir aus einem viel größeren Informationsfundus schöpfen können und Entscheidungen oft *faktengestützter* werden. Die Gefahr liegt darin, dass wir die Fehler der Vergangenheit in Hochgeschwindigkeit reproduzieren oder neue blinde Flecken schaffen, weil wir uns zu sehr auf die formale Korrektheit von Algorithmen verlassen. Der **KI-Kompass** kann uns in die richtige Richtung lenken – aber wir müssen sicherstellen, dass er richtig kalibriert ist und wir nicht nur seiner Nadel folgen, ohne auf die Landschaft um uns herum zu achten. Mit diesem Bild vor Augen lohnt sich abschließend ein Blick zurück in die Geschichte: Auch frühere technologische Revolutionen haben Entscheidungsprozesse umgekrempelt. Was können wir aus ihren Lehren mitnehmen, um den KI-Kompass klug zu nutzen?

Lektionen aus der Geschichte: Entscheidungen im technologischen Wandel

Ein Blick zurück zeigt, dass jede große technologische Neuerung die Art und Weise, wie Entscheidungen getroffen werden, verändert hat – und dass wir Menschen uns daran anpassen mussten. In der industriellen Revolution des 19. Jahrhunderts, als die **Dampfmaschine** und später Fließbänder Einzug hielten, verlagerte sich Entscheidungsgewalt von einzelnen Handwerkern hin zu zentral gesteuerten Prozessen. Ein Fabrikvorarbeiter im Jahr 1880 traf andere Entscheidungen als ein Zunftmeister im Jahr 1800: Statt individuell zu fertigen, musste er nun den Takt der Maschinen optimieren und den Materialfluss planen. Das menschliche Ermessen wurde teilweise durch maschinelle **Taktgeber** ersetzt. Viele fürchteten damals, die Maschinen würden den Menschen völlig das Denken abnehmen – doch tatsächlich verschob sich der Fokus: weg von der manuellen Detailentscheidung, hin zur überwachenden und planenden Entscheidung.

Ein besonders prägender Umbruch war die **Computerisierung** im späten 20. Jahrhundert. In den 1960er und 70er Jahren hielten Großrechner und elektronische Datenverarbeitung Einzug in Unternehmen. Plötzlich standen Führungskräften ganz neue Entscheidungswerkzeuge zur Verfügung: Man konnte betriebswirtschaftliche Szenarien durchrechnen, Lagerbestände auf Knopfdruck optimieren und komplexe **Entscheidungsmodelle** (wie lineare Programmierung oder Simulationen) anwenden, die vorher akademische Theorie geblieben waren. Die Entscheidungskultur änderte sich: Anstelle von handgeschriebenen Tabellen und Erfahrungswissen traten elektronische Reports und Datenbanken. Einige Manager der alten Garde taten sich schwer – sie vertrauten den „Maschinenzahlen" nicht und blieben lieber bei ihrem Erfahrungsurteil. Die jüngere Generation jedoch – oft mit technisch versierten „Data Processing" Abteilungen im Rücken – nutzte die neuen Informationen und verschaffte ihren Firmen Vorteile. Hier zeigen sich Parallelen zu heute: Wer bereit war, neue Technologien in den Entscheidungsprozess zu integrieren, konnte bessere Ergebnisse erzielen, solange er die Technik verstand und kritisch zu nutzen wusste.

Die Einführung der **Tabellenkalkulation (z.B. Lotus 1-2-3 in den 1980ern, später Excel)** war ein vielleicht unscheinbarer, aber enorm wirksamer Wandel in der Entscheidungsfindung. Plötzlich konnten Fachabteilungen eigenständig Zahlen analysieren,

Budgets durchrechnen und Prognosen modellieren, ohne Wochen auf die IT-Abteilung warten zu müssen. Entscheidungen wurden dadurch dezentraler und schneller – aber auch stärker auf Zahlen fixiert. In den 1990ern und 2000ern brachte die Verbreitung des Internets und von **ERP-Systemen** (Enterprise-Resource-Planning) eine neue Stufe: Alle Unternehmensdaten waren vernetzt verfügbar, Entscheidungen konnten global in Echtzeit koordiniert werden. Ein Vertriebsleiter in Frankfurt sah jetzt live, was das Lager in Shanghai meldete, und konnte so Entscheidung und Ausführung nahtlos abstimmen. Das war zuvor undenkbar.

Bei all diesen Entwicklungen gab es wiederkehrende Themen: Zunächst Skepsis („Kann man dem Computer trauen?"), dann allmähliche Akzeptanz, schließlich Abhängigkeit – gefolgt von neuen Fragen nach dem optimalen Zusammenspiel. So wie heute einige davor warnen, KI könnte menschliches Denken überflüssig machen, warnten in den 1980ern manche, Manager würden ohne Computerunterstützung das Denken verlernen oder Entscheidungen nur noch nach „Schema F" aus dem Rechner treffen. Teils traf das auch ein: Der Siegeszug der PowerPoint-Präsentation und der Kennzahlen hat in manchen Unternehmen tatsächlich zu einer **Überbewertung des Messbaren** geführt. Aber gleichzeitig entstanden neue Rollen: Datenanalysten, Controlling-Abteilungen, später Data Scientists – Menschen, die gerade darin geschult sind, Technik und Entscheidungskultur zu verbinden.

Auch außerhalb der Wirtschaft lohnt ein Vergleich: In der Luftfahrt etwa wurden ab den 1970ern Autopiloten und Flight-Management-Systeme immer ausgefeilter. Piloten mussten umlernen – vom ständigen aktiven Steuern hin zum Überwachen einer automatisierten Flugroute. Das hat die Sicherheit enorm erhöht, gleichzeitig aber Debatten angestoßen: Verlieren Piloten zu viel fliegerisches Gefühl? Wie bleibt man in Übung für den Ernstfall? Hier wurden Konzepte entwickelt, um trotzdem manuell zu trainieren und die Automation kritisch zu begleiten – ein Ansatz, der auch im Umgang mit KI in der Arbeitswelt Vorbild sein kann.

Die **Lehre aus der Geschichte** ist: Jede Generation von Technologie nimmt uns gewisse Entscheidungen ab, aber sie eröffnet auch Raum für neue Entscheidungen auf einer höheren Ebene. Routine wird automatisiert, dafür rücken strategische, kreative, zwischenmenschliche Entscheidungen in den Vordergrund – zumindest für den Menschen. Unser **berufliches Identitätsgefühl** hat sich immer wieder daran angepasst. Der Buchhalter des Jahres 1975, der mit Rechenmaschine und Papier arbeitete, fand sich 1995 in der Rolle eines Controllers wieder, der Finanzsoftware bediente und interpretierte. Das Kernstück – fundierte finanzielle Entscheidungen zu treffen – blieb, doch die Werkzeuge änderten sich.

Heute stehen wir mit KI vor dem vielleicht umfassendsten Wandel, weil diesmal nicht nur körperliche oder einfache rechnerische Entscheidungen, sondern auch komplexe kognitive Prozesse mit betroffen sind. Doch die Vergangenheit zeigt uns, dass wir in der Lage sind, uns diese Technologien zunutze zu machen, wenn wir **bereit sind zu lernen**. Sie zeigt aber auch, dass jede Automatisierungswelle bewusste Anstrengung erfordert, die menschlichen Fähigkeiten weiterzuentwickeln und zu bewahren, die nun weniger im Alltag gefordert werden. Genau darauf kommt es auch im KI-Zeitalter an: zu erkennen, welche menschlichen Kompetenzen unverzichtbar bleiben und wie wir sie fördern.

Kompetenzen für verantwortungsvolle Entscheidungen im KI-Zeitalter

Angesichts all dieser Veränderungen stellt sich zum Schluss die Frage: **Was müssen wir – als Individuen und als Belegschaften – lernen, um im KI-Zeitalter gute Entscheidungen zu treffen?** Wenn KI unser Kompass ist, brauchen wir dennoch die Fähigkeit, Karte und Gelände zu lesen. Einige Schlüsselkompetenzen zeichnen sich ab:

- **Daten- und KI-Kompetenz:** Zunächst ist ein grundlegendes Verständnis dafür nötig, *wie* KI-Systeme funktionieren und was ihre Aussagen bedeuten. Das heißt nicht, dass jeder zum Programmierer werden muss. Aber die Fähigkeit, Daten zu interpretieren, Wahrscheinlichkeiten richtig einzuordnen und die Logik einer algorithmischen Empfehlung nachzuvollziehen, wird immer wichtiger. Wer z.B. weiß, dass eine KI-Prognose keine Gewissheit, sondern eine Wahrscheinlichkeit von 80% ausdrückt, kann differenzierter entscheiden als jemand, der das Ergebnis blind als „wahr" annimmt. Datenkompetenz schließt auch ein, die Schwächen von Daten zu erkennen – also zu fragen: Wo kommen die Zahlen her? Sind sie vollständig? Gibt es einen Bias? Diese kritische Datenanalyse muss zu einer Kernfähigkeit in vielen Berufen werden.

- **Kritisches Denken und Urteilsvermögen:** Eng damit verbunden ist die Fähigkeit, Ergebnisse der KI zu hinterfragen und eigenständig Schlüsse zu ziehen. Nur weil ein Algorithmus etwas empfiehlt, heißt das nicht, dass es unumstößlich richtig ist. Ein guter Entscheider im KI-Zeitalter zeichnet sich dadurch aus, dass er sowohl die Unterstützung der KI schätzt als auch den Mut hat, *gegen* eine KI-Empfehlung zu entscheiden, wenn andere Faktoren dagegensprechen. Dazu gehört ein gesundes Misstrauen im positiven Sinne: nicht Nörgelei, sondern die Bereitschaft, nach Belegen und Erklärungen zu fragen. Letztlich bleibt das menschliche Urteilsvermögen der letzte Filter – und das muss gepflegt werden. Schulungen in **kritischem Denken**, Fallanalysen, aber auch das Fördern von Fehlerkultur (damit man sich traut, eine andere Meinung als die Maschine zu haben) sind Bausteine hierfür.

- **Ethik und Verantwortungsbewusstsein:** Je mehr KI involviert ist, desto wichtiger wird der menschliche **ethische Kompass**. Maschinen kennen per se keine Moral – sie optimieren nach Zahlen. Es liegt an uns, sicherzustellen, dass Entscheidungen fair, gerecht und menschenwürdig bleiben. Mitarbeiter und Führungskräfte brauchen ein Bewusstsein für mögliche Diskriminierungen durch Algorithmen, für Datenschutzfragen und für die gesellschaftlichen Auswirkungen ihrer Entscheidungen. Das bedeutet auch, Verantwortung nicht auf die Technik abzuschieben. Kompetent im KI-Zeitalter zu entscheiden heißt, auch dann Verantwortung zu übernehmen, wenn eine KI involviert war. Dazu gehört, dass man sich fragt: Ist das, was technisch optimiert ist, auch im Einklang mit unseren Werten? Braucht es einen menschlichen Vorbehalt an dieser Stelle? Solche ethischen Abwägungen sollten Teil des Entscheidungsprozesses bleiben – und dafür müssen Menschen geschult sein, ethische Dilemmata zu erkennen und zu diskutieren.

- **Kommunikation und Übersetzungsfähigkeit:** Entscheidungen im KI-Kontext müssen oft zwischen verschiedenen Gruppen vermittelt werden – etwa zwischen Datenwissenschaftlern und Fachexperten, oder zwischen Management und Mitarbeitern, die von der Entscheidung betroffen sind. Daher gewinnt die Fähigkeit, **zwischen Mensch und Maschine zu**

übersetzen, an Bedeutung. Wer die „Sprache"
der KI (z.B. technische Fachbegriffe,
Modellgrenzen) versteht und sie in
verständliche Worte für Kollegen oder Kunden
fassen kann, schafft Transparenz und Vertrauen.
Umgekehrt muss man auch die Bedürfnisse der
Menschen zurück in Anforderungen für die KI
übertragen können. Diese kommunikative
Kompetenz ist entscheidend, damit KI-gestützte
Entscheidungen akzeptiert und verstanden
werden.

- **Adaptabilität und Lernbereitschaft:** Die KI-
  Entwicklung schreitet rasant voran. Was heute
  Stand der Technik ist, kann in fünf Jahren
  überholt sein. Daher ist eine Metakompetenz
  gefragt: die Fähigkeit, sich ständig
  weiterzubilden und flexibel auf neue Tools und
  Prozesse einzustellen. Erfolgreiche Fachkräfte
  werden diejenigen sein, die Neuerungen
  neugierig aufnehmen, sich schnell einarbeiten
  und keine Angst haben, bestehende Routinen zu
  hinterfragen. Diese **Agilität im Lernen** stellt
  sicher, dass wir nicht von der Entwicklung
  überrollt werden, sondern sie aktiv mitgestalten
  können.

- **Menschliche Stärken kultivieren:** Schließlich sollten wir gerade jene Fähigkeiten pflegen, die Maschinen (noch) nicht haben. Dazu zählen **Kreativität, Empathie, Intuition und Führungsqualitäten** im zwischenmenschlichen Sinne. Wenn KI-Systeme analytische und routinehafte Entscheidungen abdecken, werden Entscheidungen, die Einfühlungsvermögen erfordern – etwa im Umgang mit Teamkonflikten, in der Kundenbetreuung bei sensiblen Anliegen oder bei strategischen Visionen – umso wichtiger. Menschen, die zuhören können, die Teammitglieder motivieren und mitnehmen können, die Visionen entwickeln und kommunizieren können, werden im KI-Zeitalter dringend gebraucht. Solche Fähigkeiten sorgen dafür, dass Technik *dienend* eingesetzt wird und nicht zum Selbstzweck verkommt.

Zusammengefasst: Die Kompetenzen für das Entscheiden im KI-Zeitalter sind ein **Mix aus technischem Verständnis, kritischer Reflexionsfähigkeit und klassischen menschlichen Qualitäten.** Unsere berufliche Identität wird künftig stark davon geprägt sein, wie gut wir diesen Mix beherrschen. Es reicht nicht, die neuesten KI-Tools bedienen zu können – man muss auch wissen, wann man sie besser beiseitelegt. Und es genügt nicht, nur auf das menschliche Gespür zu vertrauen – man sollte auch die Fakten aus Daten sprechen lassen können. Dieses ausgewogene Profil zu entwickeln, wird zur Aufgabe für jeden Einzelnen und für Bildungseinrichtungen, Unternehmen und Gesellschaft.

Der KI-Kompass kann uns also nur dann sicher durch unbekanntes Gelände führen, wenn wir gelernt haben, ihn richtig zu lesen, und wenn wir gleichzeitig unseren eigenen inneren Kompass – unsere Werte, Erfahrungen und Urteilsfähigkeit – nicht außer Acht lassen. Gelingt uns das, dann treffen wir Entscheidungen, die sowohl von der Intelligenz der Maschinen als auch von der Weisheit der Menschen getragen werden.

Kapitel 7: Zukunftsbilder – Unser Platz in der Arbeitswelt von morgen

Die Arbeitswelt steht an einem Wendepunkt. Künstliche Intelligenz (KI) durchdringt zunehmend unseren Berufsalltag und stellt damit die Frage: In welcher Welt wollen wir morgen arbeiten? In diesem Kapitel entwerfen wir zwei konträre Zukunftsbilder. Das erste Szenario zeichnet ein positives Bild einer Arbeitswelt, in der Mensch und KI Hand in Hand kooperieren – mit sinnstiftender Arbeit, sozialem Zusammenhalt und neuen kreativen Freiräumen. Das zweite Szenario skizziert eine düstere Vision, in der menschliche Arbeit entwertet wird – geprägt von Kontrollverlust, Sinnkrisen, sozialer Spaltung und einer ungesunden Abhängigkeit von digitalen Systemen. Beide Zukunftsbilder mögen extreme Pole darstellen; die Realität wird sich wahrscheinlich dazwischen bewegen. Doch genau deshalb ist es so wichtig, heute die richtigen Weichen zu stellen. Anhand dieser Szenarien diskutieren wir, was getan werden muss, damit das positive Zukunftsbild Wirklichkeit werden kann: Welche Rolle Politik, Unternehmen, Bildung und jeder Einzelne spielen, welchen Platz wir in einer von KI geprägten Arbeitswelt einnehmen können, wenn wir Verantwortung übernehmen – und welche kulturellen Leitbilder, Werte und Kompetenzen wir fördern sollten, um unsere berufliche Identität in Zeiten der KI zu bewahren.

Szenario 1: Wenn Mensch und KI erfolgreich kooperieren

Stellen wir uns eine Welt vor, in der Mensch und Maschine zu einem echten Dream-Team geworden sind. **Es ist das Jahr 2035.** Anna betritt an einem sonnigen Morgen ihr Büro – doch es ist kein gewöhnliches Büro mehr, eher ein Atelier der Möglichkeiten. Ihr KI-Assistent begrüßt sie freundlich und hat bereits Routineaufgaben erledigt: E-Mails vorsortiert, den Kalender optimiert, Datenanalysen über Nacht durchgeführt. Anna fühlt sich unterstützt statt bedroht. **In dieser Zukunft arbeiten Menschen wie Anna sinnvoll und erfüllt**, weil KI ihnen lästige, monotone Aufgaben abnimmt. Was bleibt, sind die Tätigkeiten, die wirklich zählen: kreative Problemlösung, zwischenmenschlicher Austausch, strategisches Denken und innovative Projekte, die Gesellschaft und Umwelt zugutekommen.

Anna beginnt ihren Tag mit einem Team-Meeting, bei dem **auch KI-basierte Tools als Kollegen** mit am Tisch sitzen – nicht physisch, sondern als digitale Partner auf ihren Tablets und Datenbrillen. Das Team diskutiert eine neue Herausforderung: die Entwicklung eines nachhaltigen Produkts für den globalen Markt. Die KI-Systeme liefern in Sekundenschnelle Informationen zu neuesten Forschungsergebnissen und zeigen verschiedene Lösungsvorschläge auf. Doch **die Entscheidung, welchen Weg das Team einschlägt,**

liegt bei den Menschen. Gemeinsam wägen sie ethische, kreative und praktische Aspekte ab. Man spürt eine **Aufbruchsstimmung**: Die KI hat neue Ideen angeregt, aber die menschliche Kreativität und Intuition verbinden diese Ideen zu einer visionären Lösung, auf die keine Maschine allein gekommen wäre. Anna staunt selbst, wie sehr die KI sie inspiriert hat, mutiger und origineller zu denken. **Neu gewonnene Kreativität** – so könnte man dieses Gefühl beschreiben. Die Mitarbeiter*innen verlassen das Meeting motiviert, mit dem sicheren Gefühl, dass ihre Beiträge unverzichtbar sind.

In diesem positiven Zukunftsbild hat Arbeit ihren Schrecken verloren. Überlange, stumpfsinnige Arbeitsstunden sind passé. Routineaufgaben – vom Ausfüllen endloser Formulare bis zur Dateneingabe – erledigt die KI schnell und fehlerfrei. Dadurch **gewinnen Menschen Zeit** für das, was sie wirklich tun wollen: ein schwieriges Design entwerfen, sich um Kund*innen persönlich kümmern, ein komplexes Problem lösen oder einfach voneinander lernen. Arbeitsplätze sind zu **Lern- und Kreativorten** geworden. Kollegen coachen sich gegenseitig in neuen Fähigkeiten, oft unterstützt durch intelligente Tutor-Systeme. Weiterbildung gehört zum Alltag und wird nicht als lästige Pflicht empfunden, sondern als bereichernde Chance. KI-Systeme passen sich dem Lernstil jeder Person an – und Anna erlebt, wie sie durch die enge Zusammenarbeit mit KI ständig neue Kompetenzen erwirbt. Sie fühlt sich **kompetenter und selbstbewusster** als je zuvor, weil die Technologie sie wachsen lässt anstatt sie kleinzuhalten.

Auch **gesellschaftlicher Zusammenhalt** prägt dieses Szenario. Anders als früher befürchtet, hat die Automatisierung nicht zu Massenarbeitslosigkeit geführt. Im Gegenteil: Viele repetitive Jobs von einst gibt es zwar nicht mehr, doch dafür sind neue Berufe und Tätigkeitsfelder entstanden. So arbeiten heute Menschen vermehrt in Bereichen, die vor einigen Jahren kaum vorstellbar waren – etwa als "KI-Erklärer*innen", die in Unternehmen vermitteln, was die Vorschläge der Algorithmen bedeuten, oder als* **soziale Innovator*innen**, die Technik und menschliche Bedürfnisse zusammenbringen. Tätigkeiten in Pflege, Bildung, Umweltprojekten und kreativem Handwerk erfahren hohe Wertschätzung, da Gesellschaft und Politik erkannt haben, wie wichtig menschliche Empathie und Schöpferkraft sind. **Technologie dient den Menschen, und nicht umgekehrt.** Das ist hier nicht nur ein Slogan, sondern gelebte Realität: KI übernimmt viel, aber sie dominiert nicht. Sie ist Werkzeug und Partner, **nicht Chef und schon gar kein Ersatz für den Menschen**.

Durch diese Schwerpunktverschiebung hat die Arbeit für viele einen neuen Sinn erhalten. Wo früher Druck und Angst vor dem Jobverlust herrschten, spüren Menschen nun **Sicherheit und Sinnhaftigkeit**. *Anna und ihre Kolleginnen wissen: Ihre Arbeit hat Bedeutung, weil sie sich auf das konzentrieren können, was nur Menschen tun können – menschliche Nähe schaffen, komplexe ethische Entscheidungen treffen, kreativ über den Tellerrand schauen. Die Berufsidentität der Menschen in diesem Szenario ist von* **Stolz und Purpose** *geprägt. Man definiert sich nicht mehr nur über den Broterwerb, sondern darüber, welchen positiven Beitrag man mit Unterstützung von KI leisten kann. Unternehmen messen Erfolg nicht allein in Profit, sondern auch in ihrem gesellschaftlichen Nutzen. Technologien wie KI machen es möglich, dass z.B. medizinische Diagnosen präziser werden und Ärzt*innen somit mehr Zeit für das Gespräch mit den Patient*innen haben. Lehrer*innen nutzen KI, um Unterricht vorzubereiten, und widmen sich dann umso intensiver den einzelnen Schülern und ihren Bedürfnissen. In Fabriken arbeiten Mensch und Roboter Seite an Seite; Arbeitsunfälle sind selten geworden, weil KI Gefahrensituationen früh erkennt.

Die Arbeitswelt ist menschlicher denn je, paradoxerweise gerade weil intelligente Maschinen einen Teil der Arbeit erledigen.

Ein weiterer Aspekt dieses Zukunftsbildes ist die **neu gewonnene soziale Kompetenz** im Arbeitsalltag. Das mag überraschend klingen – wie sollte ausgerechnet KI dazu beitragen, dass wir sozial kompetenter werden? Ein Blick in Annas Firma liefert die Antwort: Weil KI monotone Einzelarbeit reduziert, bleibt mehr Zeit für Teamarbeit und den direkten Kontakt mit Menschen. Unternehmen fördern aktiv den Austausch und die Zusammenarbeit, da die wertvollsten Ideen im Miteinander entstehen. Soft Skills wie Empathie, Kommunikationsfähigkeit und Teamgeist sind hoch im Kurs, weil klar ist: **Diese menschlichen Fähigkeiten lassen sich nicht digital ersetzen**. Kurioserweise hat die Zusammenarbeit mit der Maschine den Wert der zwischenmenschlichen Beziehungen neu bewusst gemacht. In Annas Unternehmen gibt es z.B. regelmäßige Workshops zur Stärkung der Teamdynamik, kreatives Brainstorming findet oft unplugged, ohne Technik, statt – einfach Mensch zu Mensch. Die KI organisiert zwar im Hintergrund die Ergebnisse und protokolliert, aber die Interaktion selbst ist analog und lebendig. So entsteht **Vertrauen und Zusammenhalt** am Arbeitsplatz. Jeder fühlt sich gebraucht und eingebunden, vom Azubi bis zur Führungskraft.

Gesellschaftlich gesehen hat man aus früheren digitalen Umbrüchen gelernt. **Politik und Wirtschaft arbeiten Hand in Hand**, um allen Bürger*innen Teilhabe an dieser neuen Arbeitswelt zu ermöglichen. Es gibt Weiterbildungsprogramme für jene, deren Jobs sich stark verändert haben, Umschulungen werden großzügig gefördert. Wer sich beruflich neu orientieren muss, wird aufgefangen – finanzielle Grundsicherung und Bildungsurlaub ermöglichen es, dass niemand abgehängt wird. Die **digitale Infrastruktur** ist so ausgebaut, dass städtische wie ländliche Regionen gleichermaßen von KI profitieren können. Und ethische Leitplanken sorgen dafür, dass KI-Systeme transparent und fair bleiben: Entscheidungskriterien wichtiger Algorithmen (etwa bei Bewerbungsverfahren oder Kreditvergaben) sind offen gelegt, damit Diskriminierung keinen Platz hat. Insgesamt herrscht ein Klima von **Zuversicht**: Man sieht die KI nicht als unheimliche Macht, sondern als Chance, die Arbeitswelt menschlicher, kreativer und gerechter zu gestalten. In dieser Vision hat die Gesellschaft den Mut gefunden, KI aktiv zu gestalten – durch kluge Regeln, durch Bildung und durch eine Kultur, die das Menschliche wertschätzt.

Am Ende ihres Arbeitstages verabschiedet sich Anna von ihrem KI-Assistenten – fast so, als wäre es ein Kollege. Sie schaut auf die Ergebnisse des Tages: einige Routineentscheidungen hat sie in Sekunden getroffen, unterstützt durch KI-Vorschläge; schwierige Fälle hat sie mit ihrem Team diskutiert und gelöst. Sie hat heute gelacht, gelernt, jemandem geholfen. **Anna fährt mit dem Gefühl nach Hause, etwas Sinnvolles geleistet zu haben.** KI war dabei ihr Hilfsmittel, aber der *Sinn* kam aus ihr selbst und der Zusammenarbeit mit anderen Menschen. Dieses Zukunftsbild zeigt eine Welt, in der wir dank KI **mehr denn je Mensch sein dürfen** – kreativ, sozial, empathisch. Arbeit ist hier nicht Fluch, sondern erfüllter Teil des Lebens, und KI ist der Katalysator, der uns genau das ermöglicht hat.

Szenario 2: Wenn menschliche Arbeit entwertet wird

Nun schlagen wir einen ganz anderen Pfad ein. **Stellen wir uns ein Zukunftsbild vor, das eher einer Dystopie gleicht.** Im Jahr 2035 wacht Max in einer Welt auf, in der die Arbeitswelt von allgegenwärtigen KI-Systemen beherrscht wird – und zwar zum Nachteil der meisten Menschen. Max war vor zehn Jahren ein erfahrener Sachbearbeiter in einem mittelständischen

Unternehmen. Heute ist seine Stelle weggefallen; ein Algorithmus erledigt seine früheren Aufgaben schneller und billiger. Was wie ein betriebswirtschaftlicher Erfolg klingt, fühlt sich für Max wie eine persönliche Niederlage an. **In dieser Zukunft haben viele Menschen ihren Platz in der Arbeitswelt verloren oder wurden an den Rand gedrängt.** Arbeit, so wie wir sie kannten, ist für einen Großteil der Bevölkerung knapp geworden oder entwertet.

Max verbringt seinen Vormittag damit, auf einer Online-Plattform kleine Klick-Aufträge anzunehmen – sogenannte "Gigs". Er beschriftet Bilddaten für eine KI oder überprüft automatisierte Übersetzungen, Cent-Beträge pro Aufgabe. Ein menschlicher Vorgesetzter? Fehlanzeige. **Sein Chef ist ein Algorithmus**, der ihm streng vorgibt, welche Aufgabe er als nächstes zu erledigen hat und bis wann. Ständig tickt ein Timer. Überall auf dem Bildschirm blinken Auswertungen seiner Leistung: Reaktionszeit, Fehlerquote, Ranking im Vergleich zu Tausenden anderen Klick-Arbeiter*innen weltweit. **Max fühlt sich überwacht und getrieben.** Pausen gönnt er sich kaum, denn das System straft längere Inaktivität sofort mit schlechteren Bewertungen, was noch weniger Aufträge nach sich zieht. In dieser dystopischen Arbeitswelt hat die **Kontrolle durch KI-Systeme Überhand genommen –**

jedoch nicht, um Menschen zu unterstützen, sondern um sie zu maximaler Effizienz zu treiben oder überflüssig zu machen.

Der **gesellschaftliche Ton** in diesem Szenario ist rau und von Angst geprägt. Viele Menschen teilen Max' Erfahrungen. Wer noch einen traditionellen Job hat, lebt in ständiger Sorge, demnächst ersetzt zu werden. Die Unternehmen, getrieben vom Wettbewerbsdruck, haben flächendeckend automatisiert, oft ohne Rücksicht auf die Mitarbeiter. Wo früher Angestellte arbeiteten, verrichten nun smarte Maschinen und Software die Aufgaben – von der Fertigung bis zur Buchhaltung. **Die verbleibenden menschlichen Arbeitskräfte werden behandelt wie Rädchen im Getriebe**, ständig überwacht von KI-gestützten Produktivitätsanalysetools. In Großraumbüros messen Sensoren jedes Tastaturklicken und jede Mausbewegung, Kameras mit Gesichtserkennung prüfen, ob die Beschäftigten "aufmerksam" wirken. Die Algorithmen optimieren unbarmherzig den Output: Pausenzeiten werden gekürzt, Arbeitsabläufe bis ins Letzte standardisiert. Kreative Freiräume? Fehlanzeige. Persönliche Gespräche am Arbeitsplatz? Unerwünscht, denn das würde ja die Kennzahlen verschlechtern. Die **sozialen Kontakte** im Job sind auf ein Minimum reduziert – manche Angestellte interagieren fast mehr mit Maschinen als mit Kolleg*innen.

Sinnkrisen greifen um sich, denn vielen bricht das weg, was lange Kern ihrer Identität war: eine erfüllende berufliche Rolle. Max empfindet seine aktuellen Tätigkeiten als völlig sinnentleert. Früher konnte er Kolleg*innen beraten, knifflige Fälle persönlich betreuen und am Ende des Tages stolz auf gelöste Probleme blicken. Heute klickt er sich erschöpft durch endlose digitale Aufgabenlisten, ohne zu wissen, für wen oder wofür. Er hat das Gefühl, nur noch eine **verlängerte Funktion der Maschine** zu sein. Dieses Gefühl der Entfremdung erleben nicht nur geringqualifizierte Clickworker. Auch hochqualifizierte Fachkräfte stehen unter Druck: Viele Ärzte etwa vertrauen blind auf KI-Diagnosesysteme und verbringen mehr Zeit vor Statistikdashboards als bei Patient*innen – ihre Erfahrung wird kaum noch wertgeschätzt. Lehrer arbeiten nach starren, KI-gesteuerten Curricula, in denen kein Platz mehr für individuelle Kreativität bleibt. **Die Arbeit der Menschen wird trivialisiert**, Entscheidungen werden an schwarze Kästen delegiert. Selbst dort, wo Menschen eigentlich gern sinnstiftend arbeiten würden – in Pflege, Beratung, Kunst – diktiert die KI zunehmend Tempo und Richtung, beispielsweise durch algorithmische Vorgaben, wie viele Patienten ein Pfleger pro Stunde zu versorgen hat oder welche Musik ein Künstler kreieren sollte, damit sie im Trend liegt. Die innere Leere wächst, denn überall scheint das Maschinelle wichtiger zu sein als das Menschliche.

In dieser Welt vertieft sich auch die **soziale Spaltung.** Eine kleine Elite von Tech-Unternehmern und KI-Spezialisten profitiert enorm von der Automatisierung – sie kontrollieren die Systeme, die den Großteil der Wertschöpfung erzielen. Ihr Reichtum und Einfluss nehmen gigantische Ausmaße an. Gleichzeitig kämpfen breite Bevölkerungsschichten um die verbleibenden Arbeitsplätze oder hangeln sich von Gig zu Gig ohne soziale Absicherung. Die Mittelschicht erodiert: Entweder man gehört zu den Gewinnern des KI-Booms, oder man fällt hinten runter. Das Einkommen vieler Menschen hängt von undurchsichtigen Plattformen ab, bei denen Algorithmen über Zugang zu Jobs entscheiden. Diese Algorithmen bevorzugen höchste Effizienz – wer krank, langsam oder weniger verfügbar ist, wird aussortiert. **Empathie oder Gerechtigkeit sucht man in diesem System vergeblich.** Arbeitslosigkeit und Unterbeschäftigung führen zu Frustration, viele fühlen sich nutzlos. In den Städten zeichnen sich deutliche Trennlinien ab: Hochmoderne Bürocampus mit vollautomatisierten

Abläufen neben Vierteln, in denen die Ausgesteuerten ohne Perspektive leben. Der gesellschaftliche Zusammenhalt, der im positiven Szenario spürbar war, ist hier brüchig. Misstrauen und Neid wachsen: Wer einen sicheren Job bei einem der dominierenden Tech-Konzerne ergattert hat, schottet sich ab, während draußen Proteste lauter werden.

Abhängigkeit von den Systemen ist ein weiteres Merkmal dieser Dystopie. Ironischerweise sind Menschen wie Max, obwohl sie unter den KI-Systemen leiden, völlig auf sie angewiesen. Alle Lebensbereiche sind durchautomatisiert. Die Arbeitsvermittlungsplattform, die Max nutzt, ist praktisch das einzige Tor zu bezahlter Beschäftigung – und sie gehört einem Mega-Konzern, der keinerlei Rechenschaft ablegt. Wenn das System entscheidet, Max bekommt heute keine Aufträge, dann ist das so. Ein Widerspruchsrecht gibt es nicht; einen Menschen, den man um Erklärung bitten könnte, ebenfalls nicht. **Kontrollverlust** prägt den Alltag: Entscheidungen über Kreditvergaben, Krankenversicherungen oder gar strafrechtliche Bewertungen laufen über KI-Systeme, und häufig bleibt unklar, warum sie so und nicht anders entscheiden. Die Betroffenen fühlen sich ausgeliefert. Der einzelne Mensch hat kaum mehr die Möglichkeit, Abläufe zu verstehen oder zu beeinflussen – zu komplex und intransparent sind die digitalen Strukturen. Die Systeme, die geschaffen wurden, um Effizienz zu steigern, haben sich verselbständigt. Falls mal ein Fehler passiert – etwa eine KI kündigt irrtümlich einem Mitarbeiter oder verweigert jemandem aufgrund eines schief gelernten Algorithmus eine Behandlung – ist es schwierig, Gerechtigkeit zu bekommen. Zuständigkeiten verschwimmen, Verantwortung wird auf "die Maschine" geschoben. **Das Vertrauen in Technologie** ist auf einem Tiefpunkt, aber ohne Technologie geht gar nichts mehr. Ein beklemmendes Paradox: Man misstraut den Systemen, kommt aber ohne sie nicht durch den Tag.

Wie geht es Max in all dem? Nach einem langen Tag vor dem Bildschirm mit Klickarbeit fühlt er sich erschlagen. Er hat kaum mehr als ein paar Euro verdient, die sofort für seine steigenden Lebenshaltungskosten draufgehen. **Er fragt sich, wo sein Platz in dieser Welt noch ist.** Seine berufliche Identität, auf die er einst stolz war, liegt in Trümmern. Max schämt sich sogar manchmal, wenn ihn Freunde fragen, was er beruflich macht. In einer Kultur, die nur Effizienz und technologische Perfektion zu verehren scheint, fühlt er sich als Mensch zweiter Klasse. Abends flüchtet er sich in virtuelle Welten – stundenlang zieht er sich VR-Brille und Kopfhörer an, um wenigstens dort Abenteuer zu erleben oder mit einem KI-gesteuerten Chatbot zu sprechen, der ihm zuhört. **Die reale Welt hat ihm kaum noch etwas zu bieten, was Sinn stiftet.**

Dieses dystopische Szenario mag überzeichnet wirken, doch es ist nicht aus der Luft gegriffen. Es bündelt reale Ängste und Entwicklungen, die bereits heute spürbar sind: zunehmende Automatisierung ohne soziales Netz, Unternehmen, die Algorithmen über Menschen stellen, eine Gesellschaft, die Gefahr läuft, die **Würde der Arbeit und damit der Werktätigen zu vergessen.** Es ist eine Warnung, wohin die Reise gehen kann, wenn wir untätig bleiben oder den falschen Zielen nachjagen. Aber diese Zukunft ist **nicht unvermeidlich.** Genauso wenig wie das erste Szenario von allein eintritt. Zwischen Utopie und Dystopie liegen unzählige mögliche Zukünfte – und welche Realität wir erleben werden, hängt wesentlich von unserem Handeln in der Gegenwart ab.

Was wir heute tun müssen, damit die bessere Zukunft möglich wird

Angesichts dieser beiden Extreme – der verheißungsvollen Kooperation und der trostlosen Entwertung – drängt sich die Frage auf: **Wie stellen**

wir die Weichen, damit sich das positive Zukunftsbild (oder zumindest ein möglichst positives Szenario) verwirklicht und die dystopische Entwicklung abgewendet wird? Die Antwort liegt in dem gemeinsamen Bemühen aller gesellschaftlichen Akteure. Politik, Unternehmen, Bildungseinrichtungen und wir als Individuen – *alle* tragen Verantwortung dafür, wie KI unsere Arbeitswelt prägen wird. Im Folgenden betrachten wir die Rolle jedes dieser Akteure und was konkret getan werden kann, um das Ruder in Richtung einer menschlichen, erfüllenden KI-Arbeitswelt herumzureißen.

Die Rolle der Politik

Die Politik hat die Aufgabe, den **Rahmen für eine menschenzentrierte KI-Zukunft** zu setzen. Das beginnt mit klugen **Regulierungen und Gesetzen**, die sicherstellen, dass KI-Systeme dem Wohl der Menschen dienen. Erste Schritte wie der EU AI Act sind wichtige Signale: Sie definieren klare Regeln, etwa Transparenzpflichten für Hochrisiko-KI und Verbote von Anwendungen, die unsere Grundrechte verletzen. Solche gesetzlichen Leitplanken müssen zügig weiterentwickelt werden, damit technische Innovation nicht auf Kosten von Menschlichkeit und Gerechtigkeit geht. Konkret sollte die Politik **algorithmische**

Entscheidungen überprüfbar machen: Wenn z.B. eine KI im Personalwesen Bewerber aussortiert, muss nachvollziehbar sein, nach welchen Kriterien das geschah, und es muss ein menschliches Einspruchsrecht geben. Datenschutz und Arbeitnehmerrechte müssen gerade im KI-Zeitalter konsequent verteidigt werden. Es gilt, Überwachungswut einzudämmen – etwa durch Grenzen für den Einsatz von Mitarbeiter-Tracking und Gesichtserkennung am Arbeitsplatz.

Neben Regulierung spielt die Politik auch als **Gestalter der Wirtschaft und Sozialsysteme** eine zentrale Rolle. Die positiven Effekte der KI – etwa Produktivitätssteigerungen – dürfen nicht nur einer kleinen Gruppe zufließen. Daher sollten Regierungen überlegen, wie man **wirtschaftliche Gewinne aus Automatisierung sozial verteilen** kann. Diskussionen über Modelle wie ein **bedingungsloses Grundeinkommen** oder neue Formen der Sozialversicherung werden in diesem Kontext relevant: Wenn KI in Zukunft einen Großteil der Wertschöpfung übernimmt, wie stellen wir sicher, dass alle Menschen ein Auskommen haben und nicht in Sinnkrisen stürzen? Ob es letztlich ein Grundeinkommen, negative Einkommenssteuer oder ein ganz anderes Modell wird – wichtig ist, dass niemand ins Bodenlose fällt, während einige wenige Tech-Konzerne Milliarden scheffeln. Sozialpolitik im KI-Zeitalter bedeutet auch, Übergänge abzufedern: **Weiterbildungsstipendien, Umschulungsfonds und Beschäftigungsprogramme**können sicherstellen, dass Arbeitnehmer*innen, deren Jobs wegfallen, neue Perspektiven bekommen. Politik kann Unternehmen zudem Anreize geben, **Arbeitsplätze aufzuwerten statt abzubauen** – zum Beispiel durch steuerliche Vergünstigungen für Firmen, die nachweislich in Mitarbeiterqualifizierung investieren oder neue Rollen für abgelöste Tätigkeiten schaffen.

Nicht zu unterschätzen ist die **Innovationsförderung** durch die öffentliche Hand. Es liegt an der Politik, Forschung und Entwicklung zu lenken: weg von reinen Effizienz-Anwendungen hin zu KI-Lösungen, die gesellschaftlichen Mehrwert bringen. Denkbar sind staatliche Förderprogramme für KI-Projekte in Gesundheit, Bildung, Umwelt und sozialer Innovation. Warum nicht gezielt Start-ups unterstützen, die KI einsetzen, um Pflegekräfte zu entlasten, Lehrer zu unterstützen oder Klimadaten auszuwerten? Wenn wir positive Anwendungsfälle zur Norm machen, prägt das die gesamte Arbeitskultur. Gleichzeitig sollte die Politik ein Auge auf Marktmacht haben: **Wettbewerbspolitik** und Kartellrecht müssen verhindern, dass einige wenige Tech-Giganten die KI-Plattformen dominieren und damit die Spielregeln diktieren (wie im dystopischen Szenario angedeutet). Offene Standards, Datenportabilität und Förderung kleinerer KI-Unternehmen können hier für ein gesünderes Ökosystem sorgen, in dem mehr Menschen partizipieren können.

Schließlich hat die Politik eine **gesellschaftliche Moderationsfunktion.** Der Wandel kann Ängste auslösen – hier muss die Politik ehrlich kommunizieren, aber auch Zuversicht verbreiten. Ein Beispiel wäre ein **"KI-Bürgerrat"** oder regelmäßige Dialogformate, in denen Bürger*innen, *Expert*innen, Arbeitgeber und Arbeitnehmervertretungen gemeinsam diskutieren, wie KI eingesetzt werden soll. Dadurch signalisiert die Politik: Wir gestalten das *gemeinsam*, und die Stimme der Bevölkerung zählt. Wenn Politik ihre Rolle wahrnimmt, schafft sie einen verlässlichen Rahmen, in dem Innovation blühen kann, **ohne dass der Mensch aus dem Zentrum rückt.**

Die Rolle der Unternehmen

Auch die Unternehmen haben in dieser Zukunftsfrage erheblichen Einfluss. In den Chefetagen und Entwicklungsabteilungen fällt tagtäglich die Entscheidung, **wie** KI konkret zum Einsatz kommt. Unternehmen können wahlweise als Vorreiter einer positiven Zukunft agieren – oder als Treiber der negativen Entwicklung. Was müssen Firmen also tun, um die **Kooperation von Mensch und KI** in den Vordergrund zu stellen?

Zunächst einmal sollten Unternehmen begreifen, dass **Mitarbeiter keine austauschbaren Kostenfaktoren** sind, sondern ihr größtes Kapital. Eine Firmenkultur, die den Menschen wertschätzt, wird KI immer als *Erweiterung* der menschlichen Fähigkeiten betrachten, nicht als Ersatz. Konkret heißt das: Statt Mitarbeiter eins zu eins durch KI zu ersetzen, sollten Unternehmen **Arbeitsprozesse so redesignen**, dass KI und Mensch ihre jeweiligen Stärken einbringen. Zum Beispiel kann eine Bank KI nutzen, um einfache Kundenanfragen zu beantworten, aber bei komplexen Anliegen bewusst den menschlichen Berater einsetzen – und diesem durch KI-Analyse-Tools den Rücken stärken. Dadurch bleibt der Berater für Kund*innen unverzichtbar, ja er kann einen noch besseren Service bieten, während Routine wegfällt. Solche **Augmentierungsstrategien** (Erweiterungsstrategien) erfordern natürlich Umdenken und oft auch Investitionen. Unternehmen müssen bereit sein, kurzfristige Effizienzgewinne zugunsten langfristiger **Qualitäts- und Innovationsgewinne** zu gewichten. Wer heute in seine Leute investiert, wird morgen die besseren Produkte und zufriedenere

Kunden haben – das ist die Botschaft, die das Management verstehen muss.

Ein zentrales Stichwort hierbei ist **Weiterbildung am Arbeitsplatz**. KI-Kompetenz wird in nahezu jedem Berufsfeld der Zukunft wichtig sein. Es liegt im Interesse der Unternehmen, ihre Beschäftigten fit zu machen für die Zusammenarbeit mit KI. Firmen sollten kontinuierliches Lernen nicht nur erlauben, sondern aktiv fördern: mit internen Schulungen zu neuen Technologien, Zugängen zu Online-Kursen, vielleicht sogar der Einrichtung von unternehmensinternen "KI-Akademien". Wichtig ist, dass Mitarbeiter*innen keine Angst haben müssen, sich überflüssig zu machen, sobald sie KI-Tools einführen. Diese Angst kann man nehmen, indem man klare Signale sendet: **„Wir wollen, dass ihr mit KI besser werdet – nicht, dass wir euch durch KI ersetzen."** Wenn Belegschaften diesen Rückhalt spüren, werden sie Innovation eher begrüßen als blockieren. Zudem sollten Beschäftigte in die Auswahl und Einführung von KI-Systemen eingebunden werden. Die Menschen an der „Front" wissen oft sehr genau, wo KI helfen kann und wo sie vielleicht Probleme schafft. Unternehmen, die partizipativ handeln – etwa Pilotprojekte mit Freiwilligen aus verschiedenen Abteilungen starten, Feedback-Schleifen einbauen und Systeme bei Bedarf nachjustieren – werden am Ende erfolgreichere Implementierungen haben und das Vertrauen ihrer Mitarbeiter gewinnen.

Arbeitsorganisation und Führungsstil müssen sich ebenfalls anpassen. Ein positives KI-Zeitalter erfordert flachere Hierarchien und mehr Eigenverantwortung der Mitarbeitenden. Warum? Wenn KI repetitive Kontrollaufgaben übernimmt (z.B. Berichtswesen automatisiert), können Führungskräfte mehr Freiraum geben und Teams selbstorganisierter arbeiten lassen. Das setzt Vertrauen voraus – und genau dieses Vertrauen zeichnet ein fortschrittliches Unternehmen aus. Vorgesetzte sollten die Rolle von **Coaches und Moderatoren** einnehmen, die ihre Teams bei der Nutzung von KI begleiten, aber nicht mikromanagen. In einer solchen Kultur ist es auch leichter, offen über Ängste und ethische Bedenken zu sprechen: z.B. kann ein Entwickler im Team sagen dürfen, wenn er eine algorithmische Auswertung für unfair hält, ohne als Bremser zu gelten. Unternehmen sollten **ethische Richtlinien** für KI-Einsatz etablieren, idealerweise gemeinsam mit der Belegschaft erarbeitet. Darin könnte stehen, dass man KI-Ergebnisse immer vom Menschen verifizieren lässt, dass keine Überwachungskamera ohne Zustimmung installiert wird, oder dass Datenschutz der Kunden oberste Priorität hat. Diese

Prinzipien dann auch tatsächlich zu leben, ist der entscheidende Schritt: das heißt etwa, bewusst auf eine Datenauswertung zu verzichten, wenn sie zwar Profit brächte, aber gegen die eigenen Werte oder das Vertrauen der Kunden verstößt.

Auch das Thema **Arbeitsplatzgestaltung und Gesundheit** ist relevant. Unternehmen, die die Fehler der Dystopie vermeiden wollen, sollten KI gezielt dafür einsetzen, die **Arbeitsbelastung zu senken** und Gesundheit zu fördern. Beispiel: KI-gestütztes Workflow-Management könnte genutzt werden, um Überstunden zu reduzieren, indem es Aufgaben vorausschauend verteilt und Engpässe erkennt, bevor Mitarbeiter ausbrennen. Kollaborative Roboter (Cobots) können in der Industrie die schweren körperlichen Arbeiten übernehmen, während der Mensch die anspruchsvollen Montageschritte macht – Ergebnis: weniger Verschleißkrankheiten und trotzdem hochwertige Produktion. Die gewonnene Effizienz kann man in **Work-Life-Balance** investieren: Einige fortschrittliche Unternehmen denken bereits über die Vier-Tage-Woche nach, unterstützt durch KI, die während der Abwesenheit Routineaufgaben erledigt. So wird ein Teil des Produktivitätsschubs in Freizeit und Lebensqualität der Menschen umgewandelt. Das sendet ein starkes Signal: Wir nutzen KI **für** die Menschen, nicht um sie auszupressen.

Letztlich wird ein Unternehmen nur dann dauerhaft erfolgreich sein, wenn es Gesellschaft und Mitarbeitern gegenüber **Verantwortung übernimmt**. Gerade junge Talente achten heute sehr darauf, ob ein Arbeitgeber ethisch handelt. Ein Unternehmen, das KI rücksichtslos einsetzt, wird Schwierigkeiten haben, die **klügsten Köpfe** von morgen zu halten oder anzuziehen – denn diese möchten stolz auf ihre Arbeit sein können. Insofern zahlt es sich sogar ökonomisch aus, Mensch und KI in Einklang zu bringen: Es fördert Innovation, zieht motivierte Mitarbeiter an und gewinnt das Vertrauen der Kundschaft. Unternehmen haben also allen Grund, **Teil der Lösung statt Teil des Problems** zu sein.

Die Rolle des Bildungssystems

Wenn KI unsere Arbeitswelt prägt, dann muss das Bildungssystem die Menschen darauf vorbereiten – **von klein auf bis ins hohe Alter**. Bildung ist der Schlüssel, um aus technischem Fortschritt gesellschaftlichen Fortschritt zu machen. Was bedeutet das konkret? Zunächst einmal müssen Schulen, Hochschulen und Weiterbildungseinrichtungen **die Kompetenzen vermitteln, die in einer KI-geprägten Zukunft**

entscheidend sind. Fachwissen allein reicht nicht mehr, denn viele Wissensinhalte veralten schnell oder sind per KI jederzeit abrufbar. Wichtiger werden **überfachliche Fähigkeiten**: kritisches Denken, Problemlösungskompetenz, Kreativität, soziale Intelligenz und Anpassungsfähigkeit. Das klassische Pauken von Fakten sollte zugunsten projektbasierten, entdeckenden Lernens zurücktreten. Kinder und Jugendliche sollten früh lernen, **mit digitalen Werkzeugen umzugehen**, aber ebenso lernen, deren Ergebnisse zu hinterfragen. Stichwort *KI- und Datenkompetenz*: Es gehört ins Curriculum des 21. Jahrhunderts, verstehen zu können, was ein Algorithmus ist, wie er trainiert wird, wo Chancen und Biases liegen. Aber genauso sollte Ethik Bestandteil sein: Welche Auswirkungen hat Technologie auf Gesellschaft? Was bedeutet Verantwortung im Umgang mit KI? Der Informatikunterricht der Zukunft bringt idealerweise technisches Verständnis mit philosophischen und sozialen Fragen zusammen.

Lehrkräfte brauchen dafür selbst Unterstützung. Die Fortbildung von Lehrer*innen in digitaler Bildung ist ein Muss, damit sie die neuen Inhalte kompetent und selbstbewusst vermitteln können. Gleichzeitig darf Digitalisierung in Schulen nicht bedeuten, einfach Tablets zu verteilen und Lern-Apps einzusetzen, ohne pädagogisches Konzept. **Im positiven Szenario** dienen digitale Helfer dazu, Lehrer zu entlasten (z.B. Korrekturarbeiten zu automatisieren oder Lernstände zu analysieren), damit mehr Zeit für den persönlichen Dialog mit den Schülern bleibt – ganz ähnlich wie in Annas Arbeitswelt die KI den Mitarbeitern Routine abnimmt, damit sie Kreativeres tun können. Schulen sollten also eine **gut durchdachte Mischung** aus Technologieeinsatz und klassischem zwischenmenschlichen Lernen bieten. Gruppenarbeiten, Diskussionen, künstlerische und handwerkliche Aktivitäten – all das fördert die Kompetenzen, die Maschinen nicht haben. Wenn ein Bildungswesen es schafft, Jugendliche mit **Freude am Lernen, Teamgeist und Neugier** auszustatten, ist viel gewonnen.

Doch Bildung endet nicht mit dem Schul- oder Studienabschluss. Angesichts des schnellen technologischen Wandels wird **lebenslanges Lernen** zur Normalität. Hier stehen sowohl das öffentliche Bildungssystem als auch Unternehmen in der Pflicht, flexible Angebote zu schaffen. Denkbar sind zum Beispiel **regionale Weiterbildungszentren**, wo man mit 30, 40 oder 50 Jahren nochmal neue Fähigkeiten erlernen kann – sei es Programmieren, ein soziales Berufsfeld oder der Umgang mit einer neuen KI-

Software in der eigenen Branche. Online-Kurse, Volkshochschulen, betriebliche Schulungen: Sie alle müssen ineinandergreifen und für alle zugänglich sein. Die Hemmschwelle zur Weiterbildung sollte so niedrig wie möglich sein. Das kann bedeuten, dass der Staat Bildungsgutscheine vergibt oder Bildungszeiten gesetzlich verankert (ähnlich Elternzeit, nur eben Lernzeit). Es kann auch heißen, dass Lerninhalte modularer und praxisnaher werden, damit auch Berufstätige sie nebenher bewältigen können. **Flexibilität** ist hier das Zauberwort – sowohl in zeitlicher Hinsicht als auch inhaltlich, um schnell auf neue Qualifikationsbedarfe reagieren zu können.

Das Bildungssystem hat zudem die Aufgabe, **Orientierung zu geben** in einer Welt, die sich transformiert. Berufsorientierung muss heute anders aussehen als vor 20 Jahren. Junge Menschen sollten ein realistisches Bild davon vermittelt bekommen, welche Branchen wachsen, welche eher schrumpfen, und welche Chancen sich daraus ergeben. Dabei sollte aber nicht Angst im Vordergrund stehen ("der Job XY wird es bald nicht mehr geben"), sondern **Mut und Offenheit** ("es entstehen neue Berufsfelder, finde deinen Platz darin"). Schulen könnten häufiger Zukunftswerkstätten oder Projekttage zum Thema KI veranstalten, wo Schüler*innen selbst mal eine einfache

KI trainieren und dadurch Berührungsängste verlieren. Hochschulen sollten interdisziplinäres Arbeiten fördern: Informatiker mit Psychologen und Ethikern gemeinsam an KI-Projekten arbeiten lassen, um die Technik gleich ganzheitlich zu denken.

Schließlich gehört zur Bildung auch die **Aufklärung der breiten Öffentlichkeit**. Nicht jeder liest Fachbücher über KI, aber alle Bürger*innen müssen im Alltag mitentscheiden, wie wir mit diesen Technologien umgehen. Hier sind Wissenschaftskommunikation, Medien und Volkshochschulen gefragt, **Grundwissen über KI** niederschwellig zu verbreiten – etwa durch Dokus, Podcasts, öffentliche Vorträge. Wenn breite Bevölkerungsschichten ein besseres Verständnis entwickeln, was KI kann und was nicht, welche Risiken realistisch sind und wo übertriebene Angstmache betrieben wird, dann können sie auch informierter an der gesellschaftlichen Debatte teilnehmen. Ein informierte Gesellschaft wird weniger anfällig sein für Panik oder blinden Techno-Optimismus – sie wird reflektierter agieren. Insgesamt gilt: Nur mit einem Bildungssystem, das **Werte, Wissen und Fähigkeiten** für die KI-Ära vermittelt, schaffen wir es, dass die nächste Generation (und die jetzige) ihren Platz in der Arbeitswelt von morgen selbstbewusst und kompetent einnehmen kann.

Die Rolle jedes Einzelnen

Bei all den großen Akteuren darf eines nicht übersehen werden: **Wir als Individuen haben ebenfalls Einfluss** auf den Kurs, den die Zukunft nimmt. Jeder *Einzelne – sei es Arbeitnehmer*in, Arbeitssuchender, *Student*in oder Führungskraft – kann im Kleinen dazu beitragen, dass das positive Szenario Wirklichkeit wird. Doch was bedeutet das konkret für uns persönlich?

Zunächst einmal heißt es, eine **aktive Haltung** gegenüber dem Wandel einzunehmen. Resignation wäre fehl am Platz. Auch wenn Veränderung manchmal Angst macht, sollten wir versuchen, neugierig statt ängstlich zu sein. KI wird unseren Berufsalltag verändern – anstatt davor wegzulaufen, können wir uns fragen: Wie kann *ich* KI zu meinem Vorteil nutzen? Das kann bedeuten, im Job proaktiv den Einsatz eines hilfreichen KI-Tools vorzuschlagen, um Routinearbeiten loszuwerden. Oder sich privat mit neuen digitalen Entwicklungen auseinandersetzen, anstatt sie zu verteufeln. **Lifelong Learning** ist hier das Stichwort, aber nicht nur als Pflicht, sondern als Haltung: die Bereitschaft, immer wieder etwas Neues zu lernen, sei es eine technische Fertigkeit oder eine soziale Kompetenz. Wenn der Arbeitgeber keine Fortbildung anbietet, kann man eigeninitiativ

Onlinekurse belegen oder in Communities Gleichgesinnter voneinander lernen. Die Möglichkeiten waren nie größer, Wissen zu erwerben – wir müssen sie nur ergreifen.

Ein weiterer Aspekt ist, die eigenen **menschlichen Stärken** gezielt weiterzuentwickeln. Was macht uns einzigartig im Vergleich zur KI? Unsere Kreativität, Empathie, körperliche Geschicklichkeit, Führungsqualitäten, kritisches Urteilsvermögen – all das sind Felder, in denen wir glänzen können. Wer zum Beispiel in einem eher rationalen Job arbeitet, könnte versuchen, bewusst seine kreativen Seiten zu fördern: etwa durch ein künstlerisches Hobby, das wiederum im Beruf Inspiration schenken kann. Oder jemand in einer technischen Rolle könnte Soft Skills trainieren, um künftig eine Brückenfunktion zwischen Technik und Mensch einnehmen zu können. Es mag ungewohnt sein, aber **berufliche Identität im KI-Zeitalter** heißt vielleicht, vielseitiger zu werden: sich nicht nur als Spezialist für X zu sehen, sondern als lernfähige, facettenreiche Persönlichkeit, die sich an veränderte Umstände anpassen kann. So betrachtet, kann der Wandel sogar eine Chance sein, verborgene Talente zu entdecken.

Individuelle Verantwortung zeigt sich auch darin, **ethische Fragen** zu stellen und sich einzumischen.

Wenn wir im Arbeitskontext merken, dass ein KI-System unfair erscheint oder Kolleg*innen belastet*, sollten wir nicht schweigen. Natürlich kann nicht jeder sofort Missstände beheben, aber schon das Ansprechen im Team oder das Nachfragen bei Vorgesetzten setzt Signale. In einer Demokratie haben wir als Bürger*innen zudem die Möglichkeit (und Pflicht), unsere Wünsche und Sorgen zu artikulieren – sei es in Gesprächen, bei Wahlen oder via Mitarbeit in Interessengruppen. **Wenn wir eine menschliche Arbeitswelt wollen, müssen wir unsere Stimme erheben.** Das kann bedeuten, Petitionen zu unterstützen, die gegen ausufernde Überwachung am Arbeitsplatz gerichtet sind, oder positive Initiativen zu fördern, die z.B. mehr Frauen und diverse Gruppen in Tech-Berufe bringen (damit die KI-Entwicklung pluralistischer wird).

Nicht zuletzt sollten wir unsere **Werte auch im Konsum- und Arbeitsmarktverhalten** zum Ausdruck bringen. Als Arbeitnehmer*innen kann man nach Arbeitgebern suchen, die für eine gute Arbeitskultur im digitalen Wandel bekannt sind – und damit solche Unternehmen stärken. Als Konsument*in kann man Unternehmen meiden, die offensichtlich verantwortungslos automatisieren auf Kosten ihrer

Leute. Solche Entscheidungen mögen im Einzelnen klein erscheinen, aber sie summieren sich.

Für uns Einzelne bedeutet Verantwortung übernehmen auch, **auf uns selbst zu achten** inmitten des Wandels. KI kann Fluch oder Segen sein für die persönliche Work-Life-Balance – es liegt auch an uns, Grenzen zu setzen. Nur weil das Homeoffice mit KI-Tools es erlaubt, rund um die Uhr zu arbeiten, müssen wir das nicht tun. Wir dürfen lernen, die **Aus-Taste** zu drücken, digital und mental, um unsere menschliche Kreativität und Empathie nicht zu verlieren. Vielleicht ist das sogar eine Kompetenz der Zukunft: sich auf das Menschsein zu besinnen, wenn die Technik allzu verführerisch alles übernehmen will. Dazu gehört, im Privaten wie im Beruflichen Räume zu schaffen, in denen wir ohne digitale Hilfsmittel denken, spielen, kommunizieren. So bleiben wir selbstbestimmt und erinnern uns daran, worin unser **eigener Wert** liegt.

Zusammengefasst: Jede und jeder kann ein Stück weit **Mitgestalter** der Zukunft sein. Wenn wir uns alle als aktive Akteure sehen – statt als passive Opfer der Umstände – erhöhen wir die Chance, dass das kollektive Ruder herumgerissen wird. Millionen individueller Entscheidungen, Lernschritte und mutiger Aktionen ergeben zusammen den großen Trend.

Letztlich formt die Summe unseres individuellen Verhaltens die Kultur, in der KI eingesetzt wird.

Unser Platz in einer von KI geprägten Arbeitswelt

Was ist nun *unser Platz* in der Arbeitswelt von morgen, wenn wir – Politik, Unternehmen, Bildung und Individuen – Verantwortung übernehmen und den Wandel aktiv gestalten? Diese Frage ist eng mit unserer **beruflichen Identität**verknüpft. Sie berührt den Kern dessen, wie wir uns als arbeitende Menschen begreifen, wenn KI allgegenwärtig ist.

Ein zentraler Punkt vorweg: **Wir haben einen Platz.** Anders als die dystopischen Ängste vermuten lassen, verschwinden wir nicht im Schatten der Maschinen. Im Gegenteil, *wenn* wir es richtig anpacken, wird der Mensch in der KI-Arbeitswelt der Zukunft mehr denn je im Mittelpunkt stehen. Unser Platz ist dort, wo es um Kreativität, Verantwortung und Menschlichkeit geht – all das, was KI alleine nicht leisten kann. Man könnte sagen, wir werden die **Dirigenten eines großen Mensch-Maschine-Orchesters**. KI kann viele Instrumente virtuos spielen, aber die Sinfonie der Arbeit – ihre Richtung, ihr Ausdruck – wird von uns dirigiert. Wir werden diejenigen sein, die sinnvolle

Ziele setzen, die komplexe Zusammenhänge verstehen und die letzte Entscheidung fällen, wenn es um moralische oder strategische Weichenstellungen geht.

Unsere berufliche Identität wird sich dabei wandeln, aber nicht ins Leere auflösen. In der Vergangenheit hat sich Identität oft stark über den erlernten Beruf oder die Branche definiert ("Ich bin Schlosser", "Ich bin Bankkauffrau"). In Zukunft könnte sich Identität stärker über **Fähigkeiten und Werte** definieren: Man versteht sich vielleicht eher als "kreativer Problemlöser", "Menschenkennerin und Beraterin" oder "innovativer Macher", unabhängig davon, in welchem konkreten Job man diese Qualitäten einsetzt. Denn Berufe werden fluid und können sich im Laufe eines Lebens mehrfach verändern. Unser Platz ist also weniger starr, sondern wir nehmen ihn immer wieder neu ein – flexibel, lernbereit, aber auf einem **stabilen Fundament unserer ureigenen menschlichen Qualitäten**.

In einer ideal verlaufenden KI-Zukunft könnte es sein, dass die Grenzen zwischen Arbeit, Lernen und persönlicher Entfaltung mehr verschwimmen. Unser Platz in der Arbeitswelt wäre dann zugleich ein Platz in der Gesellschaft: Wir bringen uns mit dem ein, was wir am besten können und was uns erfüllt, und erhalten dafür Anerkennung – egal ob es eine entlohnte Vollzeitstelle, Teilzeitprojektarbeit, ehrenamtliche

Tätigkeit oder kreative Unternehmertum ist. **Arbeit wird vielfältiger definiert** sein als heute. Das Bild vom Büro- oder Fabrikarbeiter von 9 bis 5 tritt zurück. Stattdessen könnten wir uns als **Tätige in einem breiten Sinn** sehen: Wir leisten unseren Beitrag, mal mithilfe von KI, mal mit unseren bloßen Händen, oft in Kombination. Die Rolle der KI dabei ist die einer Infrastruktur, eines unsichtbaren Netzes, das uns zuarbeitet, wo es gebraucht wird. Unser Platz ist darauf zu achten, dass dieses Netz funktioniert, dass es menschlichen Zielen dient, und dort selber hineinzuspringen, wo menschliche Interaktion gefragt ist.

Ein wichtiger Aspekt unseres zukünftigen Platzes: **Wir werden Lotsen sein in einer Daten- und Informationsflut.**Schon heute zeichnet sich ab, dass KI uns mit unendlichen Informationen versorgen kann – aber ordnen, interpretieren und mit Bedeutung füllen müssen das Menschen. Ob als Journalist*in, die KI-Quellen prüft und daraus eine stimmige Geschichte formt; als Manager, der aus KI-Prognosen die richtige Geschäftsstrategie ableitet; oder als Handwerkerin, die digitale Planungstools nutzt, um ein individuell angepasstes Produkt zu schaffen – stets ist es der Mensch, der den Ausschlag gibt, *was* gemacht wird und *warum*. Unser Platz ist es, **das "Warum" zu**

beantworten, während Maschinen oft nur das "Wie" liefern.

Auch in sozialer Hinsicht bleiben wir unersetzlich. **Empathie, Führung, Motivation** – all das zwischenmenschliche Gewebe einer Arbeitswelt kann nur von Menschen für Menschen gewoben werden. In einer Zukunft mit KI wird unser Platz oft der der Vermittler sein: Wir vermitteln zwischen menschlichen Bedürfnissen und technischen Möglichkeiten. Zum Beispiel werden in einem Krankenhaus zwar KI-Systeme Diagnosen vorschlagen, aber es braucht eine einfühlsame Ärztin oder Pfleger, der die Nachricht dem Patienten rüberbringt und gemeinsam mit ihm die Therapieentscheidung trifft. Diese **Verantwortungsrollen** – wo es um ethisches Abwägen, um Trost spenden, um Vertrauen schaffen geht – sind genuin menschlich. Wenn wir sie bewusst annehmen, geben wir unserer beruflichen Identität auch in der KI-Welt einen klaren Sinn: Wir sind die Hüter von Menschlichkeit und Sinnhaftigkeit im Arbeitsprozess.

Insgesamt kann man sagen: **Unser Platz in der Arbeitswelt von morgen ist nicht am Rand, sondern im Zentrum – aber in veränderter Form.** Wir sind nicht mehr alleinige "Ausführer" von Arbeit, sondern Designer, Koordinatoren, Kontrollinstanz und Herz. Das erfordert, dass wir Verantwortung nicht scheuen.

Unser Platz will eingenommen werden – er wird uns nicht automatisch zugewiesen. Wenn wir die Verantwortung abgeben, laufen wir Gefahr, in die Bedeutungslosigkeit abzurutschen, wie im dystopischen Bild. Doch wenn wir Verantwortung ergreifen, formt sich unsere Rolle klar heraus: Wir sind diejenigen, die dem Wandel Richtung geben.

Ein schönes Bild dafür ist vielleicht das eines **Gärtners**: In einem hoch technisierten Garten voller automatisierter Systeme entscheiden dennoch die Gärtner*innen, was wachsen soll, welche Pflanzen gepflegt werden und wann geerntet wird. Die KI ist wie ein Bewässerungssystem oder eine automatische Wetterstation – nützlich und kräftigend, aber **ohne die Hand des Gärtners verwildert oder verkümmert der Garten**. Unser Platz ist der des Gärtners: Wir kultivieren die Arbeitswelt, halten sie lebendig und menschlich, während KI als Dünger und Werkzeug dient.

Diese Perspektive ist **realistisch-optimistisch**. Sie verkennt nicht, dass es Mühe kostet, diesen Platz zu behaupten. Aber sie macht Mut, dass es möglich ist. Am Ende läuft es darauf hinaus, dass wir unsere **Würde und unseren Wert als arbeitende Menschen** neu definieren und verteidigen – indem wir uns bewusst machen, was uns ausmacht, und diese Qualitäten aktiv in die Waagschale werfen. So bleibt unsere berufliche Identität auch in turbulenten Zeiten ein Anker: Sie wandelt sich mit, aber sie geht nicht verloren.

Kulturelle Leitbilder, Werte und Kompetenzen für die Zukunft

Um die beschriebene bessere Zukunft zu erreichen und unseren Platz darin selbstbewusst einzunehmen, brauchen wir nicht nur Gesetze und Bildungspläne, sondern auch einen Wandel in den **Köpfen und Herzen**. Es kommt darauf an, welche kulturellen Leitbilder wir fördern, welche Werte wir hochhalten und welche Kompetenzen wir als erstrebenswert betrachten. Kultur wandelt sich oft langsamer als Technik – doch gerade deshalb müssen wir früh damit anfangen, ein zukunftsfähiges Mindset zu etablieren. Was sollte also unser Kompass sein?

Leitbilder: In der Vergangenheit waren berufliche Leitbilder oft geprägt von Effizienz, Gehorsam und Status. Das Ideal war vielleicht der lebenslang angestellte Fachmann, der keine Fehler macht und immer pünktlich ist. Im KI-Zeitalter brauchen wir andere Leitfiguren. Wir sollten jene Menschen ins Rampenlicht stellen, die **Kooperation, Kreativität und soziales Verantwortungsbewusstsein** verkörpern.

Etwa die Ingenieurin, die gemeinsam mit ihrem Team eine KI entwickelt hat, die Menschen mit Behinderung neue Jobchancen eröffnet – anstatt den x-ten Milliardär zu glorifizieren, der mit Automatisierung nur Profit machte. Oder die Pflegekraft, die neue Technologien nutzt, um mehr Zeit für menschliche Zuwendung zu gewinnen, als Vorbild für eine gelungene Symbiose aus Technik und Mitmenschlichkeit. Ein kulturelles Leitbild könnte der "**Coach**" sein: also nicht der Chef als strenger Kontrolleur, sondern als einfühlsamer Mentor, der gemeinsam mit intelligenten Tools sein Team fördert. Ein anderes Leitbild könnte der "**kreative Generalist**" sein: jemand, der viele Disziplinen verbindet und flexibel immer wieder Neues lernt (statt des klassischen Spezialisten, der unflexibel an einmal Gelerntem festhält). Wir brauchen Geschichten, Filme, Bücher, die solche neuen Helden zeichnen – damit kommende Generationen eine Vorstellung davon haben, was in der neuen Arbeitswelt als erstrebenswert gilt.

Werte: Zentrale Werte der zukünftigen Arbeitswelt sollten **Menschlichkeit, Verantwortungsbewusstsein und Zusammenarbeit** sein. *Menschlichkeit* bedeutet, den Wert jedes Einzelnen zu achten – keine Arbeitskraft als bloße Ressource zu sehen, sondern als Menschen mit Würde, Bedürfnissen und Potenzialen. In der Praxis heißt das, wir bewundern nicht den "harten Hund", der Menschen durch Maschinen ersetzt, sondern den empathischen Leader, der technologische und menschliche Entwicklung vereint. *Verantwortungsbewusstsein* ist ein Wert, der auf allen Ebenen zählt: Technik nicht um ihrer selbst willen einsetzen, sondern fragen, welche Folgen hat mein Handeln für andere? Dieser Wert stellt sicher, dass wir KI nicht gedankenlos Entscheidungen überlassen, sondern immer Verantwortung übernehmen, vor allem in ethischen Fragen. *Zusammenarbeit* schließlich spiegelt die Überzeugung wider, dass wir die Herausforderungen nur gemeinsam meistern – interdisziplinär, international und zwischen Mensch und Maschine. Konkurrenzdenken und Ellbogenmentalität, so wie es teilweise in der alten Arbeitswelt gefördert wurde, passen schlecht in eine Welt, wo Vernetzung und Wissensteilung entscheidend sind. Statt "Jeder gegen jeden" sollten **Teamgeist, Solidarität und geteiltes Wissen** zum Ethos gehören. Das bedeutet, wir feiern Erfolge des Kollektivs mehr als den Ego-Triumph Einzelner.

Weitere wichtige Werte sind **Offenheit und Lernbereitschaft**. Die Zukunft ist ungewiss, daher sollte kulturell verankert sein, dass Wandel nichts Bedrohliches ist, sondern etwas, dem man offen begegnet. Wenn ein neues KI-Tool am Arbeitsplatz eingeführt wird, ist die reflexhafte Reaktion nicht "Oh je, was soll das?", sondern "Spannend, lass uns herausfinden, wie wir es nutzen können – und lass uns auch skeptisch prüfen, wo seine Grenzen liegen." Es geht um eine **konstruktive Neugierde**, gepaart mit kritischem Denken.

Auch **Gerechtigkeit und Inklusion** sollten unverrückbare Werte sein. Eine von KI geprägte Arbeitswelt darf keine exklusive Spielwiese für wenige sein. Kulturell muss verankert sein, dass *alle* Menschen an den Fortschritten teilhaben sollen. Das heißt, wir legen Wert darauf, Mädchen genauso für Tech und Naturwissenschaften zu begeistern wie Jungen, Menschen mit unterschiedlichen Hintergründen und Fähigkeiten in den digitalen Wandel einzubeziehen und weltweit solidarisch zu denken (damit KI nicht nur dem reichen Norden dient, während der globale Süden abgehängt wird). Diese Werte halten die Gesellschaft zusammen und verhindern die Spaltung, wie wir sie im negativen Szenario sahen.

Kompetenzen: Zuletzt stellt sich die Frage, welche konkreten Fähigkeiten und Fertigkeiten wir fördern müssen, damit Individuen in dieser Kultur bestehen und die Werte mit Leben füllen können. Die **Future Skills** lassen sich in groben Zügen benennen – viele davon wurden schon angedeutet. Hier eine Übersicht der wichtigsten Kompetenzen für die Arbeitswelt von morgen:

- **Digitale und KI-Kompetenz:** Jeder sollte die Fähigkeit entwickeln, grundlegende digitale Werkzeuge und KI-Anwendungen bedienen und verstehen zu können. Das heißt nicht, dass alle programmieren können müssen, aber ein Verständnis dafür, was Daten sind, wie Algorithmen funktionieren und wo ihre Grenzen liegen, ist essenziell. Diese **KI-Mündigkeit** erlaubt es, Technik bewusst und kritisch einzusetzen, statt ihr ausgeliefert zu sein.

- **Analytisches und kritisches Denken:** In einer Zeit von Information Overload ist die Kompetenz, Informationen zu hinterfragen, zu filtern und logisch zu analysieren Gold wert. Probleme erkennen, Ursache-Wirkungs-Zusammenhänge verstehen und kreative Lösungen entwickeln – all das wird wichtiger, während stupides Auswendiglernen in den Hintergrund tritt. KI kann uns Analysen liefern, aber das **Urteilsvermögen**, was die Ergebnisse bedeuten und welche Schlüsse zu ziehen sind, bleibt bei uns.

- **Kreativität und Innovationsfähigkeit:** Die Fähigkeit, neue Ideen zu generieren, querzudenken und alternative Wege zu finden, unterscheidet uns fundamental von KI (die vor allem auf Basis bestehender Muster operiert). Daher sollte Kreativität in allen Bildungs- und Arbeitskontexten aktiv gefördert werden. Es geht nicht nur um künstlerische Kreativität, sondern auch um technisches Erfinden, Geschäftsmodellinnovation, Improvisationsfähigkeit im Alltag. Wer spielerisch denken kann, wird auch im KI-Zeitalter immer eine Nische finden, in der er/sie etwas Einzigartiges beiträgt.

- **Emotionale Intelligenz und soziale Kompetenz:** Je mehr automatisiert wird, desto wertvoller wird der menschliche Kontakt. Fähigkeiten wie Empathie, Teamfähigkeit, Konfliktlösung und Kommunikationsstärke sind schon heute wichtig und werden noch bedeutsamer. Dazu zählt auch interkulturelle Kompetenz in einer global vernetzten Arbeitswelt. Menschen, die gut mit anderen können, werden die Brückenbauer und Teamleader der Zukunft sein – etwas, das keine Maschine ersetzen kann.

- **Adaptabilität und Lernfähigkeit:**
  Veränderungsbereitschaft ist eine Kompetenz an
  sich. Wer schnell neue Fertigkeiten erwerben
  und sich auf neue Rollen einstellen kann, behält
  im Wandel die Oberhand. Diese **Meta-
  Fähigkeit**, sich selbst immer wieder neu
  erfinden zu können, wird durch eine Mischung
  aus fachlicher Grundbildung, Neugier und
  mentaler Flexibilität erreicht. Dazu gehört auch
  Resilienz – die Fähigkeit, mit Unsicherheit und
  Rückschlägen umzugehen, ohne den Mut zu
  verlieren.

- **Ethik und Verantwortungsbewusstsein:** Ja,
  auch das ist eine Kompetenz – nämlich
  moralische Urteilsfähigkeit und Zivilcourage.
  Beschäftigte aller Ebenen sollten Grundwissen
  in Ethik der KI haben: z.B. die Sensibilität zu
  erkennen, wenn ein Algorithmus diskriminieren
  könnte, oder das Bewusstsein, wann man als
  Mensch einschreiten muss. Diese Kompetenz
  ergibt sich teils aus Wissen (z.B. über
  Datenschutz, Fairness-Kriterien), teils aus
  Haltung. Wenn viele Menschen diese innere
  ethische Bremse haben, verhindern wir
  gemeinsam, dass das Ruder ins Unmenschliche
  abdriftet.

Diese Auflistung ist nicht abschließend, aber sie zeigt die Richtung. **Unser Bildungssystem, unsere Unternehmen und wir selbst** sollten an genau diesen Kompetenzen arbeiten. Wenn wir Kinder erziehen, sollten wir ihnen nicht nur gute Noten in Mathe und Deutsch wünschen, sondern auch Fantasie und Einfühlungsvermögen. Wenn wir uns selbst weiterbilden, sollten wir nicht nur die nächste Programmiersprache lernen, sondern vielleicht auch mal ein Kurs in Rhetorik oder Design Thinking belegen. Ein breiter Kompetenzmix macht uns zukunftsfähig.

Abschließend kann man sagen: **Die kulturelle Anpassung an das KI-Zeitalter entscheidet maßgeblich darüber, ob wir die Technologie zum Segen machen.** Technik entwickelt sich rasant, aber Werte und Leitbilder können dagegenhalten und der Entwicklung eine Richtung geben. Es liegt an uns, ein positives Narrativ zu schreiben: Eines, in dem KI nicht unser Schicksal besiegelt, sondern ein Werkzeug ist, mit dem wir bewusst umgehen. Ein Narrativ, in dem der Wert menschlicher Arbeit **neu entdeckt** wird – nicht bemessen in Produktivität alleine, sondern in Kreativität, sozialem Nutzen und Erfüllung. Wenn wir diese Werte und Kompetenzen heute fördern, bilden sie das seelische und geistige Rückgrat für die Arbeitswelt von morgen.

Wir haben in diesem Kapitel zwei Extreme erkundet: das verheißungsvolle Bild einer Zukunft, in der Mensch und KI gemeinsam Großartiges schaffen, und das erschreckende Bild einer Welt, in der Menschen im Arbeitsleben an den Rand gedrängt werden. Die Wahrheit wird – das lehrt uns die Geschichte – vermutlich irgendwo dazwischen liegen. Doch **es liegt an uns, den Ausschlag zu geben**, in welche Richtung die Waage sich neigt. Jede Entscheidung heute, ob in der Regierung, in Unternehmen, in Schulen oder in unserem persönlichen Verhalten, trägt ihren Teil zum großen Gesamtbild bei.

Die **bessere Zukunft** kommt nicht von selbst; sie will erarbeitet, erstritten und gestaltet werden. Aber sie ist möglich. Wenn wir mutig die Verantwortung übernehmen, können wir eine Arbeitswelt schaffen, in der KI unseren Horizont erweitert, ohne uns den Boden unter den Füßen wegzuziehen. Eine Arbeitswelt, in der unsere berufliche Identität zwar im Wandel ist, aber an Tiefgang gewinnt: weil wir bewusster definieren, was unsere Arbeit bedeuten soll.

Unser Platz in der Arbeitswelt von morgen ist nicht vorgezeichnet – **wir schaffen ihn selbst.** Dabei können uns Leitbilder leiten, Werte den Kurs halten und Kompetenzen die Werkzeuge liefern. Vor allem aber braucht es eines: den Glauben an unsere eigene Gestaltungskraft. KI mag mächtig sein, doch der Mensch ist es auch – vor allem dann, wenn er gemeinsam mit anderen handelt. Lassen wir also nicht zu, dass Angst oder Bequemlichkeit uns lähmen. Sehen wir KI als das, was sie sein kann: ein Anstoß, Arbeit menschlicher zu machen als je zuvor. Wenn uns das gelingt, werden künftige Generationen vielleicht auf diese Zeit zurückblicken und sagen: **Die Menschen haben ihre Zukunft selbst in die Hand genommen – und KI zu einem Werkzeug für eine bessere Arbeitswelt gemacht.**

Epilog

In den vergangenen vier Büchern – *Du bist das Universum*, *Lost in Space*, *Was macht KI mit uns?* und *Arbeitswelt und KI* – zeichnet sich eine Entwicklung ab, die ihren Ursprung in Bildern als künstlerischem Ausdruck nahm. Wie bereits im Vorwort des ersten

Bandes beschrieben, war **nichts daran von langer Hand geplant**: Vielmehr entstand alles **nach und nach – Bild für Bild, Wort für Wort**, nicht um etwas zu beweisen, sondern weil es im jeweiligen Moment notwendig warf. Jeder Gedanke, jedes Bild und jedes Kapitel fügte sich organisch in das nächste. So wuchsen aus spontanen Einfällen und Fragen mit der Zeit zentrale Themen heran. Was als persönlicher innerer Prozess begann, hat sich über die vier Bücher hinweg **organisch ineinander verwoben** – zu einem Ganzen, das im Rückblick fast folgerichtig erscheint, obwohl es nie als starres Konzept vorgesehen war, sondern aus dem Bedürfnis jeder Phase heraus entstand.

Gemeinsamer Kern dieser Reise war von Anfang an die Erkenntnis der Verbundenheit. Schon *Du bist das Universum* betonte, dass alle Dinge – vom kleinsten neuronalen Impuls bis zum leuchtenden Stern – auf tiefe Weise miteinander vernetzt sind. Diese Idee zog sich wie ein roter Faden durch die folgenden Bände. *Lost in Space* erweiterte den Blick und thematisierte das Gefühl des Verlorenseins im Angesicht der Weite – sei es die unendliche Ausdehnung des Kosmos oder die Unübersichtlichkeit unserer modernen Welt. Doch anstatt in der Isolation zu enden, führte auch diese Etappe zurück zur **Suche nach Zugehörigkeit**: Wenn wir uns als Teil des großen Netzwerks des Lebens begreifen, fühlen wir uns weniger verloren. Die anschließenden Bücher rückten die **künstliche**

Intelligenz (KI) in den Fokus. *Was macht KI mit uns?* fragte, wie KI unsere Gesellschaft, unsere Gewohnheiten und unser Selbstverständnis verändert – von alltäglichen Interaktionen bis hin zu ethischen Fragen. Darauf aufbauend ging *Arbeitswelt und KI* (dieses vierte Buch) speziell der Frage nach, **was KI mit unserer beruflichen Identität macht**. Es beleuchtete, wie Automatisierung und intelligente Maschinen Rollen am Arbeitsplatz verschieben, Anforderungen an Fähigkeiten verändern und uns womöglich zwingen, den Wert menschlicher Arbeit neu zu definieren. All diese Themen sind **organisch miteinander verknüpft**, als Teile eines wachsenden Netzwerks von Ideen und Einsichten. Nichts davon war vorab geplant, doch jede Fragestellung führte zur nächsten – **wie Knoten in einem Netz, das sich nach und nach spannte**, weil es der natürliche nächste Schritt war.

Aus diesem Geflecht an Erkenntnissen ist **folgerichtig MindShift Education entstanden**. Diese Initiative – geboren **als Antwort** auf die in den Büchern aufgeworfenen Fragen – dient dazu, das Gelernte weiterzutragen und praktisch werden zu lassen. MindShift Education war keine von langer Hand ausgearbeitete Strategie, sondern wuchs organisch aus der Einsicht, dass ein **Wandel im Denken und Lernen** nötig ist. Die zentralen Botschaften der vier Bücher – die Verbundenheit allen Lebens, der bewusste Umgang mit Technologie und die aktive Gestaltung unserer Zukunft – verlangten danach, in die **Bildung und Weiterbildung** hineingetragen zu werden. MindShift Education steht daher für einen Ansatz, der Menschen ermutigt, neue Sichtweisen einzunehmen und sich die nötigen Kompetenzen für eine von KI geprägte Welt anzueignen. Es ist ein **lebendiges Projekt**, das mit der Zeit mitwächst, anstatt ein statisches Konzept – ein fortlaufender Dialog darüber, wie wir Lernen, Arbeiten und Kreativität im 21. Jahrhundert verstehen.

Eine besondere Rolle in diesem ganzen Entstehungsprozess spielte die **künstliche Intelligenz selbst – als kreativer Partner im Hintergrund.** Bei der Erarbeitung insbesondere der KI-bezogenen Inhalte kam KI-Technologie zum Einsatz, jedoch **nicht als Ersatz menschlicher Intelligenz**, sondern als *strukturierende und inspirierende Unterstützung* in einem kollaborativen Prozess. Man kann sagen, das Schreiben erfolgte an einem Schnittpunkt, an dem sich **menschliches Bewusstsein und maschinelle Intelligenz begegnen – in einem Dialog zwischen Intuition und Information.** Die KI ermöglichte Zugang zu einem breiten Spektrum an Wissen und Perspektiven; sie **strukturierte, verband und verglich Informationen**, stellte z.B. historische Kontexte her und half dabei, komplexe Themen zu ordnen. Doch *Entscheidungen traf sie nicht:* Die **wesentlichen Impulse** kamen aus menschlicher Erfahrung und

Kreativität. **Die KI fungierte als Werkzeug** – präzise und vielseitig, aber stets reaktiv. Sie konnte Orientierung bieten und den Prozess beschleunigen, *nicht aber Bedeutung erzeugen* oder inhaltliche Wertungen vornehmen. **Auswahl, Gewichtung und Richtung** des Textes blieben zu jeder Zeit vom Menschen bestimmt. Diese Arbeitsweise war – passend zum Charakter des gesamten Projekts – nicht linear, sondern schrittweise und reflektierend. KI diente als *kreativer Spiegel* und Strukturgeber, der in Dialogform half, Gedanken klarer zu fassen, ohne die genuin menschliche Stimme zu verdrängen. Dieses Experiment hat gezeigt, wie fruchtbar die Zusammenarbeit von Mensch und Maschine sein kann, wenn klare Prinzipien gelten: Die Technik liefert Inspiration und Ordnung, der Mensch gibt Sinn und Zielrichtung.

In diesem Zusammenhang rückt ein Begriff ins Zentrum, der mittlerweile zu einem **integralen Bestandteil der neuen Arbeits- und Denkweise** geworden ist: **Prompt Engineering**. Damit ist die Kunst gemeint, **eine KI durch kluge Eingaben (Prompts) so anzuleiten, dass sie optimale Ergebnisse liefert**. Tatsächlich sind in den letzten Jahren sogar **neue Berufsbilder** rund um diese Fähigkeit entstanden – man spricht z.B. vom *„Prompt Engineer“*, also jemandem, der KI-Systeme durch wohlüberlegte Eingaben effektiv nutzt. Im Verlauf des kollaborativen Schreibprozesses wurde deutlich, wie entscheidend die **Formulierung der richtigen Fragen und Aufgaben** für die Qualität der KI-Unterstützung ist. Prompt Engineering ist weit mehr als ein technischer Trick; es hat sich als **Schlüsselkompetenz** erwiesen, um die Brücke zwischen menschlicher Kreativität und maschineller Logik zu schlagen. Diese Fähigkeit ist ein integraler Bestandteil unserer neuen Arbeitsweise geworden – **ein neues Handwerkszeug** in der digitalen Werkstatt, das den schöpferischen Prozess erweitert. Indem man lernt, die richtigen Impulse zu geben, kann man die Stärken der KI gezielt nutzen und ihre Schwächen ausgleichen. So entsteht ein **gleichberechtigtes Zusammenspiel**, in dem die KI nicht konkurriert, sondern ko-kreiert.

Abschließend soll dieser Epilog **ermutigen**. All das Gelesene – von der philosophischen Reise ins Universum bis zur pragmatischen Auseinandersetzung mit KI in unserem Arbeitsleben – läuft auf einen Punkt zu: Wir *Menschen* haben die Möglichkeit, **aktiv mitzugestalten**, statt passiv Entwicklungen hinzunehmen. **Kreative KI-Nutzung** gehört dabei zu den spannendsten neuen Möglichkeiten. Vielleicht hat die Lektüre Neugier geweckt, selbst einmal mit einer KI **zu experimentieren** – sei es, um eine Idee zu brainstormen, einen Textentwurf zu verbessern oder einfach spielerisch Neues zu entdecken. Die Botschaft lautet: Zögere nicht, diese Werkzeuge auszuprobieren. Man braucht kein Spezialist zu sein – **Offenheit und**

gesunder Menschenverstand reichen aus, um erste Schritte zu machen. Wichtig ist nur, sich bewusst zu machen, *dass du der aktive Part bleibst*: Die KI folgt deinen Eingaben, deiner Kreativität und deinem Urteilsvermögen. Indem du ausprobierst, lernst du. So wird KI von etwas Abstraktem zu etwas sehr Praktischem – einem Helfer in deiner eigenen Lern- und Arbeitswelt.

.